L'ILE
& L'ABBAYE
DE LÉRINS

RÉCITS
& DESCRIPTION

NOUVELLE ÉDITION

LÉRINS
Imprimerie de l'Abbaye
1930

L'ILE

ET

L'ABBAYE DE LÉRINS

Vue de l'Abbaye de Lérins au XIIe siècle, tirée de l'ouvrage de BARRALIS : *Chronologia Sanctorum sacræ insulæ Lirinensis.* — Lyon, 1613.

L'ILE

ET

L'ABBAYE DE LÉRINS

RÉCITS ET DESCRIPTION

PAR

UN MOINE DE LÉRINS

TROISIÈME ÉDITION

LÉRINS
IMPRIMERIE DE L'ABBAYE

1929

LETTRE

DE SA GRANDEUR MONSEIGNEUR MIGNOT

ÉVÊQUE DE FRÉJUS ET DE TOULON

Mon Révérend Père,

En publiant « l'Ile et l'Abbaye de Lérins » vous donnez satisfaction à un réel besoin et vous comblez une véritable lacune. Le consciencieux ouvrage de M. le chanoine Alliez nous avait bien dotés d'une histoire complète et généralement exacte de notre illustre monastère, mais ses vastes proportions, les nombreux documents qu'il cite et qu'il discute, les diverses questions qu'il traite avec des développements parfois un peu diffus, le rendaient peu accessible à la masse des lecteurs. Extraire de ce recueil, de ce livre à l'usage des érudits, un récit suivi et animé des faits, conduire ce récit à travers de longs siècles en marquant soigneusement les transformations qu'a subies l'œuvre primitive de saint Honorat, et le rattacher autant que possible à l'histoire générale, telle est la tâche que vous avez accomplie avec un vrai succès.

Grâce à vous, il sera désormais facile à tous de démêler dans les péripéties tour à tour calmes, sanglantes, douloureuses de l'existence de Lérins, la trame des événements qui ont fini par donner pour successeurs aux moines du

*V*e *siècle les enfants de saint Bernard qui rendent à notre antique Abbaye un nouvel éclat.*

Successeur moi-même de saint Léonce, dont le souvenir est inséparablement lié à vos origines, je suis heureux d'approuver votre livre et je souhaite vivement que les nombreux visiteurs de l'Ile des Saints, les fidèles amis de votre monastère, les personnes pieuses de mon diocèse aillent y puiser la connaissance des grandes choses dont ces lieux à jamais célèbres ont été le théâtre.

Agréez, mon Révérend Père, mes sentiments affectueusement dévoués.

† EUDOXE-IRÉNÉE,

ÉVÊQUE DE FRÉJUS ET TOULON

Fréjus, 1er octobre 1895.

ÉVÊCHÉ
DE
FRÉJUS ET TOULON

Fréjus, le 20 août 1929.

Mon Révérendissime Père,

Il y a cinquante ans le Révérendissime Dom Marie Bernard avait eu la bonne pensée de composer pour les nombreux visiteurs du monastère de Lérins un guide topographique, archéologique et historique de l'île Saint-Honorat et de l'antique abbaye qui a rendu cette île une des plus illustres de l'Église et du monde.

Vous avez résolu de faire une nouvelle édition de ce guide. L'Évêque de Fréjus et Toulon, qui a l'honneur de posséder dans son diocèse l'île Saint-Honorat, ne peut que vous engager à réaliser votre projet.

Le Guide du visiteur à Lérins a rendu les plus grands services pendant les cinquante années qui viennent de s'écouler. Il en rendra plus encore à notre époque où tout le monde veut lire, et où l'on s'intéresse plus que jamais à l'histoire, à la tradition et à la vie mystique de l'Église.

Or quelle histoire est plus belle et plus intéressante que celle de l'île Saint-Honorat qui, grâce à l'abbaye de Lérins, est devenu un point du monde voué à la plus grande célébrité? Depuis quinze siècles, elle a réuni toutes les gloires. Elle est devenue l'île des Saints, l'île des martyrs, des Évêques, des Docteurs, des Savants; elle a été et elle est toujours l'île de la prière, du sacrifice, du dévouement, l'île de la supplication pour les âmes affligées et pour les âmes des fidèles trépassés.

Toutes les personnes de bonne volonté qui, après avoir

admiré les antiques monuments de l'abbaye et de l'île Saint-Honorat, liront dans votre Guide les événements pieux et souvent héroïques qui se sont déroulés autour de ces glorieux vestiges du passé, ne pourront s'empêcher de reconnaître que les moines, les moines de Lérins, ont été, par leur foi, leur science et leur dévouement, de grands serviteurs de l'Église, de la patrie et de la civilisation.

Je souhaite que le nouveau Guide, grâce à son impression parfaite et même artistique, soit aussi agréable à voir qu'il sera utile et intéressant à lire et à connaître. De tout cœur je forme les vœux les plus sincères pour sa diffusion.

Veuillez agréer, mon Révérendissime Père, l'assurance de mes sentiments très respectueusement dévoués et mes paternelles bénédictions pour la chère abbaye de Lérins.

† AUGUSTIN, *Év. de Fréjus et Toulon.*

AVANT-PROPOS

Ce n'est point ici un livre d'érudition ni de science; il ne faut pas s'y promettre, en l'ouvrant, la saveur piquante de l'inédit, ni les innovations hardies d'une pointilleuse critique. Nous n'avons pas prétendu, dans ce simple abrégé historique sur l'Abbaye de Lérins, mettre au jour des documents jusque-là inconnus, ni bouleverser l'ordre des faits et des dates communément admis; nous n'avons pas même essayé de déterminer la ligne précise où la légende se sépare de l'histoire. Tout cela eût été bien au-dessus de nos aptitudes d'abord, et aussi des moyens d'informations mis à notre portée. Depuis de longues années, les célèbres archives, cataloguées jadis par le savant Denis Faucher, ont disparu de la forteresse monastique qui les gardait. D'autre part, le genre de vie du religieux cistercien ne lui permet pas d'entreprendre, à la façon des moines bénédictins, des pèlerinages littéraires pour s'en aller de ville en ville visiter des bibliothèques et compulser des parchemins dispersés par les révolutions et les guerres aux quatre vents du ciel.

La tâche, qui nous était imposée, ne demandait pas de si laborieuses recherches. Présenter au voyageur qui visite l'île Saint-Honorat un résumé clair et succinct des fastes du monastère qui l'a rendue célèbre, et de la situation de ses abbés aux différentes époques. Évoquer, en des tableaux rapides, les scènes tantôt paisibles, 'tantôt sanglantes dont ce coin de terre a été tour à tour le théâtre. Donner, en un mot, les récits historiques pour commentaire aux monuments et aux ruines. Voilà, avec quelques traits rappelant les beautés du site, tout ce que le visiteur désire rencontrer sous sa main et emporter avec lui comme souvenir, à son passage dans ce lieu solitaire, dont le nom lui revient, du lointain de sa mémoire, environné d'une auréole de gloire un peu confuse.

Tout le monde sait que cette langue de terre fut un moment, dans le désastre du monde civilisé, l'unique asile des lettres. Tout le monde a dans l'oreille l'harmonieuse période de l'auteur de l'*Essai sur l'Indifférence* : « Lérins, ce fut l'asile de paix, où lorsque l'épée des barbares démembrait, pièce à pièce, l'empire romain, s'abritèrent, comme l'alcyon sous une fleur marine, la science, l'amour, la foi, tout ce qui console, enchante, et régénère l'humanité (1). »

Mais sauf ce souvenir, auquel viennent s'associer les noms d'un saint Eucher et d'un saint Vincent de Lérins, combien peu de personnes se doutent que l'Abbaye, fondée à la fin du IV⁰ siècle par saint Honorat, soit capable de fournir la matière d'une histoire se soutenant durant le cours des âges, jusqu'à une époque voisine de la nôtre.

Il se rencontre, il est vrai, dans la suite de cette histoire, des lacunes considérables. Il se fait, par moment, sur le monastère, une nuit absolue.

(1) LAMENNAIS, *Affaires de Rome*, p. 9.

Mais dans le résumé historique que nous avons voulu donner ici, nous n'avions pas à nous préoccuper d'être complet.

Pour composer cette esquisse rapide, nous nous sommes servi tout d'abord, naturellement, des sources de l'histoire de Lérins, c'est-à-dire des témoignages des Pères qui ont vécu autrefois dans cette île, qui l'ont visitée ou qui ont été en correspondance de lettres et d'amitié avec les pieux solitaires qui l'habitaient. Tels sont les écrits de saint Eucher, de saint Hilaire d'Arles, de saint Maxime, de saint Césaire, de Salvien, de Cassien, etc. Nous y avons ajouté les textes du fidèle chroniqueur Vincent Barralis. Mais nous avons surtout largement profité des livres des écrivains modernes qui ont travaillé avant nous sur ces sources et en ont mis en œuvre les données avec un incontestable talent.

Nous avons pris pour guide, en particulier, le savant et judicieux abbé Alliez, dans ses importants ouvrages : *Histoire du monastère de Lérins*, et : *Les Iles de Lérins, Cannes et les Rivages environnants*. Dans bien des cas, nous n'avons fait que l'abréger, croyant ne pas pouvoir mieux faire et toutefois être utile en vulgarisant les conclusions historiques d'écrits un peu volumineux et qu'il devient difficile de se procurer.

Nous avons de plus consulté avec fruit des publications récentes et d'une étendue moins considérable, qui sont venues éclairer certains points particuliers. Nous citerons principalement les deux volumes de M. l'abbé Bernard sur la *Primatie de la Sainte Église d'Arles*, Avignon, 1886; l'*Histoire de Cannes, des Iles de Lérins et des*

Alentours, par A.-L. Sardou; *Quatre siècles de l'Histoire de Cannes*, par M. Philippe Pinatel.

Mais l'ouvrage qui, après celui d'Alliez, nous a fourni le plus d'utiles renseignements, c'est l'*Inventaire des Archives des Alpes-Maritimes*, publié par M. H. Moris. Nous y avons rencontré un certain nombre de pièces dont l'abbé Alliez ne paraît pas avoir eu connaissance, pièces qui, du reste, ne contredisent en rien les conclusions que le patient chercheur a tirées du grand travail accompli par lui au moyen de ces mêmes archives, avant que l'Inventaire en eût été donné et que le *Cartulaire de l'Abbaye de Lérins* eût été édité par les soins du même M. Moris, le savant et sympathique archiviste des Alpes-Maritimes (1).

Puisse le lecteur, — en parcourant ces pages sur les lieux mêmes où se sont accomplis les événements dont elles évoquent les souvenirs, — prendre intérêt au sujet que nous avons essayé de traiter, excuser les fautes qui auront pu nous échapper et nous pardonner notre insuffisance.

(1) Depuis la 1ʳᵉ édition du présent volume, M. Moris, continuant ses infatigables recherches, a fait paraître la IIᵉ Partie du *Cartulaire de Lérins*, précédée d'une très importante *Introduction* (Paris, 1905); puis, mettant en œuvre ses intéressantes découvertes, il a publié son bel ouvrage : *l'Abbaye de Lérins. Histoire et Monuments* (Paris, 1909), enrichi de curieuses gravures. L'éminent Archiviste — en même temps qu'écrivain excellent — nous a donné, ce semble, un répertoire complet de la matière : son nom est devenu inséparable de celui de Lérins; on ne pourra plus désormais, sans le citer, écrire sur ce sujet.

L'ILE

ET

L'ABBAYE DE LÉRINS

CHAPITRE PREMIER

Les Iles de Lérins.

Description des îles. — Les Ligures-Oxybiens ont donné leurs noms à ces îles et s'y sont fortifiés au temps de leur invasion; la ville de *Vergoanum*. — Les Phocéens de Marseille, établis dans le golfe de la Napoule, ont des villas dans les deux îles. — Les Romains à *Castrum Marsellinum*. Durant la prospérité de l'Empire, ils font des îles une station de leur flotte. — Débris d'Antiquités et nombreuses inscriptions à l'île Saint-Honorat : *Ex-voto* à Neptune; collège des Utriculaires; inscription funéraire; colonne milliaire érigée en l'honneur de Constantin le Grand. — Les îles redeviennent désertes durant les troubles de la décadence romaine.

Sur les côtes orientales de la Provence, à l'extrémité du promontoire de la Croisette, qui sépare le golfe Jouan de celui de la Napoule, se détachent, dans une position parallèle, deux îles boisées de forme ovale, pareilles à deux corbeilles de verdure flottant sur la surface des eaux. Ce sont les îles de Lérins.

Signalées par les plus anciens géographes dont les écrits nous soient parvenus, elles ont été désignées par quelques-uns sous le nom commun de Stœchades, avec toute cette rangée d'autres îles dont le chapelet s'égrène le long du rivage de la Méditerranée, depuis le Var jusqu'à Marseille. D'autres, tels que Strabon et Pline l'Ancien, réservant le nom de Stœchades spécialement aux îles d'Hyères et à celles de Marseille, donnent à celles de la baie de Cannes les noms particuliers de *Lero* et de *Lerina*.

Peu élevées au-dessus du niveau des flots, ces îles, appelées aujourd'hui Sainte-Marguerite et Saint-Honorat, sont formées par un banc de rocher qui n'est en réalité qu'un prolongement de la côte, tantôt disparaissant sous l'eau, tantôt se relevant pour donner naissance aux deux îles, à quelques îlots couverts de broussailles, et à quantité de rochers de forme bizarre qui hérissent de toutes parts ce petit archipel et le défendent contre les violences de la haute mer.

La plus grande des deux îles a 7 kilomètres de tour. Son nom primitif était *Lero*, et elle l'avait prêté, sous la forme d'un diminutif, à sa sœur plus petite qu'on appelait *Lerina*. Ce double nom, qui subsiste encore dans celui de Lérins donné à l'archipel entier, a fait rêver bien des archéologues. Il consacre, nous dit Strabon, le souvenir d'un héros légendaire qui avait son temple dans la plus grande des deux îles et auquel les pirates de la côte Ligurienne venaient offrir des sacrifices. Barralis, dans sa *Chronologie de Lérins,* nous apprend à son tour que ce culte subsista longtemps encore après la conquête romaine et que, jusqu'au IIIᵉ siècle de notre ère, la forêt de la grande île en couvrit de ses ombres les rites barbares.

Ce héros mystérieux, dont nulle mythologie ne nous

a conservé la trace, doit avoir été le conducteur ou la personnification de la race qui, dans les temps préhistoriques, envahit ces contrées. A une époque reculée, en effet, les Ligures, tribu de race Aryenne, envahirent cette partie des Gaules, occupée jusque-là par des peuplades basques. Leur établissement principal se fit de l'autre côté du Var, dans ce que les Romains désignèrent sous le nom de Gaule cisalpine, sur les rivages du golfe de Gênes, appelé à cause d'eux mer Ligurienne. En deça du Var, la partie de la Gaule transalpine qui va jusqu'aux montagnes de l'Estérel, fut spécialement colonisée par les Ligures-Oxybiens. Strabon mentionne sous le nom de port des Ligures-Oxybiens le port de Cannes, et le plaçant immédiatement après ceux de Marseille et de Fréjus, il le regarde comme le troisième port de la côte de Provence.

Les Ligures venaient de l'Asie Mineure et avaient déjà donné en passant le nom de Léro, Léros ou Lérios à plusieurs îles de la mer Égée. Il est donc vraisemblable que c'est à eux que les îles de Lérins ont dû leur dénomination. En·cela, ils semblent avoir obéi à l'inspiration d'une poésie instinctive et avoir voulu exprimer l'analogie qui les avait frappés, entre ce gracieux paysage maritime encadré d'élégantes montagnes, et ceux qu'ils avaient contemplés naguère sur les côtes de l'Hellade. Sans doute ils croyaient voir deux îles de la mer Ionienne, venues, de même que leurs aventureux navires, s'échouer mollement dans ce golfe paisible des mers occidentales.

Une chose certaine, c'est que, bien avant la conquête romaine, ces deux îles étaient peuplées, et qu'on y voyait même, selon Strabon et Pline, des villes avec des retranchements. Probablement, les Barbares envahisseurs y avaient rencontré des conditions de sécurité qu'ils auraient plus difficilement espérées sur la terre ferme. Pline nous donne, en particulier, le nom d'une ville forte qui avait existé en des temps reculés sur la plus petite des deux îles. Elle se nommait *Vergoanum*, et, déjà du temps de l'auteur romain, on n'en voyait plus que les vestiges.

Comme ces îles se trouvaient sur le passage des navigateurs Phéniciens, sillonnant en tous sens la Méditerranée pour leur commerce, volontiers leurs vaisseaux venaient chercher un abri dans les criques étrangement découpées que présentent les rochers de ces parages. Ces relations faciles devaient naturellement développer la civilisation, le goût des arts et adoucir les mœurs. Les Ligures toutefois se montrèrent des plus lents à sortir de cette vie extrêmement sauvage qui leur avait été jadis commune avec les Ibères, issus de la même souche. Au rapport de Diodore de Sicile, les villes de la côte ligurienne se soutenaient plutôt par la piraterie que par un trafic régulier. La principale de ces villes était Gênes, et son port continua d'être longtemps encore, et jusque dans le moyen âge, un vrai nid de pirates.

Plus tard, les Phocéens, établis à Marseille et sur quelques points principaux du littoral dès l'an 598 avant J.-C., vinrent occuper le golfe de la Napoule. Ils ne manquèrent pas de peupler de leurs villas les îles situées en face de leur comptoir.

Ce sont ces Grecs de Marseille qui appelèrent dans le midi de la Gaule les légions romaines. A la suite des expéditions victorieuses des armées de la République, un siècle et demi avant notre ère, ils approprièrent à leur usage l'ancienne *Ægitna*, ville primitive bâtie par les barbares sur l'emplacement où est Cannes aujourd'hui, et lui donnèrent le nom de *Castrum Marsellinum*. Les Romains s'y installèrent conjointement avec eux.

Durant la prospérité de l'Empire, les Romains à leur tour couvrirent de constructions les deux îles de Lérins. Ils n'y élevèrent pas seulement des maisons de plaisance et des édifices religieux, ils en firent, selon l'*Itinéraire Maritime d'Antonin*, une station de leur flotte entre les ports d'Antibes et de Fréjus. La *Chronologie de Lérins* nous assure qu'ils construisirent dans la grande île des fortifications et un arsenal dont on voyait encore les ruines à la fin du XVIe siècle.

On n'a trouvé dans l'île Sainte-Marguerite qu'une seule inscription, rédigée en grec et en latin. C'est un *ex-voto* romain au Dieu Pan, qui devait, par conséquent, avoir un temple dans cette île.

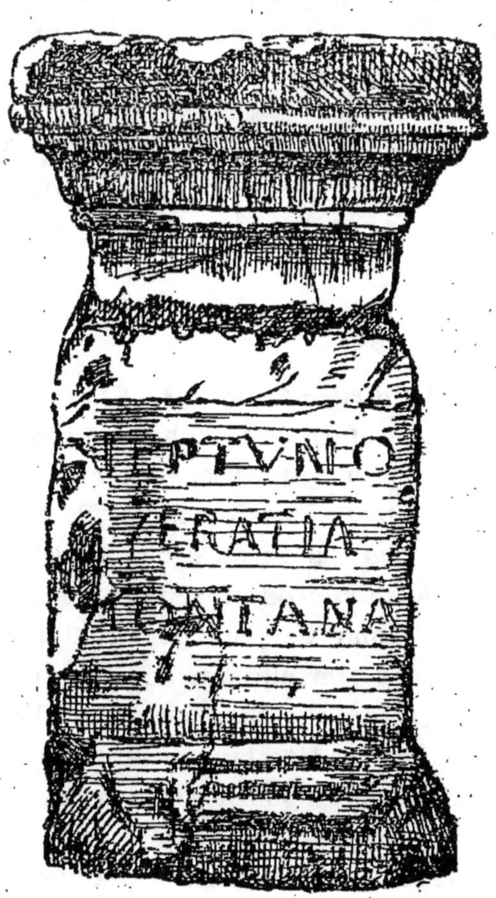

L'île Saint-Honorat, au contraire, est riche en inscriptions et en débris de monuments qui attestent qu'elle a été très anciennement habitée et qu'elle a eu de l'importance bien avant l'époque du christianisme.

La plupart de ces restes antiques ont été rassemblés dans une des cours de l'abbaye actuelle, de manière à former comme un petit musée lapidaire où l'œil peut en parcourir l'ensemble en peu d'instants.

Les premiers objets qui frappent les yeux du visiteur, ce sont deux cippes de calcaire d'un bon style, portant chacun une inscription votive en latin.

L'une est en l'honneur de Neptune :

NEPTVNO

VERATIA

MONTANA

A Neptune, Veratia Montana a élevé ce monument.

« *Le dieu qui ébranle la terre,* Neptune à la chevelure *azurée* » était donc honoré sur cet étroit îlot de Lérina, posé comme un autel protecteur entre la terre ferme et les hautes vagues du large. Protection malheureusement bien trop insuffisante : maintes fois, quand les grandes lames du sud-ouest venaient fracasser leurs navires jusqu'au fond de leur port mal abrité, les habitants de Castrum Marsellinum auront cru entrevoir, dans l'horizon troublé, le dieu menaçant lever sa formidable tête par-dessus cette langue de terre où ils avaient accompli vainement en son honneur leurs rites idolâtriques.

L'inscription gravée sur le second cippe, rappelle un collège ou association de bateliers faisant le service des îles. La voici débarrassée des abréviations qui la rendent obscure :

COLLEGIO
VTRICuLARɪₒᵣᵤₘ
Cᴀɪᴜs IVLIVS
CATVLLINVS
DONₒ POSᴜɪᴛ

Caius Julius Catullinus a élevé ce monument en l'honneur du Collège des Utriculaires.

« Les Utriculaires, dit M. Edmond Blanc, étaient des passeurs de rivières ou bras de mer, qui se servaient d'outres gonflées, assemblées entre elles et recouvertes de planches pour transporter voyageurs et marchandises. On a constaté l'existence de plusieurs corps d'Utriculaires dans les Gaules...

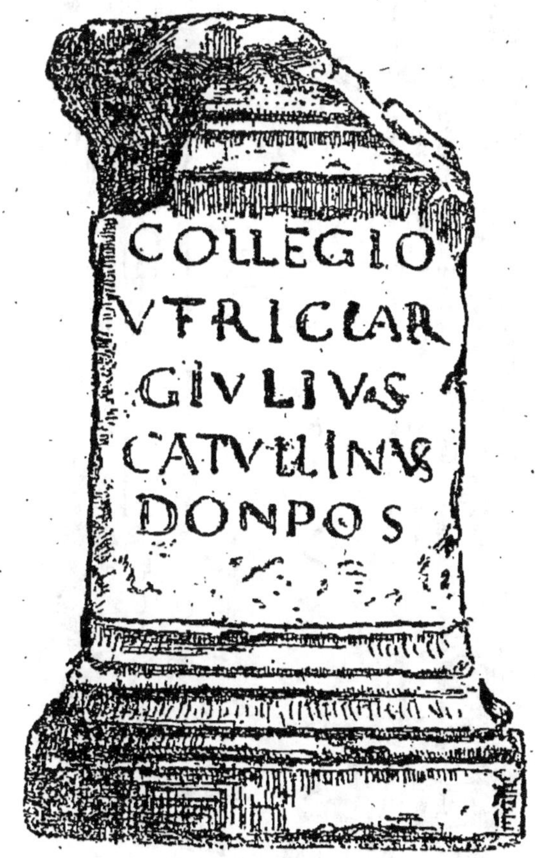

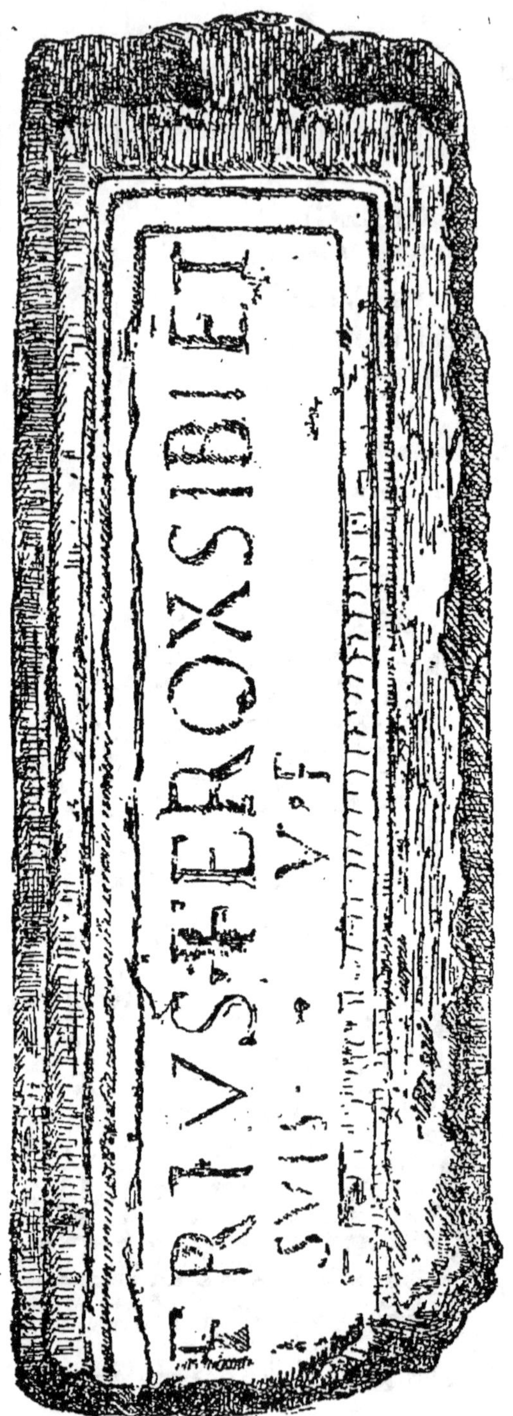

Ces sortes de radeaux, très légers et ne tirant que très peu d'eau, pouvaient, avec de grosses charges, aborder dans les bas-fonds bien plus facilement qu'aucune autre embarcation. Ceux de Saint-Honorat faisaient probablement le service de *Lero* et de *Lerina* et de ces îles à la Croisette : or, il n'est pas douteux que la Croisette ait été un marécage jusqu'à la fin du moyen âge, et, par conséquent, d'un abord difficile à d'autres barques qu'à des radeaux aussi légers que ceux des Utriculaires (1). »

Sur un bloc de

(1) Edmond BLANC, *Épigraphie du Département des Alpes-Maritimes*, 1re partie, n° 2.125.

calcaire formant linteau, on lit très distinctement ce qui suit :

..... ERIVS FEROX SIBI ET
SVIS·   V· F (*Vivus Fecit*)

Quelques épigraphistes ont cru pouvoir suppléer la partie du premier mot qui manque, et lire :

DESIDERIUS FEROX

Il s'agit sans doute d'un tombeau préparé pour lui et pour sa famille par celui qui a fait graver là son nom; on peut donc traduire avec vraisemblance :

Desiderius Ferox a fait, de son vivant, ce tombeau pour lui et pour les siens.

Tels sont les trois débris antiques les plus remarquables que l'on rencontre dans cette petite collection, Mais il y en a d'autres encore engagés en diverses parties des constructions de l'île.

Quand on parcourt le vieux cloître, on remarque près de la porte par où il communique avec l'église, une pierre brisée servant de chapiteau à une colonne. Sur cette pierre on lit une inscription renversée que M. E. Blanc interprète comme il suit :

NVS LIBERTO
INCOMPARABILI

C'est, paraît-il, un monument élevé par un maître à la mémoire de son affranchi, objet de ses regrets. « L'ins-

« cription se composait du nom de l'affranchi au datif,
« du nom du maître au nominatif, nom qui se terminait
« par la syllabe *nus* (1). »

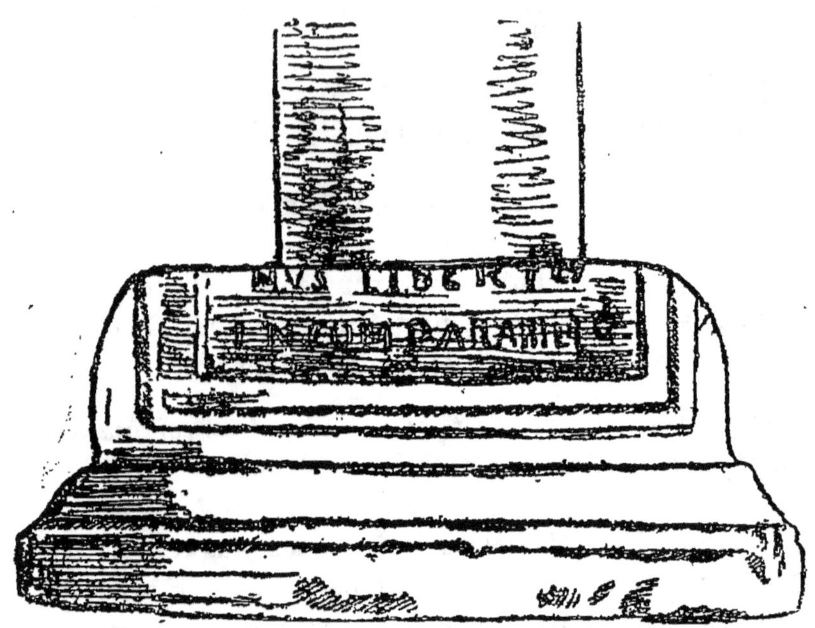

Parmi les six colonnes qui forment l'impluvium du
vieux monastère fortifié, situé au bord de la mer, à la
partie méridionale de l'île, on en remarque une en porphyre vert qui a dû servir de borne milliaire le long d'une
voie romaine. Elle porte une inscription latine dont voici
l'interprétation d'après M. E. Blanc :

(1) *Épigraphie du départ. des Alpes-Maritimes,* 1re part., n° 126.

IMP(ERATORI)· CÆS(ARI)
FL(AVIO). VAL(ERIO)
CONSTAN
TINO· P(IO) F(ELICI)
AVG(USTO)
DIVI MAXI
MIANI AVG(USTI)
NEPOTI
DIVI. CON
STANTI AUG(USTI)
(PII)
(FILIO)
un chiffre.

A l'empereur César Flavius Valérius Constantin, pieux, heureux, Auguste, petit-fils du divin Maximien Auguste, fils du divin Constance Auguste, pieux.....

« Comme le porphyre ne se trouve pas à Saint-Honorat, qui ne donne que du calcaire, il est certain que cette colonne y a été transportée de la terre ferme, et comme l'inscription de Vallauris est sur une colonne

de même matière, il est à présumer qu'elles étaient voisines sur la même route, probablement à l'embranchement qui d'*Ægitna* se rendait à *Horrea* en passant par Vallauris et Mougins (1). »

(1) E. BLANC, *Op. cit.*, n. 129.

Cette colonne porte également les traces d'une inscription grecque, aujourd'hui presque entièrement rongée par le vent de mer.

On y reconnaît les lettres ΑΛΠ.ce qui pourrait s'appliquer, dit M. E. Blanc, à la province des Alpes-Maritimes παραλίοις ἄλπεσίυ. « Je crois, dit cet auteur, que cette inscription avait été gravée sur cette colonne par les Grecs d'Antibes et que, plus tard, lors de la réparation faite à la voie Aurélienne par Constantin le Jeune, entre 337 et 340 de notre ère, les Romains firent de cette colonne un de leurs milliaires. Il n'est pas rare, en effet, de rencontrer des milliaires qui portent d'autres inscriptions (1). »

Un érudit, dans un article de la *Revue Archéologique*, soutient que cette seconde inscription n'est pas en grec, comme l'affirme M. E. Blanc. Ce serait, selon lui, une inscription latine en l'honneur des empereurs *Valens, Valentinianus et Gratianus* (2).

On signale enfin un fragment d'inscription grecque renversée, sur l'une des pierres qui forment la base de ce même monastère fortifié côté Est.

Durant les troubles de la décadence romaine, les deux îles furent tout d'abord dévastées, puis entièrement abandonnées. Lérina, vers la fin du IVe siècle, était redevenue complètement sauvage; elle était couverte de ruines et envahie par les broussailles. Elle était, disait-on, un repaire de reptiles venimeux; on n'osait plus y entrer.

(1) *Op. cit.*, n° 130.
(2) *Notice sur une remarquable particularité que présente toute une série de Milliaires de Constantin le Grand*, par M. J.-P. RAVELLAT, *Revue Archéologique*, année 1883.

C'est à cet état d'abandon, cependant, qu'elle devait d'attirer les regards et de fixer le choix d'un jeune patricien originaire des Vosges, désireux d'imiter l'ascétisme des solitaires de l'Orient. De cette prise de possession, datera l'importance prépondérante acquise dès lors par la petite île de Lérina sur la grande île, sa voisine. Telle fut en même temps l'occasion providentielle du « rôle « principal et glorieux, comme l'a dit Fauriel, que cette « motte de terre a joué un moment dans l'histoire de la « civilisation et des lettres ».

CHAPITRE II

Vocation de saint Honorat.

Les premiers essais de la vie monastique en Occident ont eu lieu
dans les îles des côtes de l'Italie. — Naissance de saint
Honorat et ses dispositions précoces à la piété. — La vie
monastique dans l'intérieur des Gaules à cette époque :
saint Martin à Ligugé; saint Athanase à Trèves et son
influence dans le nord-est de la Gaule. — Départ de saint
Honorat et de son frère Venance pour aller se mettre à
l'école des solitaires de l'Orient. — Mort de saint Venance
à Méthone et retour de saint Honorat vers l'Italie et la
Provence. — Saint Honorat au cap Roux. — Il prend possession de l'île de Lérins. Destruction des serpents. Le puits
de saint Honorat.

La renommée des disciples de saint Antoine et de saint
Pacôme avait excité, depuis un certain temps, l'attention
d'un grand nombre d'esprits en Occident. On reconnaît
les traces de cette préoccupation au chapitre VIe du
livre VIIIe des *Confessions* de saint Augustin. Mais,
tandis qu'en Orient ces héroïques amants de la solitude
et de la pénitence s'enfonçaient dans les profondeurs des
déserts, leurs émules de l'Occident se sentaient tout
d'abord attirés vers les îles, ces solitudes de la mer, où
l'homme, debout sur un écueil, voit l'infini des cieux se
refléter dans l'infini des flots et reconnaît, dans ce spectacle, la plus sublime image du suprême objet de sa contemplation.

Dès le ıv^e siècle de notre ère, les îles des côtes d'Italie

avaient reçu, selon le mot de J.-J. Ampère, « l'avant-
« garde des solitaires orientaux », et au moment où
saint Honorat aborda à Lérins, il y avait des ascètes
dans toutes les îles échelonnées le long de la côte depuis
Lipari jusqu'à Gênes. Bientôt il y en aura jusqu'aux
Stœchades.

On ne peut se retenir de citer ici le texte si connu de
saint Ambroise, qui écrivait vers ce même temps :

« C'est dans ces îles, jetées par Dieu, comme un col-
« lier de perles sur la mer, que se réfugient ceux qui
« veulent se dérober au charme des plaisirs déréglés;
« c'est là qu'ils fuient le monde..... La mer les cache,
« comme derrière un voile, et offre à leur pénitence
« des retraites profondes. Là, tout excite à d'austères
« pensées, rien n'y trouble la paix. Le bruit mystérieux
« des flots s'y mêle au chant des hymnes, et pendant
« que les vagues viennent se briser sur la plage de ces
« îles heureuses, de leur sein on entend monter vers le
« ciel les paisibles accents du chœur des élus (1). »

Saint Honorat naquit dans les Gaules, d'une famille
originaire de Rome. On ignore la date aussi bien que
le lieu de sa naissance; ce dut être vers le milieu du IVe siècle, dit l'*Histoire Littéraire*, dans l'une des deux provinces que l'on a nommées depuis la Lorraine et la Bourgogne. Sa parenté avec saint Hilaire, son successeur sur
le siège d'Arles et son panégyriste, a fait conjecturer
qu'il pouvait être originaire de Toul aussi bien que ce
saint lui-même. Sa famille était de la plus haute noblesse,
puisque plusieurs de ses membres avaient été revêtus de

---

(1) AMBROS, *Hexamer.* I. III. V. n 3, cit. ap. Baunard, *Vie de saint Ambroise.*

la dignité consulaire, la première après la dignité impériale; mais, comme le dit saint Hilaire en rappelant ces avantages, l'éclat de la naissance terrestre n'est pas capable de nous ajouter rien, si ce n'est le mépris qu'il nous donne occasion d'en faire.

Dès ses premières années, on remarqua dans Honorat une élévation et une noblesse d'aspirations qui ne peuvent s'expliquer que par une prévenance toute particulière de la grâce divine. Son adolescence fut pleine de gravité : « On l'eut cru sous la conduite d'on ne sait « quel maître mystérieux et divin, dit son panégyriste. « Car c'est sans le secours d'aucun des siens qu'il fut « ainsi formé. » Son père était vraisemblablement païen, ainsi que le reste de sa famille. De son propre mouvement, le jeune Honorat désira recevoir le baptême. Son père mit tout en œuvre pour le détourner d'un tel projet et employa à l'en distraire les ajournements et les prétextes. Mais l'amour du Christ prévalut dans le cœur de l'enfant : fidèle à l'inspiration intérieure du Dieu qui s'était fait son guide, il déjoua toutes les ruses et, par une brusque détermination, il alla demander et obtint le baptême.

Ce grand acte de foi accompli, il sut, par le secours de Dieu, garder la grâce du sacrement, sans qu'aucun homme prît soin de veiller sur lui. Bien plus, tout brillant encore de l'éclat de sa robe baptismale, il prit une résolution qui montre bien que son âme était éclairée par une lumière supérieure. Sans que personne l'y eut exhorté, il se détermina à renoncer au monde et à faire profession de la vie religieuse.

Il y avait bien peu de temps alors que la vie monastique avait commencé dans les Gaules. Saint Martin, revenu de son voyage de Pannonie, par l'Italie, où il avait visité les monastères des îles de la Toscane, fondait Ligugé à peu près vers le temps de la naissance du futur fondateur de Lérins. Mais si, comme on le croit, saint Honorat naquit au pays des Vosges, il conviendrait de rattacher ses inclinations vers le détachement évangélique aux idées de vie monastique répandues dans le nord-est de la Gaule par les voyages que fit à Trèves saint Athanase, exilé par la persécution arienne. Saint Athanase vint par trois fois dans les Gaules, en 336, 346, et 349, et dès son premier exil par Constantin, en 336, « il enflamma tout le clergé des Gaules de son ardeur « pour la foi de Nicée et pour la vie admirable des soli- « taires de la Thébaïde... De Trèves qui en fut le berceau « occidental, le *nouvel* *institut* se répandit prompte- « ment dans la Gaule (1) ».

Peu après le milieu du IVe siècle, on vit aux environs de Trèves les commencements d'un monastère, provoqués par le zèle de quelques serviteurs de Dieu qui se retirèrent dans une cabane pour mener une vie ascétique. Ce fut chez eux que l'on trouva un des exemplaires de la *Vie de saint Antoine* par saint Athanase, dont il est parlé au livre VIIIe des *Confessions* de saint Augustin.

Bien que saint Hilaire nous dise que saint Honorat aspira à la vie religieuse sans y avoir été exhorté par personne, il ne s'ensuit pas qu'aucun exemple ne lui en ait suggéré l'idée. Tout porte à croire au contraire, qu'il y avait à proximité du lieu où se passa son enfance, quelques pieux ascètes dont la vue avait provoqué son émulation.

---

(1) MONTALEMBERT, *Les Moines d'Occident*, t. I, l. III.

Quoi qu'il en soit, dans son entourage, il ne rencontra que des obstacles à son héroïque vocation; ses parents, ses amis, ses compatriotes semblaient, comme de concert, se liguer pour contrarier ses aspirations vers la perfection évangélique. Son père surtout, qui n'avait pu l'empêcher de devenir chrétien, voulut au moins le rattacher au monde, soit en lui en faisant goûter les plaisirs, soit en faisant miroiter à ses yeux les espérances d'ambition et de gloire auxquelles ses talents, aussi bien que sa naissance, lui donnaient droit de prétendre. Le saint jeune homme demeura inébranlable; il gagna même à ses sentiments Venance, son frère aîné, que l'on avait chargé de le séduire, et tous deux, se mettant sous la conduite d'un pieux solitaire nommé Caprais, partirent tout à coup, dans le dessein de s'en aller jusqu'en Orient se mettre à l'école et sous la discipline de ces Pères du désert, dont la renommée s'était répandue avec tant d'éclat jusqu'en Occident. Arrivés à Marseille ils s'embarquèrent malgré les instances de l'évêque Proculus qui eut voulu les attacher au service de son église. Ils poursuivirent leur voyage jusqu'aux rivages de la Grèce; mais parvenus à Méthone, ville de la province d'Achaïe, une grande épreuve leur fut envoyée par la Providence divine, qui avait à leur égard des vues mystérieuses.

Frappé par la maladie et épuisé par les fatigues, Venance mourut.

Ce triste événement contraignit Honorat de renoncer à la poursuite de son voyage. Il reprit avec saint Caprais la route de l'Occident, ramenant avec lui les restes de son pieux et bien-aimé frère que Dieu venait de dispenser d'un plus long pèlerinage en ce monde. Durant ce retour,

ABBAYE DE LÉRINS. — Vue générale, prise du haut de la Tour.

Le port de Lérins jusqu'en 1897.

il s'arrêta dans quelques-uns de ces monastères d'Italie que saint Martin avait naguère visités, et qui reproduisaient la ferveur et les usages des monastères de la Palestine et de l'Égypte. Saint Hilaire nous parle de l'accueil plein de vénération que lui firent en particulier les prêtres de la Toscane, et il put voir, à l'occasion du séjour qu'il fit dans cette province, les anachorètes et les cénobites des îles de la mer Thyrrénienne. Mais ce n'était point là que la Providence le destinait à se fixer.

Arrivé sur les côtes de Provence, il alla, avec saint Caprais, se présenter à l'évêque de Fréjus, saint Léonce, qui l'engagea à demeurer dans son diocèse et lui indiqua, à six milles de sa ville épiscopale, une caverne de l'Estérel, où il pourrait contenter son désir de la vie solitaire et pénitente.

« Il est, dit Barralis, un promontoire que rencontrent à l'entrée de la Provence les navigateurs qui viennent d'Italie dans la mer de la Gaule Narbonnaise. On le nomme le *Cap Roux*. Placé entre l'île de Lérins et la ville de Fréjus, il s'élève à une hauteur de plus de trois milles, flanqué de rochers et enveloppé de bois impraticables. La mer baigne ses pieds au levant et au midi, et y forme, entre autres abris pour les embarcations, le port d'Agathon, désigné vulgairement sous le nom d'*Agay*. Au flanc de la montagne, entre le côté de l'aquilon et celui du couchant, se trouve une grotte en forme d'oratoire, dans laquelle saint Honorat, premier abbé et fondateur du sacré monastère de Lérins, a mené quelque temps la vie érémitique (1) ».

Cette grotte était connue, au temps de Barralis, comme

______

(1) *Chronol. Lerin.* I, p. 37.

aujourd'hui, sous le nom de *Sainte-Baume* ou *Baume de Saint-Honorat.*

C'est un lieu de pèlerinage très ancien; un autel, dressé dans la grotte même, permettait d'y célébrer les saints mystères et une source située près de l'entrée servait à étancher la soif des pèlerins, comme elle avait jadis étanché celle du saint ermite.

Ainsi retiré, sur une roche escarpée, avec l'immensité devant lui, le nouveau solitaire de la Provence n'avait rien à envier à ceux de la Palestine ou de l'Égypte. L'agitation des flots, vue de ce lieu élevé, lui rappelait celle du monde qu'il s'applaudissait d'avoir quitté; à travers les espaces, pleins de transparence et d'éclat, ses méditations s'élançaient sans obstacle jusqu'au trône de l'Éternel, et les grandes inspirations descendaient vers lui, comme les aigles visitent un sommet solitaire.

La compagnie du vénérable et pieux Caprais était pour Honorat un encouragement et un motif d'émulation; tous deux rivalisaient d'austérité et de ferveur et, dans leurs entretiens, ils s'excitaient sans cesse à une plus haute perfection.

Bientôt cependant, la renommée des deux anachorètes se répandit au loin, on se disait avec étonnement que la Provence possédait à son tour de ces hommes extraordinaires qui osaient imiter les pénitences héroïques et les incessantes contemplations des grands ascètes de l'Orient, et l'admiration pour un genre de vie si sublime leur attira, au bout de peu de temps, un grand concours de visiteurs. On venait se recommander à leurs prières, leur demander des conseils dans les épreuves de la vie, s'édifier au spectacle de leurs vertus. Mais cette foule

troublait par son importunité et son va-et-vient conti-
nuel le silence de leurs méditations. Elle leur enlevait
le bien le plus précieux qu'ils étaient venus demander
au désert, la liberté de s'entretenir cœur à cœur avec
Dieu.

Voyant dès lors qu'il n'avait pu trouver, même dans
cette âpre montagne, une retraite assez paisible, et que
les remparts presque inaccessibles élevés par la nature
autour de sa caverne, devenaient impuissants à le protéger contre les empressements et la curiosité des gens
du monde, Honorat eut la pensée de s'enfuir secrète-
ment et de s'en aller chercher, en quelque pays lointain, un asile plus caché, où il aurait l'espoir de vivre
entièrement inconnu des hommes.

Souvent tandis qu'il méditait sa fuite, son regard
attristé, errant sur la surface des flots, dut s'arrêter à
contempler longuement deux îles, peu éloignées, autour
desquelles les flots perdaient soudain toute leur agitation et dont le groupe fraternel semblait nager à la surface d'un lac paisible. C'était Léro et Lérina, protégées
contre les vagues du large par leur ceinture de récifs et
d'écueils à fleur d'eau.

Plus isolée et plus étroite, jetée comme une bouée
vers la haute mer, la plus petite de ces deux îles semblait offrir à ses désirs de solitude un asile plus inviolable. Jamais il ne voyait les nautonniers s'en approcher
pour y amarrer leurs vaisseaux fatigués d'une longue
navigation. Les voiles éparses, errant sur l'étendue du
golfe qu'enserrent, comme deux bras, la chaîne de l'Estérel et les collines du promontoire d'Antibes, ne la visitaient pas. Jamais ces nefs pavoisées et fleuries, d'où
s'échappaient des chants de fêtes et qui s'en allaient

porter à quelque point de ces riants rivages une jeunesse passionnée pour la danse et les jeux, ne prenaient pour but de leur joyeux sillage les ombrages redoutés de Lérina. Les pêcheurs eux-mêmes paraissaient fuir ses bords comme des parages néfastes.

La vue de cet îlot perdu, que les hommes évitaient d'approcher, dut donner au pieux solitaire je ne sais quels pressentiments de vie silencieuse et recueillie. L'inspiration divine, à son tour, vint éveiller en lui de mystérieux attraits pour ce coin de terre délaissé que la Providence le destinait à repeupler; et plus d'une fois, comme le Psalmiste, il désira d'avoir des ailes pour s'envoler vers cet étroit refuge, posé doucement sur les ondes, comme un nid d'alcyon.

Saint Léonce, à qui il s'ouvrit de ses préoccupations, et qui craignait de voir un homme si avancé dans les voies de Dieu, s'éloigner de son diocèse, l'autorisa bien volontiers à transporter son séjour dans cette solitude maritime.

Encombrée de ruines, couverte de ronces et de broussailles épaisses, elle était, en outre, tellement infestée de reptiles venimeux qu'on n'osait plus y aborder. Mais à partir du moment où saint Honorat y eut établi sa demeure avec les quelques compagnons qui déjà s'étaient joints à lui, l'île fut purgée pour toujours des serpents et des autres bêtes malfaisantes.

Voici comment la légende a dramatisé le fait dans la suite des âges et en a fait un récit capable de frapper l'imagination populaire. « Le Saint, à son arrivée dans l'île, voyant accourir les serpents, se prosterne et conjure le Seigneur de les exterminer. Aussitôt ils expirent tous. Mais leurs corps infectaient l'air; le Saint monte

sur un palmier, lève les mains vers le ciel et prie avec
ferveur le Dieu qui l'appelait dans la solitude. Alors
la mer se soulève, les flots inondent la surface entière
de l'île et emportent en se retirant les cadavres de ces
reptiles (1). »

Les enfants de saint Honorat regardèrent toujours la
disparition soudaine des serpents comme due à un miracle de leur saint fondateur. Le monastère en rappela
plus tard le souvenir dans son blason : deux palmes
enlacées d'un serpent y figurent, entourant la mitre et la
crosse abbatiale. L'art à son tour reproduisit les circonstances les plus pittoresques de la légende. Sur l'un
des côtés de la châsse donnée à Lérins par Jean André
de Grimaldi, était représenté saint Honorat, monté sur
un palmier et voyant à ses pieds les flots inonder l'île
et balayer les cadavres des serpents.

Cependant les îles de Lérins étaient sans eau, et aujourd'hui encore, la plus grande des deux en est absolument dépourvue.

« Pressés par la soif, nous dit la *Vie de Saint Honorat*
que nous venons de citer, les disciples du Saint vinrent
se prosterner à ses pieds, le conjurant avec instance de
leur obtenir du Seigneur par ses prières, l'eau que la nature
avait refusée à cette terre. « Allez, leur répondit-il, allez,
« mes frères, et creusez avec courage au milieu de l'île,
« entre ces deux palmiers; le Dieu qui a créé les sources
« des eaux est assez puissant pour vous accorder ce que
« vous lui demanderez avec confiance. » Ils se mettent
à l'œuvre et creusent jusqu'au rocher, mais sans trouver
une goutte d'eau ni même trace d'humidité. Découragés,

---

(1) *Vie de saint Honorat*, édit. de Venise, 1501, cit. ap. Alliez.

ils retournent vers Honorat et lui disent l'insuccès de leurs efforts. Le Saint leur ordonne d'attaquer la roche vive et de se confier au Seigneur. Les disciples obéissent à leur père et creusent en profondeur environ la moitié de la taille d'un homme, mais sans résultat. Alors, jetant là leurs instruments, ils s'en vont proposer au Saint d'essayer des recherches sur un autre point de l'île. Honorat, qui sent sa confiance redoubler, se rend sur les lieux; il descend dans la fosse ouverte par ses disciples, et, après avoir invoqué le Seigneur, il frappe trois fois le rocher au nom de la Sainte Trinité. Aussitôt les eaux jaillissent avec abondance. »

Quoi qu'il en soit des détails que la légende a pu ajouter au récit pour l'embellir, la tradition de ce fait merveilleux est constante à Lérins et elle est appuyée sur le témoignage de saint Hilaire et de saint Eucher qui, tous deux, ont vécu avec saint Honorat. « Les eaux refusées aux siècles précédents coulent en abondance, disait saint Hilaire dans son discours de *Vita Sancti Honorati;* elles rappellent, en une source unique, deux miracles de l'Ancien Testament : elles jaillissent en effet du rocher, et sortent de l'amertume de la mer. » Saint Eucher écrit dans son *Éloge du Désert* que les eaux s'élançaient du sein des rochers et que l'île en était largement arrosée. Les expressions dont se servent ces auteurs, témoins de ce qu'ils racontent, donnent à penser que les eaux s'épanchaient hors du puits et formaient des ruisseaux sur le sol. Il n'en est plus ainsi aujourd'hui : le puits de saint Honorat (1) fournit à mesure qu'on y puise, mais la

(1) Voici l'inscription en distiques latins qu'on lit sur une plaque de marbre au-dessus de la porte du puits et qui fut composée par Barralis, moine de Lérins, au XVIIe siècle :

source qui sort du rocher par cinq ouvertures disposées à peu près en forme de croix, ne s'élève jamais au-dessus d'un certain niveau. Le fond se trouve à 7 mètres au-dessous de la surface du sol.

> *Isacidum ductor lymphas medicavit amaras*
> *Et virga fontes extudit e silice.*
> *Aspice ut hic rigido surgant e marmore rivi*
> *Et salso dulcis gurgite vena fluat.*
> *Pulsat Honoratus rupem laticesque redundant,*
> *Et sudis et virgæ Mosis adæquat opus.*

« Le guide des enfants d'Israël adoucit les eaux amères, et sa verge fit sourdre une source du rocher. Regarde : ici des ruisseaux jaillissent de la dure pierre, et une eau douce sort du sein de l'onde amère. Honorat frappe le rocher, et des eaux abondantes s'en échappent. Le Saint renouvelle le double prodige que Moïse opéra avec le bois et avec la verge. »

CHAPITRE III

Lérins sous saint Honorat.

L'invasion des Barbares au Ve siècle. Lérins asile des lettres. —
Date de la fondation de saint Honorat. — Caractère de sa
règle. Rapports de cette règle avec celle des moines d'Orient :
similitude et contraste. — Portrait de saint Honorat.
Légende de sainte Marguerite. — Les études à Lérins :
saint Eucher et ses deux fils. Saint Vincent, Salvien, saint
Hilaire, saint Loup.

Dans cette île ainsi purifiée des bêtes malfaisantes et
arrosée d'une eau limpide, symbole des sources de grâce
qu'il venait d'y ouvrir, Honorat groupa bientôt autour
de lui les hommes les plus éminents de son siècle.

Peu d'années, en effet, après qu'il s'y fut retiré, de
grandes calamités étaient venues fondre sur l'Occident :
l'invasion des Barbares se déversait à grands flots sur
les contrées où la civilisation romaine avait répandu
ses bienfaits. Tout périssait, était englouti. Un seul
refuge resta aux lettres et aux sciences : ce fut cet humble
îlot de la Méditerranée, où l'avarice des envahisseurs
n'espéra point rencontrer de trésors. Là, sous les ombrages
de quelques pins courbés par la violence des vents, et
à l'abri d'un étroit bras de mer, se conserva pour les
âges suivants le flambeau que la barbarie menaçait
d'éteindre à jamais. D'autres solitudes monastiques,
placées aux extrémités les plus opposées de l'Europe,
celles de l'Irlande, et du mont Athos, partagèrent alors

avec Lérins le privilège d'échapper à là dévastation universelle, mais leur rôle dans l'histoire de là civilisation n'a pas été d'une importance à beaucoup près aussi considérable.

On dispute un peu sur la date de l'arrivée de saint Honorat dans l'île qui devait un jour porter son nom. La *Chronique de Lérins* donné l'année 375; l'auteur de cette *Chronique*, Barralis, moine de Lérins au XVIIe siècle, déclare tirer cette assertion d'un áncien manuscrit conservé au monastère. Nous devons donc le considérer comme le représentant autorisé de la tradition lérinienne, et il est de règle, en bonne critique, de n'abandonner les traditions locales que si l'on a des raisons péremptoires à leur opposer. Plusieurs historiens modernes, trouvant des difficultés à accepter cette date, se contentent de faire remonter la fondation du monastère aux premières années du ve siècle.

Le but du pieux fondateur, en réunissant autour de lui ses premiers cénobites, fut certainement de les vouer à la contemplation des choses divines, en y joignant le travail des mains à l'exemple des solitaires de l'Orient. Sa règle rappelait celle des monastères de l'Égypte ou de la Palestine plus strictement encore que ne faisait celle des deux monastères fondés par saint Martin dans les Gaules, un quart de siècle avant le sien. Aller vivre au milieu des moines de la Syrie ou de la Thébaïde avait été la première aspiration de saint Honorat et de saint Caprais, son fidèle confident. Cassien passant par Lérins quelques années après sa fondation, ou du moins écrivant ses *Conférences*, dont plusieurs sont adressées à notre Saint lui-même et à ses disciples, n'avait pu qu'ac-

cuser plus fortement encore les traits de conformité de
sa règle avec celle des Pacôme et des Basile.

Un des traits les plus saillants de cette ressemblance,
c'est qu'il y avait à Lérins un mélange de la vie solitaire avec la vie cénobitique. Le monastère proprement
dit n'était pas d'une étendue considérable; il renfermait
seulement ceux qui débutaient dans les exercices de la
vie religieuse et que l'on soumettait aux conditions de
la vie commune, moins difficile à soutenir saintement
que la vie solitaire. Ceux qui s'étaient suffisamment
exercés dans cette initiation première, recevaient ensuite
l'autorisation de se retirer dans quelqu'une des nombreuses cellules éparses sur la surface de l'île et d'y mener
la vie des ermites. Sept chapelles construites sur différents points et dont on voit encore les restes plus ou moins
bien conservés, devaient servir de lieu de prière à chacun des
groupes de cellules situées dans leur voisinage. Les dimanches, tous les religieux s'assemblaient dans l'église
du monastère pour y célébrer solennellement l'Office
divin.

Toutes ces pratiques des disciples de saint Honorat
rappelaient celles des laures de la Thébaïde, et l'expression de saint Eucher est très juste, lorsqu'il dit que ces
vénérables solitaires vivant dans des cellules séparées,
avaient transporté, sur notre terre des Gaules, les Pères
des déserts de l'Égypte. Il y avait toutefois un bien
grand contraste entre le morne horizon de sables ou de
roches arides qu'avaient devant les yeux les anachorètes
des antres de Nitrie ou de la triste plaine de Scété, et
la brillante ceinture de flots aux changeantes couleurs,
les masses épaisses de forêts verdoyantes et l'amphi-
théâtre de montagnes couronnées par les neiges alpestres,

sur lesquels se reposaient les regards des religieux de Lérins, au milieu de leurs contemplations et de leurs travaux.

Les circonstances de temps et de lieu amenèrent forcément encore un autre contraste : les occupations des nouveaux moines de l'Occident ne purent être absolument les mêmes que celles des moines de l'Orient. Tandis qu'en dehors des heures consacrées à la méditation des Saintes Écritures et à la récitation de l'Office divin, les moines de l'Orient consacraient uniquement leurs loisirs au travail des mains, les enfants de saint Honorat nous apparaissent, dès le début, comme donnant une large part aux travaux de l'esprit. Les moines Orientaux demeurent à peu près étrangers au mouvement intellectuel et aux controverses de leur temps; en Occident, au contraire, toute la vie littéraire et scientifique du ve siècle, dans le désastre universel de la société, paraît s'être concentrée dans les monastères du midi de la Gaule, et notamment à Lérins. Là, assurément, on ne cultive pas les lettres pour le simple amour de l'art; on n'écrit pas pour écrire; c'est la passion de la vérité, c'est le zèle du salut des âmes qui provoque le moine à prendre la plume et à sortir du silence. Bref, pour parler avec Guizot : « Si « quelque événement éclatait », si « une question s'éle- « vait », si quelque nécessité pressait le monde chrétien, « on faisait un livre, et le livre se produisait souvent sous « la forme d'une lettre à un fidèle, à un ami, à une « église. » C'est ainsi que se produisirent, en effet, les écrits demeurés célèbres d'un Eucher, d'un Hilaire d'Arles, d'un Salvien, d'un Vincent de Lérins, tous contemporains de saint Honorat et formés par lui aux vertus monastiques.

Saint Hilaire d'Arles nous a laissé un portrait de saint Honorat où se montre réalisé l'idéal du digne abbé de monastère, tel que saint Benoît le tracera un siècle plus tard dans sa *Règle* fameuse, devenue le Code universel de la vie monastique en Occident.

« Les douleurs de tous, il les regardait comme ses « propres douleurs et les pleurait comme telles; les pro-« grès et les labeurs de tous, il les considérait comme « siens... Actif, diligent, infatigable, il s'attache à cha-« cun selon la connaissance qu'il a acquise de son naturel « et de ses maux.. Pour l'un, c'est en particulier, pour « l'autre c'est en public; pour celui-ci de la sévérité, « pour celui-là de la douceur; et pour arriver à changer « celui qu'il réprimande, il change l'aspect même de la « réprimande. Aussi serait-il difficile de trouver quel-« qu'un qui fût aimé ou craint à ce point : il avait telle-« ment établi ces deux sentiments dans l'âme de chacun « des siens que l'amour qu'on lui portait amenait la « crainte de pécher, et la crainte amenait l'amour de la « règle.

« On ne saurait croire avec quel soin il veillait à ce « que nul ne fût abattu par la tristesse, fatigué par les « pensées du siècle. Quelle habileté à découvrir les pen-« sées de chacun ! On eût dit qu'il portait dans son âme « les âmes de tous. Et puis, quelle tendre prévoyance « pour empêcher l'un d'être accablé par l'excès du tra-« vail, l'autre d'être amolli par l'excès du repos !... Sans « cesse occupé à secouer la paresse de ceux dont le corps « était robuste, il forçait au repos ceux dont l'âme était « trop ardente. Un instinct divin lui faisait connaître, « je crois, les forces, le courage, l'estomac de chacun. « Devenu véritablement le serviteur de tous pour Jésus-

« Christ, on ne comprend pas comment un seul homme
« pouvait à la fois remplir tant d'offices, surtout étant
« accablé de tant d'infirmités diverses.

« C'est pour cela que toute cette réunion d'hommes
« avides de servir Dieu, que son nom avait assemblés
« des différentes parties de la terre, malgré la différence
« des caractères et du langage, n'avait qu'un cœur
« pour l'aimer. Tous l'appelaient leur maître, tous leur
« père : en lui, il leur semblait qu'ils avaient retrouvé
« leur patrie, leurs parents, tout enfin (1). »

L'imagination populaire, s'inspirant, sans doute, à
une époque un peu tardive, de ce que nous raconte l'histoire au sujet de saint Benoît et de sainte Scholastique,
a voulu doter le saint fondateur de Lérins d'une sœur
appelée Marguerite, qui aurait vécu de la vie religieuse
dans la grande île de Léro et lui aurait depuis laissé son
nom. On sait d'une manière trop positive, pour ajouter
foi à cette légende, que l'île de Léro doit sa dénomination
moderne à sainte Marguerite d'Antioche, illustre vierge
martyre, dont le culte se répandit à une certaine époque
en Occident et à qui les moines de Lérins dédièrent une
chapelle dans la grande île. La légende est cependant
trop gracieuse pour que nous omettions de la transcrire
ici.

Voici comment l'abbé Alliez l'a recueillie sur les lèvres
de la tradition : « Honorat ayant fondé son monastère,
Marguerite, sa sœur, vint habiter l'île voisine où elle
dirigea une communauté de vierges chrétiennes. Comme
elle ne pouvait aller à Lérins parce que la règle en inter-
disait l'entrée aux femmes, elle priait souvent Honorat

______

(1) *Sermo de Vita S. Honorati.* Trad. GORINI, *Mélanges littéraires.*

de venir la visiter, se plaignant de ce que ce désir était bien rarement satisfait. Pourtant le Saint trouvait qu'il voyait trop fréquemment une sœur, dont le souvenir, ravivé par ces visites, altérait le suave recueillement de son oraison. Un jour, il lui dit que désormais ils ne se verraient qu'une fois par an, et il fixa, pour époque de sa visite, la saison où les cerisiers seraient en fleurs. Marguerite pria, pleura; rien ne put ébranler son frère dans l'austère détermination qu'il avait prise; elle espéra que Dieu serait moins inflexible et obtint de Celui qui bénit les amitiés saintes, qu'un cerisier planté sur le rivage de son île fleurît tous les mois. Honorat vit dans ce prodige la volonté manifeste du Seigneur et, tous les mois, traversant la mer rendue solide sous ses pieds, il venait parler de Dieu à l'heureuse Marguerite. »

Il convient que nous donnions ici une courte notice sur quelques-uns des premiers compagnons de saint Honorat qui ont laissé un nom glorieux dans l'histoire des lettres aussi bien que dans les annales de la sainteté. Lérins, au commencement du Ve siècle, eut cette destinée singulière, que toute la vie intellectuelle de l'Europe parut s'y être concentrée.

Saint Eucher était issu d'une très noble famille : né d'un père sénateur, il portait le titre de *Clarissime* et était apparenté à Valérien, préfet du prétoire et parent lui-même de l'empereur Avitus. Ayant vécu dans les grandeurs du monde, il se rendit plus grand encore par ses vertus et sa doctrine, *splendidus mundo, splendidior Christo*, dit de lui saint Hilaire d'Arles. Marié à Galla et père de quatre enfants, il se fit moine à Lérins du consentement de son épouse; celle-ci se chargea d'élever ses deux filles dont elle fit deux saintes, et lui emmena au monastère ses deux fils Salonius et Véran, qui devinrent tous deux évêques et que l'Église a placés également sur ses autels. L'idéal d'Eucher, comme celui de saint Honorat, eut été d'aller jusqu'en Orient se fixer parmi les Pères du désert; c'est pour le consoler de n'avoir pu réaliser ce rêve que Cassien lui adressa plusieurs de ses *Conférences*. On place en l'année 412 l'entrée de saint Eucher à Lérins : déjà d'affreuses calamités étaient venues fondre sur l'empire; déjà les Francs d'abord, puis les Suèves, les Alains, les Vandales et les Burgondes avaient fait irruption dans les Gaules : l'Italie à son tour avait été envahie par les Barbares, et enfin Rome elle-même, trois fois assiégée par Alaric, était tombée en son pouvoir et avait été abandonnée à la fureur des Goths. Eucher trouva dans la solitude une paix et un bonheur que le monde ne pouvait pas lui donner : on reconnaît dans ses admirables écrits, l'un sur le *Mépris du monde* adressé à son parent Valérien, l'autre sur l'*Éloge de la Solitude* adressé à saint Hilaire, les traces des impressions opposées que firent passer dans son âme tour à tour le spectacle des malheurs publics, puis le silence paisible et le calme dont il lui fut donné de jouir dans sa retraite.

Cependant les deux fils d'Eucher recevaient, à l'ombre des murs du monastère, une éducation qu'eussent pu leur envier les enfants des premières familles de l'empire. Ils avaient trouvé en la personne de saint Honorat un second père et lui-même s'était chargé de leur fournir des maîtres capables de former leur esprit et leur cœur. A saint Hilaire, son jeune parent, récemment arrivé à Lérins, fut confié le soin de leur donner l'enseignement religieux, tandis que Salvien et Vincent, deux des gloires les plus brillantes de ce siècle, compléteraient leur éducation par l'enseignement de la philosophie et des lettres.

Épris comme il l'était de la vie solitaire, saint Eucher obtint, après quelques années de vie cénobitique, l'autorisation de passer de l'île de Lérina dans celle de Léro, qui était comme une dépendance du monastère et dans laquelle plusieurs des disciples de saint Honorat menaient la vie érémitique. Cette séparation d'Eucher et d'Honorat n'avait rien qui pût les attrister, car, chaque dimanche, les solitaires de Léro traversaient le bras de mer qui sépare les deux îles et allaient partager avec leurs frères les joies saintes de ce jour consacré au Seigneur, participer au banquet des agapes eucharistiques et célébrer avec eux l'office divin.

Plus tard, lorsque saint Honorat eut quitté Lérins pour monter sur le siège épiscopal d'Arles, saint Eucher se retira dans une caverne du cap Roux pour s'y livrer à un ascétisme de plus en plus rigoureux. C'est là que les députés de la ville de Lyon vinrent le chercher et, à force de supplications et même de violences, le déterminèrent enfin à accepter le gouvernement de leur église. Eucher s'assit sur le siège illustre de saint Irénée et ne fut pas un trop indigne successeur du grand docteur des Gaules.

Au moment où saint Eucher s'éloignait de sa chère Lérins pour s'enfoncer dans le désert du cap Roux, il laissait dans la communauté de ses anciens frères ses deux fils, Salonius et Véran, qui déjà avaient embrassé la profession religieuse, après avoir achevé le cours de leurs études sous la direction de Vincent de Lérins et de Salvien.

LÉRINS. — Tour abritant la source Saint-Honorat.

Le port de Lérins (état actuel).

Un paysage à Lérins.

« Ce grand et modeste Vincent, comme dit Monta-
« lembert, qui fut le premier controversiste de son temps
« et auquel la postérité a gardé le nom de l'île qui fut le
« berceau de son génie », mérite bien d'arrêter un instant
nos regards. Il était gaulois d'origine et né, peut-être,
dans la ville de Toul. Il avait suivi la carrière des armes
et occupé dans le monde des emplois élevés. La pureté
de son style et la vigueur de son raisonnement témoignent assez qu'il avait dû être appliqué de bonne heure
aux lettres humaines et avait suivi d'excellentes écoles.

« Après avoir été ballotté quelque temps », comme il
le dit lui-même, « par les tourbillons de la vie séculière,
« il fut conduit par l'inspiration du Christ à s'abriter
« dans le port toujours si sûr de la religion, et là, dépo-
« sant les pensées d'orgueil et de vanité, et apaisant
« Dieu par le sacrifice de l'humilité chrétienne, il s'ap-
« pliqua à éviter non seulement les naufrages de la vie
« présente, mais encore les feux de la vie future (1). »

L'ouvrage qui a rendu immortel le nom de Vincent
de Lérins, est petit par son poids selon l'expression du
cardinal Bellarmin, mais grand par le mérite. Il a été
loué par les savants de tous les siècles. Peut-être est-
il, dans l'antiquité classique, peu de livres qui renferment
tant de choses en si peu de mots. Vrai livre d'or, qui
reste, encore aujourd'hui, un guide sûr dans les controverses toujours nouvelles que suscite infatigablement
l'esprit d'erreur.

La rédaction de ce célèbre ouvrage se rapporte à l'an
434.

Les fils d'Eucher ne furent pas les seuls élèves aux-

____

(1) *Commonitorium.*

quels saint Vincent eut à transmettre les éléments des sciences et des lettres humaines. Dès ce temps-là, le monastère avait ouvert une école, qui fut bien vite célèbre et florissante, et où toute la jeune noblesse des Gaules se rendait pour recevoir des leçons de grammaire, de rhétorique et de dialectique. Il y eut pour collègue dans l'enseignement Salvien, homme d'une tournure d'esprit toute différente de la sienne, mais qui occupe également une place éminente parmi les écrivains sortis de Lérins.

Salvien était né, vers l'an 400, dans le nord de la Gaule et vraisemblablement à Cologne. Il dut étudier à Trèves avant que les écoles florissantes de cette ville eussent été détruites par l'arrivée des Francs. Il y puisa ces formes de rhétorique qui se manifestent dans son style au travers même des mouvements de la plus haute émotion. Fuyant devant les hordes dévastatrices qui franchissaient le Rhin et la Moselle, il vint dans le midi de la Gaule et y fut accueilli par les pieux et savants personnages qui conservaient sous les voûtes austères du cloître le dépôt des lettres chrétiennes.

Il dédia son principal écrit, intitulé : *Du Gouvernement de Dieu*, à l'un de ses élèves, Salonius, l'aîné des fils de saint Eucher.

Salvien avait l'âme ardente et l'imagination colorée : dans son livre, destiné à justifier la Providence de Dieu, il décrit avec une sombre et puissante éloquence la détresse des contrées où l'invasion répandait la dévastation et le carnage. On l'a appelé le *Jérémie du Ve siècle*, et il semble en effet, lui aussi, avoir, selon l'expression de Bossuet, « égalé les lamentations aux douleurs. ».

L'historien Gennade a donné à Salvien le titre de
maître des évêques, sans doute parce qu'il eut part à
l'éducation de saint Salonius et de saint Véran, tous deux
promus plus tard à l'épiscopat. Mais ni lui, ni saint Vincent de Lérins ne furent jamais que simples prêtres.

Il n'en fut pas de même de saint Hilaire leur ami et
leur coopérateur dans l'éducation des fils d'Eucher.
Parent de saint Honorat, il fut son successeur sur le siège
métropolitain d'Arles et prononça sur son cercueil ce
précieux Discours *de Vitâ Sancti Honorati*, le seul document un peu détaillé qui nous soit resté sur la vie du
saint fondateur de Lérins. Charles Nodier a appelé cette
oraison funèbre un « chef-d'œuvre de touchante éloquence et de sensibilité » où la décadence apparaît toutefois « dans une recherche dont le style n'est pas exempt ».

Laissons saint Hilaire nous raconter lui-même comment il dut au zèle d'Honorat sa conversion et sa vocation religieuse. C'est une page digne du livre des *Confessions* de saint Augustin :

« Si j'ai éprouvé la grâce de Jésus-Christ, c'est à son
« zèle que je le dois... Oui, pour moi (je le dis à sa gloire
« et à ma honte), il ne dédaigna pas de retourner dans
« cette patrie qu'il avait quittée; il ne se laissa pas rebu-
« ter par les fatigues d'un si long voyage qu'aggravaient
« encore les nombreuses infirmités dont il souffrait déjà.
« Hélas ! il n'est que trop vrai : j'étais, à cette époque,
« attaché au siècle et rebelle à Dieu ! Il vint, pieux séduc-
« teur, et d'une main caressante essaya de m'attirer à
« l'amour du Christ. Il serait long de raconter toutes ces
« exhortations où se traduisait la vivacité de son âme...
« Mais voyant que mes oreilles se fermaient aux paroles

« de tendresse, il retourna à ses armes ordinaires, la
« prière ! et ce cri de son amour que repoussait ma dureté
« trouva le chemin des oreilles de Dieu, et émut son
« cœur jusqu'à la miséricorde. Je résistais, et, retenu par
« ces habitudes si périlleuses du monde, je confirmais
« mon obstination par serment. Mais lui, par une inspi-
« ration en quelque sorte prophétique, me l'avait promis
« d'avance : « Eh bien ! disait-il, ce que vous refusez de
« m'accorder, Dieu me l'accordera »... Tout d'abord
« je remportai sur lui, comme il le disait, une détes-
« table victoire. Mais la main de Dieu m'avait saisi
« pour me fatiguer et me dompter... Quels flots s'éle-
« vaient dans mon cœur ! Quelles tempêtes y excitaient
« ces volontés contraires luttant entre elles ! Combien
« de fois le oui et le non se succédèrent dans mon âme !
« Mais terminons... En son absence, le Christ, enfin,
« accomplit en moi son œuvre, et, après deux jours, la misé-
« ricorde de Dieu, par l'effet de ses prières, avait subjugué
« ma rébellion (1). »

Il avait fallu toute la charité de saint Honorat pour le
décider à retourner ainsi dans des contrées qu'il avait
depuis si longtemps renoncé à revoir. Le court passage
qu'il y fit causa, n'en doutons pas, une impression profonde, et saint Hilaire distribuant ses biens aux pauvres,
à la suite des exhortations d'Honorat, remit dans la
mémoire de tous ce que celui-ci avait fait lui-même autrefois avec son frère Venance. Bientôt un exemple semblable fut donné dans le même pays par un membre de
la même famille. La sœur d'Hilaire, Piméniole, avait
épousé un riche patricien de Toul, nommé Lupus, issu

____

(1) *Sermo de Vita Sancli Honorati*, Trad. GORINI, *ibid*.

d'une des plus illustres familles des Gaules et digne par ses talents et son éloquence d'aspirer aux plus hautes dignités. Au bout de sept ans d'une vie exemplaire dans le mariage, il résolut, de concert avec sa sainte épouse, de se vouer à un genre de vie plus parfait, et il s'en alla, après avoir distribué tous ses biens en aumônes, demander à saint Honorat la faveur d'être admis au nombre de ses disciples. Mais Dieu ne voulut pas laisser sous le boisseau une lumière aussi éclatante. Au bout de peu de temps, la mort d'un proche parent rendit de nouveau saint Loup maître d'une fortune considérable. Contraint de quitter un moment sa retraite pour recueillir cet héritage, il s'occupait de le verser aussitôt dans le sein des pauvres, lorsque les envoyés du clergé et du peuple de Troyes vinrent l'enlever, pour ainsi dire, de force à Mâcon pour l'élever sur le siège épiscopal de leur ville. Ce fut « cet illustre saint Loup, qui arrêta Attila aux portes de « Troyes avant que saint Léon ne l'eût arrêté devant « Rome. C'est lui qui demanda au roi des Huns : *Qui* « *es-tu ?* et qui reçut la fameuse réponse : *Je suis Attila,* « *le fléau de Dieu ;* l'intrépide douceur de ce moine-évêque « désarma le féroce envahisseur. Il quitta Troyes sans « y faire aucun mal, et recula jusqu'au Rhin, mais em- « mena l'évêque avec lui, dans la pensée que la présence « d'un si saint homme servirait de sauvegarde à son « armée (1) ».

(1) Montalembert, *Les Moines d'Occident.*

CHAPITRE IV

Les successeurs de saint Honorat.

Lérins pépinière d'évêques. — Saint Honorat nommé évêque
d'Arles. — Saint Maxime et saint Fauste abbés de Lérins,
puis évêques de Riez. — Ferveur de Lérins sous le gouvernement de Fauste. — Rôle important de Fauste dans les
controverses de ce siècle; son semi-pélagianisme. — Les
Visigoths en Provence; martyre de saint Ausile. — Saint
Césaire moine de Lérins, puis évêque d'Arles. — Saint
Virgile, évêque d'Arles. — Évangélisation de l'Angleterre
par saint Augustin et ses compagnons. — Relations de
l'abbé Chonon avec saint Colomban. — L'abbé Nazaire
et la fondation du couvent d'Arluc. — Saint Maxime, saint
Magne et saint Agricole, évêques d'Avignon. — Colonie
des moines de Lérins à Avignon. — Saint Eudes, fondateur
du monastère de Carméry, dans le Velay.

Lérins, on le voit, devenait déjà, dès ses débuts et
malgré l'amour de l'obscurité et de la retraite dont ses
enfants faisaient profession, l'école et le séminaire où
les églises des Gaules aimaient à venir choisir leurs pasteurs. Durant toute la période mérovingienne, l'île sainte
fut en effet une pépinière d'évêques, de docteurs, d'apôtres
et de fondateurs de monastères. L'Église d'Arles appela,
à diverses époques pour les mettre à sa tête, jusqu'à
six de ses moines dont les noms peuvent prendre place
à côté de ceux des plus illustres pontifes; citons seulement saint Honorat, saint Hilaire, saint Césaire et saint
Virgile, qui fut nommé légat dans les Gaules par saint

Grégoire et qui, en cette qualité, fut le consécrateur de saint Augustin, apôtre de l'Angleterre. Vienne lui doit saint Magunce et saint Sédaste; Saintes, saint Vincent; Avignon, saint Maxime, saint Magnus et son fils saint Agricole; Valence, saint Apollinaire; Fréjus, saint Ausile; Carpentras, saint Siffren. Le diocèse de Lyon en reçut non seulement saint Eucher, l'un de ses plus glorieux évêques, mais encore saint Anselme qui fut abbé d'Ainay, et saint Domitien le fondateur du monastère de Saint-Rambert-en-Bugey. Beaucoup d'autres églises encore s'honorent d'avoir eu des évêques et des prêtres formés à l'école de Lérins. Saint Patrice lui-même, l'apôtre de l'Irlande, avant d'entreprendre l'évangélisation de cette île située aux limites du monde connu, vint s'exercer neuf ans aux pratiques de la vie monastique sous la règle de saint Honorat.

Ces évêques sortis des monastères présentaient aux yeux des populations un tout autre caractère que les prélats choisis dans les rangs de la société romaine et du clergé séculier. Ceux-ci, à cause de la grande situation temporelle qui leur était faite dans l'Empire, depuis Constantin, s'étaient trop aisément laissés entraîner à vivre dans le faste, et le faste avait amené en eux une sensible diminution de l'esprit apostolique. Les évêques-moines, au contraire, conservèrent, même après leur élévation aux honneurs de l'Église, les mêmes habitudes de pauvreté dans le costume, la même austérité de vie, dont ils avaient fait profession précédemment dans le cloître. Quand saint Martin, proposé pour occuper le siège de Tours, se présenta devant une assemblée de prélats gallo-romains, des protestations s'élevèrent contre son élection. « On le trouvait trop mal mis, dit M. Lecoy

« de la Marche, trop ennemi du confortable. On n'avait
« pas l'habitude, en Occident, de voir une robe grossière
« s'étaler sur le velours du trône pontifical. Cette habi-
« tude allait bientôt venir, le saint évêque de Tours
« devait enseigner au monde toute la vertu d'un pareil
« contraste (1). » Lérins contribua pour sa large part à
multiplier dans notre patrie, — durant presque toute
la période mérovingienne, — ce type de l'évêque apostolique, seul capable d'imposer le respect aux conquérants barbares et d'exercer sur eux l'ascendant qui sus-
pend leur fureur et parfois les subjugue. Plus d'un historien s'est demandé comment, sans cet ascendant que
prit l'Église sur ces farouches envahisseurs, la société
aurait pu se reformer après les invasions et sortir du
chaos où le monde se trouvait plongé. Littré a poussé
la question plus loin. Il s'est demandé comment l'Église
elle-même eut pu prendre cet ascendant, si elle ne se
fût trouvée en état d'opposer aux conquérants barbares
des ascètes et des saints. « En cette condition de grands
« périls et de grandes œuvres, dit-il, l'Église avait, comme
« un fruit naturel de son sein, produit les moines pour la
« pénitence et la prière:... elle exerçait, par le clergé
« régulier, une action mystique qui complétait son em-
« pire. La mysticité du moine est, si je puis ainsi parler,
« la pointe de la sainteté de l'Église et celle de son
« épée (2). »

C'est en 426 que saint Honorat devint évêque de
l'église métropolitaine et primatiale d'Arles. Quittant
avec un grand déchirement de cœur la famille religieuse

(1) LECOY DE LA MARCHE, *Saint Martin*, chap. IV.
(2) LITTRÉ, *Études sur les Barbares et le Moyen Age*, p. 141.

qu'il avait instituée et à laquelle il s'était attaché d'une si étroite charité, il emmena avec lui saint Hilaire, son disciple chéri, qui devait lui succéder, quatre ans plus tard, dans le gouvernement de son église. Toutefois, avant de dire à son monastère un adieu définitif, le sage fondateur avait voulu assister à l'élection de celui qui devait le remplacer dans la dignité abbatiale.

Le nouvel abbé de Lérins fut saint Maxime, né dans le voisinage de Digne et l'un des premiers disciples de saint Honorat. « On voyait, dit saint Fauste dans l'*Éloge* « qu'il nous a laissé de lui, éclater sur les traits du nouvel « abbé l'énergie de son âme; son visage resplendissait « de la sainteté qui habitait en lui; s'il inspirait une « crainte salutaire par son zèle pour la discipline, la dou- « ceur et l'humilité venaient tempérer la fermeté de sa « direction. » Animé d'une grande sollicitude pour le maintien de la règle, il soutint dans toute sa ferveur l'Institut de saint Honorat, durant les sept années qu'il eut à le gouverner. Une première fois sollicité d'accepter l'épiscopat par les habitants de Fréjus, dont l'évêque saint Léonce venait de partir pour évangéliser la Germanie, il réussit à se soustraire par la fuite à un honneur qu'il redoutait plus que la mort. Mais peu de temps après les envoyés de l'église de Riez étant venus le surprendre et se saisir de sa personne, dans le but de le forcer à devenir leur évêque, il dut enfin courber la tête et accepter un fardeau que la volonté de Dieu lui imposait. C'était en l'an 433 ou 434.

Fauste, qui lui succéda dans le gouvernement de l'abbaye de Lérins, était destiné à devenir également son successeur sur le siège de Riez. Son nom est demeuré célèbre à cause de la part qu'il eut dans les controverses qui agitèrent les esprits à cette époque.

Né dans la Grande-Bretagne, il se destina tout d'abord au barreau et s'était déjà acquis de la réputation dans cette carrière, lorsqu'il quitta le monde et se retira à Lérins pour ne plus s'y occuper que des sciences sacrées et de la recherche de la gloire céleste. Il devint, comme nous venons de le voir, le troisième abbé de ce monastère et le gouverna l'espace de vingt-sept ans, avec une sagesse et une édification qui le conservèrent dans toute sa régularité primitive. Les exhortations qu'il adressait à ses religieux et dont plusieurs nous ont été conservées, sont pleines d'une éloquence, tantôt mâle et austère, tantôt touchante et persuasive. Ses écrits portent principalement sur des matières de théologie et de philosophie; la lettre qu'il écrivit, étant déjà évêque, pour réfuter l'hérésie des Prédestinatiens, eut le double succès d'obtenir l'approbation du concile d'Arles et de ramener à l'orthodoxie son adversaire. Mais il fut moins heureux dans l'ouvrage qu'il écrivit ensuite dans le but d'appuyer par des raisonnements les décisions que le concile venait de prendre sur la même matière. En s'efforçant de combattre les erreurs des Prédestinatiens sur les rapports du libre arbitre avec la grâce, il tomba lui-même dans des assertions voisines de celles qui avaient été condamnées dans Pélage. Il n'allait pas jusqu'à enseigner comme cet hérésiarque, que notre libre arbitre peut, sans la grâce divine, accomplir les œuvres utiles au salut, mais il admettait que la grâce prévenante n'est pas nécessaire à ce même libre arbitre pour commencer le salut et les œuvres surnaturelles qui y conduisent. C'est cet ouvrage *De la Grâce et du Libre Arbitre* qui a fait regarder Fauste comme un des chefs du semi-pélagianisme.

On a coutume, en effet, de mettre son nom avec celui de Cassien en tête de la liste des écrivains qui passent pour avoir soutenu cette erreur.

Si, comme Cassien, il a erré en exagérant les forces du libre arbitre, c'est, comme lui, de bonne foi et sans cet esprit d'opiniâtreté qui fait proprement le caractère de l'hérétique. A l'époque où ils ont écrit l'un et l'autre, le langage de la théologie n'était pas encore entièrement fixé sur les matières de la grâce, et la discussion venait à peine de s'ouvrir sur la valeur du libre arbitre relativement au commencement de la foi et des bonnes œuvres. En soutenant l'opinion semi-pélagienne, condamnée un siècle plus tard par le 2e Concile d'Orange, ils ont soutenu un système qui, de leur temps, était encore un objet de libre controverse, et il n'y a rien dans leur manière d'agir qui puisse être l'objet d'un blâme. Cela n'a pas été capable d'empêcher que les Églises de la Gaule méridionale ne les reconnussent l'un et l'autre pour saints et ne leur décernassent un culte qui subsiste encore aujourd'hui et que l'Église a tenu constamment pour légitime.

Après avoir gouverné le monastère de Lérins près de trente ans, saint Fauste occupa le siège de Riez à peu près le même espace de temps et mourut plus que centenaire en 493.

Pendant la durée de son épiscopat, la Provence eut à souffrir de terribles calamités au moment où les Visigoths passèrent le Rhône pour s'en emparer. En 477, ils poussèrent leur conquête jusqu'aux Alpes-Maritimes, et comme, imbus de l'hérésie arienne, ils étaient aussi préoccupés de persécution religieuse que d'intérêts politiques, leur roi Euric lança une sentence de bannissement contre saint Fauste, l'intrépide évêque de Riez, qui s'efforçait, par ses prédications, de prémunir les âmes des fidèles contre les fausses croyances de leurs envahisseurs. Fauste eut ainsi l'honneur de confesser la foi catholique en face de ses ennemis. D'autres évêques furent mis à mort par les ordres de ce prince fanatique et, à côté des noms de saint Gatien, évêque de Toulon, de saint Deuthère de Vence et de saint Valère d'Antibes, nous pouvons citer celui de saint Ausile, que Lérins avait donné pour pasteur à l'église de Fréjus et qui subit, comme eux, le martyre dans cette persécution.

Pendant que cette tempête se déchaînait sur la Provence, l'île de Lérins gardait sa tranquillité et nulle agitation ne venait troubler ses habitants dans leurs méditations et leurs paisibles études. Ils continuaient de donner aux jeunes gens confiés à leur garde l'enseignement destiné à maintenir aux populations opprimées cette supériorité intellectuelle dont leurs barbares vainqueurs devaient bientôt subir l'influence civilisatrice.

On ne connaît guère que les noms des abbés qui dirigèrent successivement le monastère, après le départ de saint Fauste. Ce furent d'abord le B. Anselme, puis Léonce, puis saint Porcaire Ier sous l'administration duquel arriva dans l'île un jeune homme que Dieu destinait à un grand rôle dans l'Église.

C'était Césaire. Né à Chalon-sur-Saône et formé à la piété dès son enfance par ses nobles parents, il fut initié à la cléricature par saint Sylvestre, évêque de sa ville natale. Mais se trouvant trop engagé encore dans des relations avec le monde, il quitta sa patrie pour se réfugier à Lérins, où il s'adonna aussitôt à des austérités au-dessus des forces de son âge. Sa santé en souffrit de sérieuses atteintes, au point que son abbé, saint Porcaire, l'obligea d'aller à Arles pour y rétablir sa santé. Là, il fut présenté à l'évêque saint Éone, son compatriote et son parent, et celui-ci, appréciant son intelligence et sa vertu, obtint de saint Porcaire la permission de l'attacher à son clergé. C'est ainsi que Dieu préparait saint Césaire à prendre en main lui-même, dans un temps qui n'était pas éloigné, le gouvernement de l'illustre Église d'Arles, à qui Lérins avait fourni déjà, dans la personne de saint Honorat et de saint Hilaire, deux de ses plus grands pontifes. On peut dire, sans rien exagérer, que saint Césaire ne leur fut pas inférieur. Durant les quarante années de son épiscopat il se trouva mêlé aux plus grands événements de son époque, et il se montra, par son caractère, par son génie et par sa vertu, à la hauteur des épreuves et des situations les plus difficiles. Mais raconter sa vie, serait nous écarter beaucoup du sujet de ce livre. Disons seulement, pour compléter ce que nous avons rapporté plus haut au sujet de saint Fauste, que saint Césaire eut la gloire de convoquer et de présider le 2e Concile d'Orange dont les décisions, confirmées par le pape Boniface Ier, mirent fin pour jamais aux attaques des Semi-Pélagiens contre la nécessité de la *grâce prévenante*. N'est-ce point là une preuve, entre plusieurs autres, que l'école de Lérins ne professa point une opposition systématique contre les principes mis en lumière par saint Augustin dans sa grande lutte contre les Pélagiens? Si l'un des fils de Lérins a paru s'écarter de ces principes en s'efforçant de faire prévaloir la doctrine du libre arbitre contre le fatalisme des Prédestinatiens, en revanche, c'est un fils de Lérins qui vient clore la discussion et qui, profitant des progrès que les débats ont fait faire à la question, affirme, avec quatorze de ses collègues, la justesse des formules du Docteur de la grâce, sans donner aucun gage aux assertions hérétiques de ceux qui en outraient le sens au détriment de la liberté.

L'histoire de Lérins présente bien peu de documents pour l'époque à laquelle nous voici arrivés. Le monastère continue de vivre dans la régularité et la ferveur sous la conduite de ses abbés, tout entiers adonnés au soin de leurs religieux et plus occupés d'être connus de Dieu que de laisser un nom dans la mémoire des hommes. Ils ne cessent pas cependant de fournir, dans la personne de leurs disciples, des évêques aux églises des Gaules. Les pasteurs éminents que l'on en voit de temps en temps sortir montrent assez que cette école des mâles vertus et des grands caractères n'a point dégénéré jusque-là de sa fécondité première.

Saint Porcaire Ier, après avoir donné à Arles l'évêque que nous venons de voir, céda encore saint Siffred à l'église de Venasque, et saint Apollinaire à l'église de Valence. Le pieux abbé mourut en l'an 550, et eut pour successeur Florian, sous la discipline de qui se forma saint Virgile, le futur successeur de saint Césaire sur le siège d'Arles. Virgile fut tout d'abord appelé par l'évêque d'Autun, saint Syagre, à diriger, en qualité d'abbé, le monastère de Saint-Symphorien, nouvellement fondé à Autun par la reine Brunehaut. On a des raisons sérieuses de penser que lorsque Virgile fut ainsi chargé du monastère d'Autun, il était déjà abbé de Lérins et qu'il exerça l'autorité abbatiale sur les deux monastères à la fois. Quoi qu'il en soit, au moment où l'église d'Arles se trouva privée de pasteur, c'est à Lérins que le clergé se rendit pour en demander un, et c'est de là qu'il emmena Virgile, âgé déjà de soixante-dix-huit ans. Mais les austérités dont il avait toute sa vie accablé son corps ne lui avaient rien fait perdre de son énergie et il gouverna vingt et un ans encore d'une main ferme cette grande église.

Le 6 juin 595, le pape saint Grégoire le Grand, répondant à la lettre par laquelle Virgile lui annonçait son élévation sur le siège d'Arles et sollicitait la continuation des prérogatives concédées à ses prédécesseurs, lui accorda le titre de vicaire ou légat du Saint-Siège et l'usage du pallium.

Bien avant son pontificat, ce grand pape avait conçu le projet de travailler à la conversion de la grande-Bretagne, redevenue païenne dans le courant du ve siècle par l'invasion des Jutes, des Saxons et des Angles. Enfin, en l'an 596, il ordonna au moine saint Augustin, de partir avec les compagnons qu'il lui donna pour la mission de l'Angleterre. Ils s'embarquèrent pour les Gaules, descendirent à Marseille, et prirent leur chemin par Aix. En passant, ils avaient visité les évêques de ces deux villes et écouté avec consolation leurs éloges et leurs encouragements; mais malheureusement ils prêtèrent l'oreille à d'autres conseils, et ils trouvèrent des personnes mal inspirées qui leur représentèrent comme insurmontables, les périls de leur entreprise. Saint Augustin fut impuissant à soutenir le courage défaillant de ses compagnons désolés. Ils le chargèrent d'aller porter leurs représentations à Rome et eux s'en allèrent à Lérins attendre son retour.

Le temps qu'ils passèrent à Lérins dans la retraite fit évanouir une bonne partie de leurs appréhensions, en sorte que, au moment où saint Augustin revint auprès d'eux avec une lettre du pape, ils étaient tout disposés à en goûter les exhortations et les encouragements. Ils partirent donc vers la fin de juillet 596, résolus cette fois d'accomplir jusqu'au bout leur apostolique mission.

Saint Augustin apportait en même temps à Étienne, alors abbé de Lérins, une lettre de saint Grégoire qu'on lit encore au livre Ve de ses Épîtres. L'abbé avait envoyé au pape quelques objets fabriqués par ses religieux dans leurs heures de travail manuel : c'étaient des cuillers et des assiettes pour les pauvres. Le pape le remercie et le félicite en même temps de l'ordre et de la régularité qui règnent dans son monastère.

Les missionnaires, en traversant les Gaules, visitèrent le métropolitain d'Arles, pour qui ils avaient une lettre de recommandation du pape. Le Souverain Pontife leur en avait donné en outre pour les évêques des sièges les plus illustres, tels que Aix, Vienne, Lyon, Autun, Châlons, Reims et Tours. A partir de cette dernière ville, ils traversèrent l'Anjou et se dirigèrent vers les côtes de la Manche, d'où ils s'embarquèrent pour l'Angleterre. Ils abordèrent dans le royaume de Kent, dont la reine, femme du roi Ethelbert, était catholique. Au printemps de 597, pendant les fêtes de Pâques, ils firent leur entrée solennelle dans la ville de Cantorbéry, et, à la Pentecôte suivante, Ethelbert se fit baptiser avec un grand nombre de ses sujets.

Saint Grégoire le Grand voulant alors donner un évêque à l'Angleterre, ordonna à saint Augustin d'aller à Arles demander la consécration épiscopale à saint Virgile. Ainsi l'Église d'Arles devint la source de l'épiscopat

LÉRINS. — Arc de triomphe de S. Honorat.

Tour ou Château de Lérins (du XIIe au XVe siècle).

pour l'Angleterre, par le moyen d'un de ces illustres prélats qu'elle était allée emprunter à Lérins (1).

Nous avons vu le pape saint Grégoire, écrivant à l'abbé Étienne, faire l'éloge de la régularité qui régnait dans son monastère. Il paraît bien que, sous un successeur d'Étienne dont le nom n'est point arrivé jusqu'à nous, un certain relâchement s'était introduit dans la discipline, car il existe une lettre du même saint Grégoire à Chonon, abbé de Lérins, pour lui recommander de corriger les abus occasionnés par la faiblesse de son prédécesseur. Chonon, pour mieux répondre à la confiance que le pape mettait en lui, alla chercher ses inspirations à Luxeuil où l'austère saint Colomban venait d'établir une colonie de moines irlandais vivant sous la discipline la plus stricte et dans la pratique des plus rudes mortifications. C'est sur ce modèle, que Chonon réforma son abbaye, et son gouvernement y laissa sans doute une énergique empreinte, car on le trouve nommé dans une vieille prose liturgique, Chonon *le rigide*.

Son successeur, saint Nazaire, homme plein de vertu et de zèle, soutint le monastère dans sa nouvelle ferveur. Malgré que la religion chrétienne régnât depuis longtemps dans toute la contrée, il y avait encore à peu de distance de la ville de Cannes, sur un monticule des bords de la Siagne, un temple dédié à Vénus, où l'on accomplissait de temps en temps des rites idolâtriques. Un bois sacré, qui entourait le temple, avait donné sans doute son nom à cette petite colline, qu'on dési-

---

(1) V. *Primatie de la Sainte Église d'Arles* par M. l'abbé BERNARD, curé-archiprêtre de Saint-Trophime d'Arles, IIe partie, ch. 27.

gnait sous le nom d'*Arluc* ou autel du bois sacré (*ara luci*). L'abbé Nazaire ne put tolérer plus longtemps les désordres et les abominations païennes dont ce lieu était le théâtre. Il détruisit le temple, abattit les arbres qui l'ombrageaient, et à leur place éleva un monastère de religieuses avec une église dédiée à saint Étienne, premier martyr. Ce monastère subsista du VIIe siècle, époque de sa fondation, jusqu'à la fin du Xe siècle, où il fut détruit par les Sarrasins, maîtres du Fraxinet. Plus tard la butte d'Arluc reçut le nom de Saint-Cassien qu'elle conserve encore aujourd'hui.

A cette époque, Lérins n'avait pas cessé de fournir de saints évêques aux églises des provinces méridionales. Saint Maxime, enfant de ce monastère, gouverna le diocèse d'Avignon sous Clotaire II. Le siège de cette même ville fut occupé successivement, aussitôt après lui, par deux saints, formés l'un et l'autre à la même école de régularité et de science : c'étaient saint Magnus et saint Agricole. Saint Agricole était le fils de saint Magnus; il entra à Lérins dès l'âge dé quatorze ans et y resta jusqu'à ce qu'on lui eut conféré les ordres sacrés. A ce moment, il fut rappelé à Avignon par son père, qu'il aida dans l'administration de son diocèse et auquel il succéda après que les infirmités de l'âge l'eurent engagé à se démettre de sa charge, devenue trop pesante. Saint Agricole fut élu à sa place d'une voix unanime, et le roi Dagobert s'empressa de ratifier son élection. C'était vers l'an 638.

Comme dans la ville d'Avignon, la cathédrale ne pouvait plus suffire au concours des fidèles, saint Agricole fit bâtir une seconde église paroissiale et appela, pour la desservir, une colonie de moines tirés de l'abbaye de Lérins. Il les plaça sous l'autorité d'un abbé et leur assura des revenus considérables. Souvent il se rendait au milieu d'eux pour se rappeler sa jeunesse monastique et se reposer un peu de ses grandes occupations en s'entretenant avec eux des choses du ciel. Quelques années après, il demanda encore à l'île sainte de nouveaux religieux pour leur confier le service de sa cathédrale. C'est cette communauté dont quelques membres, restés fidèles à leur vocation primitive, formèrent, après l'an 1000, l'Ordre de Saint-Ruf qui se répandit en Italie, en Espagne et jusqu'en Norvège et donna trois papes à l'Église.

Une autre fondation importante eut lieu sous saint Maxime II, successeur de saint Nazaire; ce fut celle du monastère de *Carméry*, depuis *Saint-Chaffre*, dans le Velay, au sommet des Cévennes. Sur les instances d'un seigneur nommé Calméliac, qui possédait en Aquitaine des terres considérables, saint Maxime II envoya, comme fondateur, Eudes, religieux déjà avancé en âge et dont le frère était en ce moment gouverneur d'Orange. Son neveu, saint Théofred, qui lui succéda à la tête du nouveau monastère, mourut sous les coups des Sarrasins dans les commencements du VIIIe siècle, et ses reliques devinrent en ce lieu même, l'objet d'une grande vénération. Le nom de *Saint-Chaffre* donné au monastère et à la petite ville qui s'est bâtie autour, n'est que la forme populaire du nom de saint Théofred ou Thiéfroy.

CHAPITRE V

La règle de saint Benoît introduite à Lérins.

Prospérité de Lérins au VIIe siècle. — L'Institut de saint Benoît
en Italie et en France. Comparaison de sa règle avec celle
de saint Honorat. — Saint Aygulphe est appelé à prendre
le gouvernement de Lérins. — Son zèle pour la réforme. —
Saint Benoît Biscope vient se mettre sous sa direction. —
Révolte d'Arcadius et de Colombus à la tête des mécontents.
— Martyre de saint Aygulphe et de ses compagnons. —
L'abbé Rigomir et l'abbesse Angarisme font rapporter leurs
reliques à Lérins.

Jusqu'ici, le monastère institué par saint Honorat a
joui d'une existence paisible; on ne voit pas que les
révolutions fréquentes, accomplies dans les provinces
méridionales de la Gaule, aient eu jamais leur contre-
coup dans l'enceinte de son île, ni que les invasions suc-
cessives ou les conquêtes qui ont fait passer la Provence
sous l'empire de maîtres différents, aient réussi à troubler le calme de cette solitude, isolée du monde par les
flots qui l'entourent, comme un navire à l'ancre près d'un
rivage étranger.

La Providence voulut pourtant envoyer à cet Institut
quelques tragiques épreuves au moment de sa plus grande
prospérité, sans doute pour avertir les religieux de ne pas
se laisser aller à une présomptueuse confiance dans
leurs gloires passées et dans l'extension considérable
que prenaient alors leurs richesses et leur nombre. Dans

le courant du VIIe siècle, en effet, on voit Lérins étendre
sa juridiction sur des monastères situés dans des provinces même assez éloignées. Saint Amand, qui fut élu
abbé en 690, gouverna jusqu'à trois mille sept cents
moines.

Saint Porcaire, le deuxième abbé de ce nom, dont
nous allons bientôt avoir à raconter le martyre, disait
dans son exhortation à ses religieux : « Lérins est sem-
« blable à une vigne dont les rameaux ont rempli le
« monde; ses tabernacles se sont multipliés et ses colo-
« nies ont été plus nombreuses que celles d'aucun autre
« monastère (1). »

Cependant, depuis plus d'un siècle déjà, un nouvel
institut monastique avait surgi en Italie, muni d'une
législation qui, tout en condensant en elle d'une façon
admirable l'esprit des Pères du désert, constituait la vie
religieuse sous une forme plus régulière, où se reconnaissait l'empreinte du génie organisateur et éminem-
ment pratique des Romains. Cet institut était celui de
saint Benoît, le véritable patriarche des moines de nos
contrées, celui dont la règle allait être adoptée successivement par tous les monastères de l'Occident et demeurer, selon l'expression de Montalembert, « la loi com-
« mune de l'Ordre monastique proprement dit jusqu'au
« XIIIe siècle. »

Déjà, tandis que saint Virgile était abbé, saint Maur
avait passé les Alpes pour implanter l'Ordre bénédictin
sur notre sol, et son nom avait retenti jusqu'à Lérins;
car, comme nous l'apprend Surius, un jeune homme
nommé Éloi, guéri miraculeusement par l'illustre dis-

(1) *Chronol. Lerin.* I, p. 221.

ciple de saint Benoît, était allé ensuite consacrer à Dieu dans le monastère de saint Honorat la vie qui lui avait été si miséricordieusement prolongée. Quelques auteurs ont même voulu prétendre qu'au temps de saint Virgile, la réforme fut établie dans ce monastère par saint Maur lui-même. Cette assertion pourrait difficilement être appuyée par des preuves positives; mais en tout cas nous voici arrivés, dans ce résumé historique, au temps où l'on va voir un moine bénédictin, saint Aygulphe, prendre le gouvernement du monastère de saint Honorat, y apporter la règle de saint Benoît et l'y faire définitivement accepter. Malheureusement ce devait être au prix du sacrifice de sa vie.

La règle du monastère de Lérins formait un contraste assez frappant avec celle de l'Ordre bénédictin qui commençait dès lors à prévaloir dans toute l'Europe occidentale. Calquée sur les usages des religieux orientaux, elle unissait la vie des anachorètes à celle des cénobites et permettait aux moines déjà suffisamment formés par les exercices de la vie en commun, de se séparer de leurs frères et d'aller habiter dans quelque cellule isolée, seuls sous le regard de Dieu. Or, si la solitude est profitable à des âmes énergiques et affamées de perfection, telles qu'avaient été celles des premiers compagnons de saint Honorat et de beaucoup d'autres religieux qui peuplèrent Lérins durant son âge d'or, elle est souvent dangereuse pour des hommes d'une vertu commune, comme devaient être ceux qu'une exaltation d'un moment, une conversion subite ou quelques revers de fortune jetaient parfois hors du monde et engageaient à se retirer dans un monastère. Ceux-là avaient besoin d'être fortement encadrés, comme nous dirions aujourd'hui, et de marcher au combat en rangs serrés, appuyés sur leurs frères et guidés par une règle commune et par un supérieur capable de les encourager et au besoin de les stimuler. Or, saint Benoît paraît avoir eu en vue surtout d'organiser la vie religieuse au profit du plus grand nombre et d'affermir les pas chancelants et incertains de tous les hommes de bonne volonté qui viennent s'offrir à Dieu et désirent s'enrôler dans la milice du Christ. Pour lui, les anachorètes ou les ermites étaient des exceptions; leur genre de vie supposait une vertu déjà parfaite et une grâce de vocation toute spéciale. Il n'y avait pas de code à rédiger pour eux. Mais il en fallait un, bien positif et bien précis, à l'usage de ceux qui veulent s'exercer dans la pratique des conseils évangéliques.

Il considéra donc le monastère, non comme l'habitation de ceux qui ont acquis déjà la maturité et la perfection des vertus, mais comme une école où l'on apprend à servir Dieu, et où chacun tâche de se plier à l'obéissance selon la règle, avec l'aide de ses supérieurs et de ses frères, C'est à ce genre de religieux, aux Cénobites, en un mot, à ceux qui vivent en communauté, qu'il a souhaité de donner une organisation régulière, parce qu'il le regardait comme le plus résistant et le plus solide de tous les genres de moines que l'on avait vus jusque-là dans l'Église.

On ne sait sous la pression de quelles influences ou contraints par quelle nécessité, les religieux de Lérins furent déterminés à appeler à leur tête un moine bénédictin, avec le dessein d'accepter de sa main la règle de saint Benoît. Il est permis de penser qu'un certain relâchement avait pu s'introduire dans l'antique monastère ou dans les maisons qui en dépendaient, et que la partie la plus saine de la communauté se décida d'elle-même, comme semble l'insinuer Barralis, à envoyer conjurer saint Aygulphe de venir réformer leur institut. Il se pourrait également que des évêques, préoccupés des dangers que courait l'institut, et en voyant la cause principale dans le privilège de la vie solitaire trop aisément accordé par des supérieurs indulgents à des sujets insuffisamment préparés pour en supporter les épreuves, espérèrent le préserver de sa ruine en y introduisant une législation destinée à maintenir tous les sujets sous le joug d'une discipline uniforme. Il se pourrait enfin que ces prélats, pour réaliser plus efficacement leur dessein, aient eu recours à l'autorité royale et aient déterminé le roi Clotaire II à imposer au monastère le nouvel abbé aussi bien que la règle nouvelle. Plusieurs auteurs mentionnent l'intervention de la puissance séculière en cette affaire, et Barralis lui-même parle d'une autorisation royale qui permit à saint Aygulphe de quitter son monastère pour se transporter à Lérins.

Saint Aygulphe, né à Blois vers 630, entra, jeune encore, au monastère de Fleury-sur-Loire, où l'on suivait la règle de saint Benoît. Au bout de quelques années, son abbé le jugea capable d'être envoyé en Italie pour une mission difficile. Il s'agissait d'aller rechercher et de rapporter avec lui les reliques de saint Benoît et celles de sa sœur sainte Scholastique, demeurées enfouies sous les ruines du Mont-Cassin, dévasté par les Lombards.

Il déploya parmi les dangers qu'il lui fallut traverser une prudence et une intrépidité qui lui valurent, aussi bien que ses vertus, l'estime du roi de France et des seigneurs les plus distingués. C'est à lui que le monastère de Fleury dut le privilège insigne de posséder le corps du saint instituteur de l'Ordre bénédictin, en l'honneur duquel il modifia son nom et s'appela désormais Saint-Benoît-sur-Loire.

Aygulphe ne demandait qu'à s'ensevelir de nouveau dans l'obscurité du cloître, après en être sorti pour remplir la mission que l'obéissance lui avait imposée. Mais un jour, il vit arriver une députation de moines de Lérins, qui le suppliaient de venir prendre la direction de leur abbaye et de leur congrégation tout entière. Il résista plusieurs jours à leurs instances; mais à la fin, touché du triste tableau qu'on lui traçait de l'état de décadence où la discorde avait réduit un institut autrefois si prospère, il se décida à les suivre et partit « avec la permission du roi », comme le rapporte la Chronique lérinienne, pour aller établir dans l'Ordre institué par saint Honorat, une règle que tous regardaient comme capable d'y ramener l'unité et de le relever de son dépérissement.

Dès son arrivée, saint Aygulphe restaura les bâtiments, rappela les religieux dispersés dans des ermitages ou des cellules éparses et établit pour tous la vie commune selon les règlements dressés par saint Benoît. Tous les religieux acceptèrent avec enthousiasme ce nouveau genre de vie: le bruit de la régularité, qui faisait refleurir Lérins, se répandit au loin et attira à ce monastère des vocations illustres et d'immenses donations. Le monastère de femmes bâti à Arluc fut à son tour restauré, et des filles de la plus haute noblesse vinrent s'y renfermer sous la direction du saint abbé Aygulphe. Jusqu'en Angleterre, la réputation du réformateur dé

Lérins alla émouvoir les esprits, et le célèbre saint Benoît, dit *Biscope*, que le Ciel destinait à ranimer la ferveur de la vie religieuse dans la Grande-Bretagne, quitta sa patrie et vint se mettre sous la direction d'Aygulphe avec l'intention de se fixer pour toujours auprès de lui. Il reçut de ses mains la tonsure et l'habit monastique et prononça ses vœux de religion. Mais au bout de deux ans de séjour, une inspiration irrésistible le poussa à sortir et il s'en alla à Rome demander au Souverain Pontife de lui faire connaître clairement ce que le Ciel voulait de lui. Le pape saint Vitalien lui donna alors l'ordre d'accompagner l'évêque Théodore, qu'il venait de sacrer archevêque de Cantorbéry et qui avait besoin d'un interprète pour lui faciliter l'entrée dans un pays tout nouveau pour lui.

Tandis que saint Aygulphe s'efforçait d'entretenir à Lérins la régularité et la ferveur qu'il y avait ramenées, l'ennemi de tout bien conspirait contre lui et cherchait à lui susciter des adversaires au sein même de cette communauté qui lui avait demandé secours dans sa détresse. Or, il y avait là deux religieux, Arcadius et Colombus, qui ne subissaient que par contrainte la réforme du pieux bénédictin et la règle nouvelle qu'il avait introduite. Ce n'était pas le zèle pour la règle primitive et pour les coutumes traditionnelles qui excitait leur mécontentement : loin de là. Avant l'arrivée d'Aygulphe, ces deux hommes avaient audacieusement profité des facilités laissées par les usages anciens, pour se livrer pendant de longues années à toutes sortes de désordres. Et maintenant qu'ils se voyaient forcés de subir une clôture perpétuelle, de pratiquer l'obéissance, les longues veilles, les jeûnes et le silence inviolable, ils regrettaient leur liberté et les plaisirs d'autrefois, et leur cœur, mort à toute piété, trouvait le joug intolérable. Malheureusement il n'est pas d'extrémités auxquelles ne puissent se porter des hommes ainsi déchus d'une vocation sublime et endurcis par l'abus des grâces dont ils ont été prévenus plus abondamment que le commun des fidèles. Il n'y a pire corruption, selon le grand annaliste romain, que celle des personnes destinées par devoir à être les meilleures. Arcadius et Colombus en sont un triste exemple.

Ces deux hypocrites tâchèrent par des paroles insidieuses de faire partager leur mécontentement à ceux d'entre les moines auxquels la régularité était à la longue devenue à charge; puis, ayant réuni de la sorte un certain nombre de mutins, à un moment convenu, ils envahissent avec des cris et des menaces l'oratoire de saint Jean-Baptiste où l'abbé était en prière avec le reste de la communauté. Tandis que les frères épouvantés cherchaient à s'enfuir, le Saint s'avance hardiment au devant des rebelles et leur impose le respect par la majesté de son visage autant que par l'énergie de ses paroles. Il leur parle de l'énormité du crime qu'ils vont commettre et des redoutables vengeances de la justice divine auxquelles ils s'exposent; puis il ajoute avec l'accent de la plus sincère charité : « Mes chers enfants, « je ne suis venu dans cette île que pour obéir à vos « prières; si vous me croyez l'auteur de la discorde qui « s'est élevée parmi vous, prenez-moi, et, comme un « autre Jonas, jetez-moi à la mer: mieux vaudrait pour « moi être bien loin que d'avoir, en demeurant ici, le « cœur déchiré par la vue de votre mauvaise conduite. »

Les deux criminels baissèrent la tête, frappés de confusion, et se prosternèrent, ainsi que tous ceux qu'ils avaient entraînés, pour demander pardon avec toutes les apparences d'un véritable repentir. Mais, au fond, ils n'étaient point changés et le Saint lui-même ne se fit pas illusion sur les dispositions de leur cœur. Seulement, les admettant de nouveau parmi les religieux fidèles, il s'efforçait de les gagner à force de charité et de témoignages d'une paternelle affection. Il accomplissait ainsi, dit son biographe, le précepte du Seigneur : *Faites du bien à ceux qui vous haïssent et priez pour ceux qui vous persécutent et qui vous calomnient* (1).

Eux, cependant, l'âme gonflée de haine, combinaient les moyens d'arriver à verser le sang innocent.

Après plusieurs tentatives infructueuses, soit pour fomenter la révolte au dedans du monastère, soit pour le faire assaillir du dehors à main armée, Arcadius furieux de s'en voir enfin expulsé à cause de ses odieuses machinations, s'en va trouver un seigneur pervers, Mummole, comte d'Uzès, et le détermine, par l'espérance du pillage, à lui prêter main forte pour enlever le saint abbé Aygulphe. Mummole se rend à Lérins avec la prétention déclarée d'examiner la conduite d'un prélat qui exerce sur ses religieux une véritable tyrannie et qui a eu l'audace de bouleverser les traditions reçues. Aygulphe vient recevoir Mummole, le conduit à l'église pour y prier un instant, puis au réfectoire où il le fait asseoir à une table servie en son honneur. A ce moment, entre Arcadius comme un nouveau Judas, escorté d'une bande de furieux, et le serviteur du Christ, à l'imitation de son

____

(1) Matth. v.

divin modèle, va au devant du traître et lui dit : « Je sais,
« mon cher fils, je sais à quel dessein vous êtes venu;
« cessez de travailler au malheur de votre âme. Ne savez-
« vous pas que ceux qui font le mal périront et que le
« Seigneur les jettera dans le gouffre de la perdition? »
Le misérable, à ces mots, sent redoubler sa rage; il ordonne de saisir le Saint, de le lier fortement et de le frapper à coups de bâton sur tous les membres. Ensuite il le
fait jeter dans un obscur cachot, où sont amenés bientôt
à sa suite tous les religieux fidèles après avoir subi le
même traitement. Le saint abbé les encourage et les console en leur rappelant les joies du ciel qui les attendent
et les exemples du Sauveur qui le premier a marché devant
eux par le chemin des humiliations et des souffrances.
Ces paroles les ranimèrent et leur donnèrent de nouvelles forces, mais leur consolation fut bien plus vive
quand, tout à coup, au milieu des ténèbres de leur prison, ils virent l'archange saint Michel leur apparaître
et l'entendirent les exhorter à son tour en disant : « Pre-
« nez courage, petit troupeau, et bannissez toute crainte,
« car il a plu à votre Père céleste de vous donner son
« royaume par le triomphe du martyre. » Alors, pleurant
de joie, les vaillants athlètes du Christ se mirent à chanter des psaumes et des prières pour recommander au
Seigneur le succès de leur dernier combat. Touché de les
entendre, un de leurs gardiens leur ouvrit les portes pendant
la nuit et les exhorta instamment à prendre la fuite; ils le
remercièrent de son humanité, mais ne voulurent pas profiter de la facilité qu'il leur donnait d'échapper à la mort :
« *Si nous vivons*, dirent-ils *nous vivons dans le Seigneur;*
« *si nous mourons, c'est encore en lui que nous mourons;*
« *notre vie et notre trépas sont dans ses mains.*

Le perfide comte d'Uzès, dès qu'il avait vu l'abbé aux mains des bandits, avait quitté l'île, comme indigné de ce qui se passait. Mais il ne renonçait pas au butin promis à sa rapacité. Au bout de trois jours, il revint et, courant tout enflammé à la prison : « Livrez-moi, dit-il au « saint abbé, les trésors que je sais être en votre posses- « sion et je vous renverrai libres, vous et vos compa- « gnons de captivité. » — « Je vais, lui répondit Aygulphe, « vous montrer l'or, l'argent et toutes les richesses du « monastère. » Et, étendant ses deux mains sur les frères prisonniers avec lui : « Voici, dit-il, en quoi consistent « nos trésors : ces moines et tous les autres qui sont dans « le monastère et les pauvres de Jésus-Christ. Contents « d'avoir la nourriture et le vêtement, nous détestons « toutes les funestes et décevantes richesses de ce monde. » Le tyran furieux se tourne alors vers les religieux : « Mon- « trez-moi, s'écrie-t-il, les sommes d'argent que vous « gardez de concert avec votre pasteur ou bien craignez « les supplices et les horribles tourments dans lesquels « je vous ferai périr avec lui. » — « Nous vivons, répon- « dirent-ils, sous la règle de notre glorieux père saint « Benoît et sous la direction du bienheureux Aygulphe; « il ne nous est point permis d'avoir rien en propre; tout « est commun entre nous. » N'espérant plus rien des pri- sonniers, Mummole se met à piller le couvent avec ses satellites: leur rage sacrilège n'en épargne pas même les lieux les plus sacrés. Ils le laissent à leur départ, comme si une horde de barbares avait passé par là.

Mummole une fois disparu, Arcadius et Colombus gardèrent les prisonniers, dix jours encore : mais crai- gnant que la nouvelle de leurs violences ne se répandit

au loin et ne parvint jusqu'aux oreilles du roi, ils prirent
le parti de jeter leurs victimes dans un navire et d'aller les
immoler sur quelque rivage écarté. En mer, une furieuse
tempête les assaillit et les mit pendant plusieurs semaines
dans l'impossibilité d'aborder nulle part. Pendant ce temps,
les captifs chantaient d'une voix tranquille les louanges de
Dieu, ne redoutant rien de ces vagues soulevées ni de ces
vents déchaînés qui jetaient leurs bourreaux dans l'épou-
vante. Ceux-ci transportés de fureur, les battent cruellement et leur arrachent la langue; mais, par un miracle de
la Toute-Puissance divine, les serviteurs de Dieu conti-
nuent de chanter d'une voix distincte les paroles de la sainte
liturgie. Les barbares leur crèvent les yeux, mais le Seigneur
leur conserve la faculté de voir. Endurcis dans leur rébellion
contre Dieu même, Arcadius et Colombus ordonnent de
dépouiller de leurs vêtements ces généreux confesseurs
afin de les réduire par le froid puisque les plus douloureux tourments n'ont pu réussir à les vaincre. Ces deux
misérables apostats en étaient venus, comme le remarque
le chroniqueur, à ce comble de la perversité où l'impie
méprise et brave toute justice : ils n'étaient pas plus
touchés des miracles qui s'accomplissaient à leurs yeux
qu'effrayés de la tempête qui continuait de précipiter
sans relâche les vagues furieuses contre le navire et
menaçait de l'engloutir. Enfin le bienheureux Aygulphe
se lève, fait le signe de la croix sur la mer, et soudain
elle s'apaise. Bientôt après, le vaisseau arrive à une île
appelée Capraria et s'y arrête quelque temps; puis, repre-
nant la mer, les bandits conduisent leurs captifs à l'île
d'Amaritime ou d'Amatune, située entre la Corse et la
Sardaigne, et là ils se disposent à consommer leur forfait en les mettant à mort.

Le bienheureux Aygulphe obtint cependant un instant de répit pour adresser à Dieu cette dernière prière : « Laissez-nous, dit-il, laissez-nous lever une dernière « fois les yeux vers le ciel et diriger notre âme vers Celui « qui l'a créée. » Puis, élevant les mains : « O Dieu tout « puissant, s'écria-t-il, vous avez donné à Israël, votre « peuple, des prophètes pour reprendre avec un esprit « de force ceux qui s'écartaient de vos commandements; « mais les impies les ont mis à mort; en Judée, sous le « roi Manassès, Isaïe a été coupé par le milieu du corps; « en Égypte, le peuple entier a enseveli Jérémie sous les « pierres; d'autres ont péri dans divers tourments; mais, « vous, Seigneur, en échange d'une vie passagère vous « leur avez donné une gloire éternelle. De même, ô notre « Dieu, jetez sur nous un regard de protection, et rece- « vez-nous comme un holocauste d'agréable odeur. Au- « jourd'hui, en effet, nous mourons pour la vérité et la « justice, et en nous s'accomplit ce que vous avez prédit « à vos fidèles disciples . *Vous serez trahis par vos parents* « *et par vos frères.* Nous sommes donc assurés que *pas* « *un cheveu de notre tête ne périra.* »

Après avoir ainsi prolongé leurs prières et recommandé leurs âmes à Dieu, ils se lèvent tous ensemble, pleins de confiance et de joie et, sous le glaive de leurs bourreaux, exhalent leur dernier souffle au milieu des prières et des cantiques. Ils avaient été emmenés trente-quatre avec leur saint abbé, mais au dernier moment, Dieu qui voulait laisser survivre un témoin de ce glorieux martyre, permit que l'un d'entre eux nommé Briconius, trouvât moyen de s'échapper et de gagner une barque cachée dans les anfractuosités du rivage. De là il vit avec douleur les derniers tourments que l'on fit endurer à son abbé et à ses frères; il vit aussi leurs âmes bienheureuses s'envoler et monter vers le ciel escortées par les anges. Plein de regret, il voulait redescendre pour s'offrir à la mort avec eux et avoir part à leur triomphe, mais le vent s'éleva et, l'éloignant du rivage, le poussa sans voiles ni rames jusqu'à l'île de Lérins.

A son arrivée à Lérins, Briconius rendit témoignage devant tous les religieux du monastère des douloureux événements qui s'étaient accomplis sous ses yeux. Le récit des tourments endurés par leur héroïque père et par ses fidèles compagnons excita dans l'âme de tous une grande tristesse à laquelle se mêlait cependant un sentiment de profonde joie; car nul ne pouvait douter que les victimes d'une si noire trahison et d'une persécution si impie n'eussent obtenu les palmes et la couronne du martyre. L'abbé Rigomir qui fut élu aussitôt pour succéder à saint Aygulphe voulut que les ferventes religieuses du couvent d'Arluc, avec leur illustre et sainte abbesse Angarisme, entendissent, elles aussi, de la bouche de Briconius l'histoire du généreux combat et du triomphe des nobles soldats du Christ. Après quelques moments donnés au deuil et aux lamentations, l'abbesse s'embarqua pour l'île de Lérins, en compagnie de ses sœurs et vint s'entretenir avec l'abbé Rigomir sur les moyens de ravoir et de ramener, du lieu où ils avaient souffert, les précieuses reliques des martyrs. Au retour du printemps, plusieurs navires mirent à la voile et, à leur arrivée dans l'île d'Amaritime, les envoyés du monastère, guidés par Briconius, découvrirent les restes vénérables, objet de leurs recherches. Ils les trouvèrent intacts et vermeils, comme si la mort des saintes victimes eut daté du jour même. Un moine, depuis longtemps paralysé d'un bras, en recouvra l'usage en les touchant. Au chant des psaumes et des hymnes sacrés, les corps furent placés dans les navires, et il s'en exhala de si suaves odeurs qu'on les eut crus chargés de fleurs ou de parfums.

Ce fut au matin du seizième jour de mai, que les nefs, chargées de leurs dépôts sacrés, abordèrent aux rivages de Lérins. De sa colline d'Arluc, l'abbesse Angarisme avait vu les blanches voiles apparaître au loin sur la mer. Accompagnée d'un certain nombre de ses sœurs, elle vint pour assister à la déposition des saintes reliques, et exprima tous les sentiments de sa piété par ses gémissements, ses larmes et les témoignages de sa vénération.

Une religieuse aveugle, nommée Glauconia, recouvra soudainement la vue en appliquant ses lèvres sur le bras droit de saint Aygulphe. Plusieurs malades ou infirmes qui s'étaient fait transporter dans l'île, recouvrèrent également la santé ou l'usage de leurs membres en s'approchant dévotement des saintes reliques. Après les avoir honorées par une solennité qui dura sept jours entiers, les religieux les déposèrent avec honneur dans l'église de Saint-Honorat, où elles continuèrent d'être, pour les nombreux pèlerins qui venaient les vénérer, l'occasion de grandes faveurs, tant spirituelles que temporelles. L'abbesse Angarisme obtint d'emporter dans son couvent d'Arluc le bras droit et la tête de saint Aygulphe.

Le martyre de saint Aygulphe et de ses trente compagnons, nous dit le chroniqueur en terminant son récit, eut lieu vers l'an du Seigneur 660, le trois des nones de Septembre, sous le pontificat du pape Vitalien.

Après l'abbé Rigomir, le monastère fut gouverné, vers l'an 690, par saint Amand, sous lequel la prospérité de l'institut fut si grande qu'il comprenait, comme nous l'avons dit, jusqu'à trois mille sept cents religieux, répandus dans diverses provinces de la Gaule méridionale. A saint Amand, succéda le Bienheureux Sylvain, dont l'histoire n'a conservé que le nom, entouré d'une auréole de sainteté, et qui fut le prédécesseur immédiat de l'illustre saint Porcaire, deuxième du nom, dont nous allons avoir à raconter la fin glorieuse.

CHAPITRE VI

Le Monastère en butte aux attaques des Sarrasins.

Saint Porcaire deuxième du nom. — Les Sarrasins, battus par Charles Martel, se rejettent sur les Cévennes et sur la Provence. — A Marseille, ils massacrent les religieuses de Saint-Cyr. — Saint Porcaire annonce à ses religieux le péril dont ils sont menacés. — Martyre de saint Porcaire et de cinq cents moines, ses compagnons. — Le vieux cloître. — Eleuthère survit et restaure le monastère sous Pépin le Bref. — Bernaire, neveu de Pépin roi d'Italie, en exil à Lérins. — Liste des abbés durant la période carlovingienne. — Le monastère dévasté à plusieurs reprises par les Sarrasins. — Les Sarrasins enfin expulsés pour toujours de la Provence. — Lérins placé sous la dépendance de Cluny. — Nouvelle dévastation commise par les pirates sarrasins.

Saint Porcaire II, comme saint Aygulphe, était destiné à donner au Seigneur le témoignage d'une fidélité qui va jusqu'à l'effusion du sang; mais dans le combat qu'il livra pour le Christ, il n'eut pas la douleur d'avoir pour adversaires les enfants égarés de sa propre famille monastique. Loin de là : parmi ses religieux, rassemblés autour de lui au nombre de plus de cinq cents, il ne vit que des enfants dévoués et fidèles, tous désireux d'unir leur suprême sacrifice à celui de leur père, tous agréés du Ciel comme une hécatombe héroïque et pure, tous jugés dignes de recevoir les palmes et la couronne immortelle du martyre.

Barralis, Surius, Baronius, Aymoin, moine de Saint-Germain-des-Prés, les Bollandistes s'accordent à placer la mort de saint Porcaire et de ses cinq cents compagnons, lors de la grande invasion des Sarrasins d'Espagne, qui fut arrêtée par Charles Martel à la fameuse bataille de Poitiers en 732.

Une partie de l'armée sarrasine se rejeta sur les Cévennes où elle s'en alla ravager le monastère de Carméry, fondé un demi-siècle auparavant par saint Eudes, un enfant de Lérins. Saint Théofrède, qui avait succédé à son oncle saint Eudes dans la charge d'abbé, fut mis à mort, en haine de la foi chrétienne, par les barbares, furieux de le trouver seul au milieu de son monastère dont il avait fait enfuir tous les religieux et mettre en sûreté tous les trésors et les reliques. Le saint martyr légua son nom à la terre qu'il avait arrosée de son sang, et aujourd'hui encore, la petite ville, bâtie autour de l'église qui garde ses restes vénérés, s'appelle Le Monastier-Saint-Chaffre, dénomination populaire sous laquelle les habitants de la contrée ont coutume d'invoquer saint Théofrède.

Ne subsistant qu'au moyen du pillage, et portant leurs coups de préférence sur les lieux consacrés à une religion qu'ils avaient espéré abolir, les Sarrasins descendirent sur Marseille et renversèrent le monastère de Saint-Cyr, fondé par le célèbre Cassien. Il était habité par une angélique légion de vierges qui redoutaient plus que la mort l'infamie à laquelle elles se voyaient exposées. S'élevant au-dessus de la sensibilité de leur sexe, et encouragées par leur abbesse sainte Eusébie, ces héroïques épouses du Christ ne craignirent pas de se mutiler le visage de façon à exciter du moins l'horreur, là où elles ne pouvaient espérer ni pitié ni respect.

Elles obtinrent ce qu'elles avaient souhaité; les barbares frémirent tout d'abord à leur vue et reculèrent hésitants; puis bientôt, emportés par une rage furieuse, ils immolèrent toutes ces innocentes victimes autour des autels auxquels elles s'étaient consacrées.

Bientôt après, les hordes infidèles se dirigèrent sur Lérins, qu'elles allaient saccager et inonder de sang à son tour. Sept jours avant leur arrivée, dit la légende, un ange vint annoncer à saint Porcaire le terrible fléau qui allait fondre sur sa maison, et lui indiquer le jour et l'heure de l'apparition des barbares, lui déclarant que Dieu lui laissait le choix, ou de soustraire sa communauté au péril par la fuite ou de se préparer avec elle au martyre. Le saint Abbé aussitôt rassemble ses religieux pour leur communiquer ce message venu du ciel. Ils se trouvèrent plus de cinq cents, réunis là sans doute des divers monastères du voisinage qui tous reconnaissaient la suprématie de celui de Lérins. Tous les moines, animés par les exhortations de leur chef, se sentirent pleins d'ardeur pour soutenir le bon combat et conquérir la palme offerte à leur vaillance. Ils refusèrent de profiter des facilités qui leur restaient encore pour la fuite. Ils employèrent le délai qui leur était accordé, à mettre en sûreté les précieuses reliques qui faisaient la richesse de leur église. Ils envoyèrent en Italie trente-six novices et seize enfants, élèves du monastère, que leur jeunesse exposait au péril d'apostasier ou à un esclavage pire que la mort. Puis éprouvant leur cœur, ils se trouvèrent cinq cent cinq religieux prêts à affronter le trépas et à donner à Jésus-Christ le témoignage de leur sang. Les Sarrasins, en débarquant dans l'île, aperçurent les portes du monastère toutes grandes ouvertes et tous les moines vêtus de blanc s'avançant à leur rencontre en procession, comme des victimes prêtes à s'incliner sous leurs coups. L'abbé, la croix à la main, marchait au premier rang.

Tout d'abord les barbares les saisissent et essaient par des menaces et des tortures de leur faire déclarer où sont enfouis les trésors que convoite leur cupidité. Ils cherchent aussi, par des promesses et des paroles flatteuses, à persuader aux plus jeunes d'embrasser la religion de Mahomet. Mais les trouvant inébranlables, et ne découvrant pas les richesses qu'ils avaient espérées, ils se laissent enfin aller à la colère et à leur férocité naturelle, et massacrent le saint abbé Porcaire et tous ses moines, à l'exception de quatre d'entre les plus jeunes qui, à cause de leur bonne mine, sont réservés pour être emmenés en esclavage.

Ils les mirent en effet sur le vaisseau de leur chef, lorsqu'après la dévastation des bâtiments du monastère, ils reprirent la mer et firent voile du côté du couchant. Ils relâchèrent dans le petit port d'Agay pour y passer la nuit, et là leurs quatre prisonniers trouvèrent le moyen de s'enfuir dans les bois et de gagner le village d'Arluc d'où ils retournèrent, au moyen d'une barque, à Lérins pour rendre les derniers devoirs aux corps de leurs frères, restés sans sépulture au milieu des ruines et sur les rochers du rivage.

Ces quatre jeunes religieux n'étaient pas les seuls survivants du massacre. Avant même que les Sarrasins eussent abordé dans l'île, dès que l'on avait vu les voiles de leurs felouques apparaître au loin sur les flots, deux moines, Colomb et Éleuthère, s'étaient sentis saisis de frayeur et étaient allés se cacher dans une grotte du rivage, dont l'ouverture est ordinairement cachée par les eaux de la mer.

Tandis que les barbares accomplissaient leur œuvre de carnage, les deux fugitifs voyaient le ciel s'illuminer au-dessus de l'île sainte et les âmes des martyrs monter par troupes dans le ciel comme de brillantes constellations. Colomb, jaloux d'une gloire si promptement acquise, se sent pressé par la grâce et propose à son compagnon de courir au champ d'honneur qu'ils ont lâchement déserté et de prendre part au combat pendant qu'il en est temps encore. Éleuthère ne répondit pas à son élan; Dieu ne lui donnait point la grâce de mourir à cette heure, il le réservait pour relever les ruines de Lérins et rassembler le troupeau un moment dispersé par la mort du pasteur. Colomb seul s'élança de la grotte et courant vers ses frères, il eut l'honneur de tomber sous le glaive avec eux.

Lorsque les quatre religieux échappés aux mains des Arabes débarquèrent dans l'île, ils se répandirent en lamentations à la vue de tant de corps sanglants qui la couvraient et de tant de sang répandu sur le sol. Ils pleuraient plus encore sur eux-mêmes en se voyant frustrés des palmes glorieuses qu'ils avaient, pour ainsi dire, touchées de la main, que sur le sort de tous ces généreux martyrs, maintenant parvenus à la possession des couronnes immortelles de la vie bienheureuse. Ensuite ils se mirent en devoir d'ensevelir les restes sacrés qui allaient sanctifier à jamais la terre chargée de les conserver jusqu'au jour de la résurrection. C'est alors qu'Éleuthère, sortant de sa retraite, vint se joindre à eux et les aider dans leur pieux labeur. Bientôt après ils partirent ensemble pour rejoindre leurs frères en Italie et se rendirent avec eux auprès du Souverain Pontife pour lui raconter le martyre des religieux de Lérins et la destruction de leur monastère.

La tradition signale, aujourd'hui encore, la grotte quasi sous-marine où s'étaient réfugiés les deux moines Colomb et Éleuthère; les pêcheurs la désignent de temps immémorial sous le nom de *Baoumo de l'Abbat*, c'est-à-dire la grotte de l'abbé Éleuthère, qui gouverna le monastère après l'avoir relevé de ses ruines.

Le vieux cloître encore debout dans l'enceinte du monastère actuel, a du être témoin de l'effroyable massacre des cinq cents religieux de saint Porcaire. La tradition indique la cour située au centre de cette massive construction gallo-romaine comme ayant été le principal théâtre de cette sanglante exécution. Une vieille chapelle du xe siècle, dédiée à saint Porcaire et placée au sud de ce cloître, marque l'endroit où les corps des martyrs auraient été entassés en plus grand nombre.

« Ici finit, dit Alliez, la période la plus brillante de Lérins; pendant plus de trois siècles, cette île fut une école célèbre de piété et de science et donna des évêques à plusieurs des grandes églises de la Gaule. Nous avons dit les prodiges de piété dont l'*Ile des Saints* fut témoin pendant ces jours de ferveur, le développement que l'enseignement y donna aux intelligences. Dans les temps qui vont suivre, cette action sera moins sensible, mais il restera toujours aux moines qui habiteront ces rivages bénis, la fidélité à la règle qui enfante la vertu et la prière qui attire la grâce divine sur le monde. »

Tant que dura le règne de Charles Martel, il ne fut pas possible à Éleuthère de restaurer le monastère de Lérins. Ce prince tout occupé d'établir son autorité au dedans et de combattre avec l'aide de la noblesse franque ses nombreux ennemis du dehors, se croyait obligé d'abandonner les biens de l'Église à la rapacité de ses leudes et de livrer à ses guerriers les abbayes et autres bénéfices dont il enlevait les possessions aux mains des infidèles.

Mais lorsque en 741, ses deux fils Pépin et Carloman eurent hérité de son pouvoir, l'Église vit une nouvelle ère de prospérité s'ouvrir pour elle. Pépin devenu seul maître du royaume en 752, redoubla de dévouement en vue de s'attacher le clergé et accepta ouvertement le rôle de protecteur de la Papauté contre les violences des rois Lombards. En 754, le pape Étienne II vint en France pour sacrer le nouveau roi, et, profitant de cette circonstance si favorable, Éleuthère se rendit à Kiersi, pour demander humblement à Pépin, en présence du Souverain Pontife, la restauration de l'illustre abbaye de Saint-Honorat, dévastée par les Sarrasins lors de leur grande invasion dans le midi de la Gaule. Sans doute Étienne II appuya de sa haute recommandation la requête du zélé postulant. Il dut rappeler les incomparables services rendus aux Églises des Gaules par une maison où tant de Saints s'étaient formés et d'où étaient sortis tant d'éminents prélats.

Aussi Pépin se montra-t-il d'une munificence véritablement royale et accorda-t-il aux nouveaux religieux de Lérins des terres d'une étendue immense. L'acte de donation de ce prince se trouve rapporté dans une *Vie de Saint Honorat* imprimée à Venise en 1501 : il se lit encore dans le *Cartulaire de Lérins* parmi les Privilèges accordés au monastère par les Souverains Pontifes; les deux textes n'offrent entre eux que dès différences sans importance.

Les religieux purent alors songer à restaurer les bâtiments de l'antique abbaye en ruines, et faire refleurir dans l'île des Saints la régularité des observances monastiques et les exemples d'austérité et de vertu qui avaient fait sa gloire durant déjà plus de trois siècles.

Dans des documents contemporains du règne de Charlemagne il est fait plusieurs fois mention du monastère de Lérins et cela d'une manière qui permet de conclure à sa régularité et à sa grande prospérité. Alcuin adressant une lettre aux moines de Lyon au sujet des erreurs qui se répandaient dans le midi de la France, leur recommande d'en envoyer une copie « aux religieux qui servent « Dieu dans l'île de Lérins », parce que, inquiets pour la foi des populations de leur voisinage, ils avaient consulté le savant théologien sur les mêmes points de doctrine. En 776, on voit un prêtre qui avait administré quelque temps l'église de Lyon, venir dans l'île des Saints et y prendre l'habit monastique. Un peu auparavant, saint Syagrius, moine de Lérins, avait été placé à la tête du monastère de Saint-Pons de Nice. Il le gouvernait encore lorsque Charlemagne fit en Provence un voyage à l'occasion duquel il agrandit ce monastère. Saint Syagrius devint ensuite évêque de Nice en 777, selon le *Gallia Christiana*, et mourut dans le cours de l'année 787.

Sous Louis le Débonnaire, Lérins devint pendant quelques années le lieu d'exil du moine Bernaire, neveu

du roi d'Italie Pépin et frère de saint Adhalard, abbé
de Corbie. Saint Adhalard avec le comte Wala et d'autres
membres de sa famille étaient victimes de la jalousie
des courtisans qui, redoutant leur influence dans l'État,
les avaient accusés d'avoir trempé dans la révolte de
Bernard, successeur de Pépin sur le trône d'Italie. Louis,
soupçonneux comme tous les princes faibles, avait exilé
les uns, emprisonné les autres dans des monastères.
Mais au bout de quelque temps ses préventions tom-
bèrent et Bernaire put rejoindre à Corbie l'illustre abbé
Adhalard, son frère, et son parent le comte Wala qui
y avait pris lui-même l'habit.

Pendant les premiers temps de la période carlovingienne, l'histoire ne nous a conservé que les noms des
abbés qui se sont succédé dans le monastère de Saint-
Honorat depuis sa restauration par Éleuthère. Ce sont
saint Florent, saint Ardémius, saint Ébibode, saint Évode,
saint Palémius. Le successeur de ce dernier, Léotmonde,
reçut, en 829, une donation considérable dans le territoire d'Arles, de la part du comte Leybulfe et de son
épouse Odda. Les propriétés cédées consistaient en une
île du Rhône renfermant des églises, des maisons, des
vignes, etc. Parmi les charges et conditions de la donation, une clause portait que le monastère de Lérins enver-
rait sur ces terres « vingt moines ou davantage, s'il se
« peut, pour y vivre sous la règle de saint Benoît à per-
« pétuité. » Cette clause suppose un état vraiment floris-
sant dans le monastère capable de l'accepter.

Lérins, à l'époque où fut passé cet acte, était encore
soumis à l'évêché de Fréjus. Ce n'est que vers l'an 1108
qu'il fut exempté, par le pape Pascal II, de toute juri-

diction épiscopale. A l'acte de donation du comte Leybulfe se rattache encore un souvenir historique. Les
Arabes durent faire vers cette époque une descente dans
l'île, car l'original en fut emporté à Tortose d'où il fallut
plus tard en faire venir une copie.

C'est qu'en effet les musulmans, renonçant à attaquer la France par terre, s'étaient mis à courir la Méditerranée et à exercer la piraterie avec une audace qui
allait croissant à mesure que la faiblesse des successeurs
de Charlemagne laissait les côtes plus dégarnies de
défenseurs. Deux ans avant la mort du grand Empereur
(812), ils avaient osé déjà ravager Nice et les rivages de
la Toscane. Ils attaquèrent ensuite la Sardaigne, mais
ils en furent repoussés. En 838, ils arrivent à Marseille
avec une flotte considérable et y exercent mille cruautés.

Il était impossible qu'exposés sans cesse aux incursions des infidèles, les religieux de Lérins pussent continuer de séjourner dans leur île. Après la dévastation
qui dut avoir lieu sous Léotmonde, ceux des moines
qui échappèrent se retirèrent dans les maisons que leur
Ordre possédait sur le continent, et pendant de longues
années l'île des Saints demeura de nouveau déserte et
jonchée de ruines. La guerre civile désola bientôt la Provence, les invasions des Normands alternèrent avec celle
des Arabes; enfin ceux-ci purent prendre pied sur notre
sol et s'établirent au *Fraxinet* dans une forteresse
d'où ils s'élançaient à tout moment pour désoler
quelque région de la malheureuse province, et où ils reve-
naient ensuite se mettre en sûreté avec les captifs qu'ils
avaient faits et les dépouilles qu'ils avaient enlevées.
Un moment ils en furent délogés (942) par le comte

Hugues, qui avait pris le gouvernement de la Provence
à la mort du roi Louis l'Aveugle, victime des trahisons
de Bérenger, roi d'Italie. Mais une fausse politique ayant
persuadé à Hugues de s'en servir comme de troupes auxi-
liaires quand il aurait pu les exterminer, il leur permit
d'aller occuper les montagnes qui séparent la Suisse de
l'Italie.

Ce fut l'origine de grands malheurs pour toutes les
contrées situées entre les Alpes et la Méditerranée; les
églises de Sisteron, de Gap et d'Embrun et plusieurs
célèbres monastères eurent à subir leurs dévastations
et leurs cruautés, jusqu'à ce qu'enfin ils pénétrèrent de
nouveau en Provence et se retrouvèrent maîtres encore
une fois de la forteresse du Fraxinet.

Pendant le temps de leur absence, Lérins s'était relevé
de ses ruines, les religieux étaient accourus pour peupler
de nouveau cette terre qui leur était si chère.

Le couvent d'Arluc, lui aussi, s'était rouvert et avait
retrouvé ses phalanges de pieuses vierges que l'orage
avait dispersées. Conrad, alors roi de Bourgogne et de
Provence, avait rebâti les deux monastères en les unissant à celui de Montmajour fondé autrefois par saint
Césaire d'Arles.

Enfin les Sarrasins ayant osé, en 973, arrêter dans les
défilés du Dauphiné l'illustre saint Mayeul, abbé de
Cluny, l'indignation des populations chrétiennes se souleva contre eux et amena leur expulsion de tout le territoire qu'ils terrorisaient par leur présence et par leurs
brigandages.

Après l'expulsion des Sarrasins, nous retrouvons les
religieux de l'île Saint-Honorat achevant avec confiance

de relever de ses ruines leur maison bien-aimée. Mais ils n'étaient pas encore au bout de leurs épreuves. La tradition rapporte que, peu de temps après la prise du Fraxinet, les Sarrasins d'Espagne firent un retour offensif vers les côtes de Provence et que, n'osant débarquer sur des rivages où leurs troupes venaient d'être si vaillamment combattues, ils se rejetèrent sur nos îles et mirent à mort l'abbé et les moines qui les habitaient.

L'*Ile des Saints* méritait ainsi de plus en plus d'être appelée l'*Ile des Martyrs*.

Cet événement attira l'attention des princes du voisinage. Ils réparèrent les édifices et désirèrent voir des hommes de piété et de courage venir veiller et prier sur une terre sanctifiée par le sang de tant de vaillants soldats de Jésus-Christ. A ce moment, saint Mayeul, qui gouvernait encore le monastère de Cluny et qui était lui-même originaire de la Provence, demanda au Saint-Siège d'être établi supérieur des monastères de Lérins et d'Arluc, afin d'y faire fleurir la discipline dans toute sa perfection. Le pape Benoît VII autorisa l'union de Lérins à Cluny, le 22 avril 978. C'est ainsi que le monastère fondé par saint Honorat passa une première fois sous la dépendance de celui de Cluny.

En 1047, sous l'abbé Aldebert Ier, les Sarrasins firent une descente dans l'île qu'ils pillèrent, et emmenèrent les religieux prisonniers en Espagne. Ceux qui échappèrent à leurs mains allèrent de tous côtés demander des aumônes pour la rançon de leurs frères. Les captifs toutefois ne purent être délivrés que grâce à la charité de saint Isarn, abbé de Saint-Victor de Marseille, qui, malgré son grand âge, se rendit lui-même en Espagne et fit intervenir en leur faveur le comte de Barcelone, Raymond Bérenger (1).

(1) Voici, d'après le *Gallia Christiana*, la liste des abbés de Lérins antérieurs à l'an 1000 : saint Honorat, saint Maxime (vers 426), saint Fauste, B. Anselme, Porcaire Ier (489), Honorat II (507), Abbon (530-588), Marin, Florian (550), B. Virgile, Étienne (596), saint Conon (601-611), saint Nazaire, Maxime II (641), B. Eucher, B. Vincent, saint Aygulphe (675), Rigomir, saint Amand (690), saint Sylvain, saint Porcaire II (m. 731 ou 739), Eleuthère (752), saint Florent, saint Ardemius, saint Ebibode, saint Evode, saint Polemius, Léotmond (814-828 et au-delà), Albert (954), saint Mayeul, Garnier ou Warnier, saint Odilon (997-1022 et au-delà).

(Cit. ap. Henri MORIS, *L'Abbaye de Lérins, son histoire, ses possessions, ses monuments anciens*, IIe partie.)

LÉRINS. — Galerie inférieure de la Tour.

LÉRINS. — Galerie supérieure de la Tour.

CHAPITRE VII

Le Monastère fortifié.
Grandeur temporelle de l'Abbaye.

L'abbé Aldebert entreprend de construire la Tour de Lérins. —
Encouragements des papes, zèle des populations à lui venir
en aide. — Construction de la forteresse monastique. —
Le comte de Provence visite Lérins. — Le pape accorde au
monastère le droit de donner la sépulture aux fidèles dans
l'île. — Le monastère est déclaré exempt de toute juridiction
épiscopale. — Achèvement de la Tour sous l'abbé Augier.
— Guy, comte de Vintimille, fait donation à l'abbaye de
la Principauté de Sabourg. — Charles, prince de Salerne et
comte de Provence, donne aux moines la jouissance de la
mer jusqu'au rivage de Cannes. — Diverses augmentations
faites à la Tour. — Récit de Nostradamus au sujet de la
dévotion à saint Honorat.

Pour assurer enfin à ses religieux un abri et une protection contre des attaques si désastreuses et si souvent
renouvelées, Aldebert II, qui prit en main le gouvernement de l'abbaye, l'an 1066, conçut le projet d'élever
sur une étroite langue de terre à l'extrémité méridionale
de l'île, une sorte de forteresse monastique dans laquelle
la communauté pourrait se réfugier dès qu'elle se verrait
menacée par les pirates. Cette forteresse, qui subsiste
encore aujourd'hui, fut, presque dans son entier, l'œuvre
de cet intelligent abbé. Pendant les trente-six ans que
dura son gouvernement (1066-1102), il se dévoua à la
réalisation de ce projet, et les populations, comprenant

qu'une telle construction était d'intérêt général pour la sécurité des côtes, prodiguèrent leurs dons et leurs aumônes pour aider à conduire à bonne fin une si utile entreprise. En ce même temps, les papes saint Grégoire VII et Urbain II écrivirent des lettres à Aldebert pour soutenir, en vertu de l'autorité apostolique, tous les droits de propriété de l'abbaye et menacer des censures de l'Église les personnes qui voudraient les contester ou en empêcher le plein et libre exercice.

Le monastère-forteresse était très avancé déjà, mais, à cause de la diminution du zèle des populations, n'avait pu être achevé encore, lorsque vers l'année 1107, les Sarrasins, profitant de la solennité de la Pentecôte, débarquèrent dans l'île à l'heure des vêpres et pillèrent l'abbaye après avoir massacré une partie des moines.

A la suite de cet événement, on pressa de nouveau activement l'achèvement de la Tour, et le pape Honorius II écrivit une lettre pour appuyer de son autorité les demandes de secours adressées aux fidèles par l'abbé Pierre Ier, continuateur de l'œuvre d'Aldebert.

« Les populations voisines, celles mêmes qui habitent
« des contrées éloignées, disait le pape, savent tout ce
« ce que les moines souffrent, depuis longtemps,
« d'attaques, de dommages et de dangers, de la part des
« Sarrasins; c'est pourquoi, par ces lettres qui sont
« adressées à vous tous, nous vous prions et vous con-
« jurons dans le Seigneur, vous l'enjoignant aussi pour
« la rémission de vos péchés, de fournir aux susdits
« religieux, avec les biens que Dieu vous a donnés, les
« moyens de construire une forteresse qui les protège
« contre les attaques des Sarrasins. En obéissant à nos
« ordres, vous mériterez d'arriver aux joies éternelles,

« par l'intercession du bienheureux Honorat et des
« autres Saints de l'île, ainsi que par les prières des saints
« qui l'habitent.

« Par l'autorité des apôtres Pierre et Paul, nous accor-
« dons à quiconque demeurera, pendant trois mois,
« dans le monastère ou repoussera une attaque des infi-
« dèles, la même indulgence, que notre prédécesseur de
« sainte mémoire, le pape Eugène, a accordée à ceux qui
« font le voyage de Jérusalem.

« Nous concédons en outre une indulgence de trois
« ans à ceux qui, ne pouvant résider personnellement
« à Lérins, y entretiendront un homme, pendant trois
« mois, pour la défense du monastère.

« Donné à Latran, le six des calendes de janvier (1). »

Cependant Raymond-Bérenger, fils cadet du comte
de Barcelone, ayant reçu en partage le comté de Provence, établit sa résidence à Maguelone. Il vint visiter
l'île de Lérins en 1135, et, voulant donner aux religieux
une preuve de son affection, il dit au chapitre assemblé :
« Moines de Lérins, je vous cède et vous confirme le châ-
« teau qui s'appelait jadis Marcellin, libre et exempt de
« toute invasion du comte; nul n'y aura le droit d'*alberge*,
« ni ne pourra réclamer de rachat, ainsi que l'ont fait
« les comtes mes prédécesseurs. A cause de cette liberté,
« je veux que le château porte à l'avenir le nom de *Franc*.
« Je reçois sous ma protection le monastère et tout ce
« que vous possédez en Provence dans l'étendue de ma
« juridiction : si l'on vous enlève quelque chose par vio-
« lence ou contrairement à la justice, je serai votre
« défenseur. »

(1) *Chron. Lerin.* II, p. 159, cit. ap. ALLIEZ, t. II, p. 124.

Ce château, nommé d'abord Marcellin, et, depuis cet acte, château *Franc*, c'est Cannes, alors simple petit village bâti au pied d'une colline sur laquelle l'abbé Aldebert avait jeté, quelques années auparavant, les fondations d'une tour de défense qui fut achevée par ses successeurs et dont les ruines subsistent encore aujourd'hui.

Une lettre d'Adrien IV aux consuls et au peuple de Grasse nous montre que, sous le gouvernement de l'abbé Boson, le monastère fut inquiété fréquemment par les pirates Sarrasins. Le Pape conjure la ville de secourir courageusement les religieux et de leur accorder en toute occurrence aide et conseil. Cette ville avait, en effet, durant le moyen âge, une importance considérable, au point de faire des traités d'alliance avec les républiques italiennes avec des clauses qui semblent supposer une indépendance presque complète vis-à-vis des comtes de Provence.

L'abbé Augier, élu en 1172, s'occupa avec une activité toute nouvelle de l'achèvement de la Tour de Lérins. Il implora l'appui du pape Lucius III, et, à l'appel du Souverain Pontife, l'évêque de Fréjus, le comte de Provence et d'autres seigneurs envoyèrent au monastère des secours si importants que la forteresse put enfin être achevée après un siècle environ d'efforts.

Les dangers n'étaient que trop réels de la part des Sarrasins. En 1178, ils dévastèrent Toulon, y massacrèrent trois cents hommes et emmenèrent en Afrique Hugues Geoffroy, seigneur de cette ville, avec une multitude de captifs. En 1197, ils reparaissent sur les mêmes rivages, enlèvent encore des habitants de Toulon et plusieurs religieux des îles d'Hyères.

Il arrivait assez fréquemment que les fidèles désiraient avoir leur sépulture dans l'*Ile des Saints* et, dès l'année 1154, l'abbé Boson avait obtenu du pape Adrien IV, pour son monastère, le privilège de recevoir les corps des défunts de quelque diocèse ou de quelque paroisse qu'ils vinssent. Cette autorisation avait été confirmée dans la suite par Alexandre III, en 1179 puis par Lucius III, en 1184. Sous le gouvernement de l'abbé Rostan Ier, plusieurs évêques voisins prétendirent abolir un privilège qui leur paraissait un empiètement injuste sur leurs droits les plus inaliénables, et menacèrent d'excommunication les fidèles qui demanderaient d'être inhumés à Lérins et les religieux eux-mêmes qui oseraient y recevoir leurs corps. Mais le pape Clément III, par une bulle adressée aux évêques de Provence, réprima avec fermeté leur résistance aux commandements du Siège apostolique, annula leurs censures et maintint dans toute son étendue le droit du monastère.

« Ce désir d'être enseveli près des saints, dit l'abbé Alliez, et de reposer dans une terre arrosée du sang des martyrs, se perpétua jusqu'à la sécularisation du monastère, et c'était un spectacle émouvant que ces convois amenant les restes d'un chrétien à travers les flots. Lorsque cet acte de religion devait avoir lieu, les moines étaient avertis, le clergé de Cannes accompagnait le corps jusqu'au rivage, d'où, après une dernière absoute, il se retirait, laissant un prêtre qui montait dans le bateau chargé de la bière. Souvent les trois confréries de pénitents étaient invitées à accompagner le mort. Alors une vingtaine de bateaux s'avançaient sur deux lignes, les crucifix et les fanaux élevés; à leur approche, les religieux venaient au-devant du cortège et tous se dirigeaient processionnellement vers l'église de la Sainte Vierge; après le service solennel, on déposait le défunt auprès de ses frères, *pour y attendre*, comme le dit une inscription tumulaire trouvée dans l'île, *le moment de la grande résurrection, où les corps sortiront de la terre au dernier jour* (1). »

Nous devons rappeler ici également que, dès 1171, le pape Alexandre III avait accordé au monastère, par une bulle, le privilège d'être exempt de toute juridiction épiscopale et soumis immédiatement au Saint-Siège. La bulle d'Alexandre III n'était toutefois que la confirmation d'une faveur déjà accordée par ses prédécesseurs. L'*Inventaire des Archives du Département des Alpes-Maritimes* signale l'abrégé d'une bulle d'Urbain II (1093) déclarant que l'abbaye de Lérins dépend directement du Saint-Siège (2).

Les comtes de Vintimille avaient, en plus d'une circonstance déjà, exercé leur générosité envers l'abbaye

---

(1) ALLIEZ, *Les Iles de Lérins*, p. 38.

(2) *Inventaire des Archives du Département des Alpes-Maritimes,* par M. Henri MORIS, p. 14, col. 2. — Lérins faisait remonter l'origine de son exemption jusqu'à sa fondation même : le monastère de Saint-Honorat offre le premier exemple que l'on puisse citer de cette discipline dans l'histoire de l'Église d'Occident. Vers le milieu du ve siècle, un conflit fut suscité par Théodore, évêque de Fréjus, qui prétendait exercer pleine juridiction sur l'abbaye de Lérins comprise dans son diocèse. Saint Fauste, plus tard évêque de Riez, qui en était alors abbé, protesta contre cette prétention, alléguant les conditions formelles posées par saint Honorat, fondateur du monastère, et agréées par saint Léonce. La lutte dura quelque temps, et enfin un concile d'Arles, tenu vers l'an 452, formula un compromis qui, tout en concédant certains droits à l'évêque au sujet de l'ordination des clercs et du chrême pour les catéchumènes, maintenait que tous les membres non clercs du monastère continueraient d'être soumis exclusivement à la discipline de leur abbé : « D'autant que telles ont été les dispositions établies « il y a longtemps par le Fondateur même du Monastère. » (MABILLON, *Annal.* *Bened.* lib. I. n. 39. — MANSI, *Concil.* VII, 907-908, cit. ap. D. CHAMARD, *Revue des Questions Historiques, De l'immunité ecclésiastique et monastique,* 1er oct. 1877.)

de Saint-Honorat. Vers la fin du XIIe siècle, Guy II, comte impérial de Vintimille, étant sur le point de partir pour la célèbre croisade que le pape Innocent III avait fait prêcher contre les Sarrasins d'Espagne, fit donation à l'abbaye de Lérins de son château du Saint-Sépulcre et de la Principauté de Sabourg, avec tous ses droits et juridiction. En cas d'aliénation de la principauté par les moines de Saint-Honorat, elle devait revenir au monastère de Mont-Majour. On n'a, de cet acte de donation, qu'une copie avec des dates tout à fait fautives. On n'a également que la copie de la ratification qui en fut faite par Othon et Conrad, frères, comtes de Vintimille, les deux fils aînés du donateur. Mais, malgré l'incorrection des textes, le fait de la donation demeure incontestable, vu la possession du territoire durant des siècles par le monastère, le droit de battre monnaie dans la Principauté exercé par les abbés de Lérins jusque dans le courant du XVIIIe siècle et la vente faite de ladite terre et juridiction de Sabourg au duc de Savoie, Victor-Amédée, pour la somme de 142.000 livres le 27 novembre 1728, avec indemnité envers le monastère de Mont-Majour. Ce qui détermine d'une façon décisive la date de la donation de Guy de Vintimille en faveur de Lérins, c'est l'accord des historiens sur l'époque et les circonstances de sa mort. « Il fut tué, dit Moréri, dans la bataille de Muradal « en Espagne... Ses trois fils eurent apparemment le « même sort, car, depuis ce temps, il n'est plus parlé « d'eux. » Cette bataille de Muradal, dont le Moréri assigne mal la date en cet endroit, n'est autre que la grande victoire de *Las Navas de Tolosa*, remportée en 1212 sur les Maures par les rois réunis de Castille, de Navarre et d'Aragon.

Le palais ou château de Sabourg était situé entre San Remo et Vintimille, à dix kilomètres environ au nord de Bordighiera. Il n'avait jamais été achevé. On en voit encore les restes dans la petite bourgade de Seborga, qui ne compte aujourd'hui qu'une centaine d'habitants.

C'est comme possesseurs de ce fief, que les abbés réguliers de Lérins revendiquèrent dans la suite, non seulement le droit de battre monnaie, mais encore le droit de vie et de mort, qu'ils n'affirmèrent, du reste, jamais que pour délivrer des *lettres de grâce*.

La principauté était de fort minime étendue; les terres et tous les produits en étaient affermés, en 1668, au prix de 660 livres (monnaie de Gênes); en 1691, ils ne rapportaient plus que 300 livres (monnaie de France), à la charge, pour le fermier, de nourrir les religieux et leurs domestiques, toutes les fois qu'ils jugeraient à propos de venir à Sabourg. Mais, dans tous les cas, les princes-abbés se réservaient le droit de battre monnaie, dont la ferme était distincte de celle des terres. Dans les actes, on assure la jouissance du *palais* à celui qui a affermé la fabrication de la monnaie : « Ledit... jouira du palais et pourra couper « du bois dans la forêt, » est-il dit dans un bail de 1666 (1).

M. A. Sardou a fait remarquer que les donations faites au monastère de Lérins commencèrent à être fort nombreuses aux approches de l'an 1000, mais qu'une fois cette date fatale passée, au lieu de devenir plus rares, elles ne firent que se multiplier, si bien que, dès le XIIe siècle, l'abbaye se trouvait avoir des possessions dans dix-sept diocèses de France ou d'Italie, et que la suzeraineté

(1) Cit. ap. ALLIEZ, *Histoire du Monastère de Lérins*, t. II, p. 414.

de l'abbé, devenu seigneur temporel, s'exerçait sur plus de quatre-vingts prieurés ou fiefs (1).

En 1298, Charles II, roi de Jérusalem et de Sicile, comte de Provence et de Forcalquier, ayant reçu des religieux de Lérins un subside pour soutenir la guerre contre les Aragonais, leur confirma le droit de pêche et de naufrage à eux accordé par Ildefonse d'Aragon. Cette charte déclare que les îles Sainte-Marguerite et Saint-Honorat, le Sécant, l'île Saint-Ferréol, les rivages de ces îles, du château de Cannes et de Vallauris, ainsi que la mer comprise entre la terre et lesdites îles, sont du terroir et de la dépendance dudit château, qui appartient à l'abbé. Le monastère reçoit de plus confirmation du droit de naufrage sur les vaisseaux n'excédant pas 16 rames, qui adviendront auxdites îles, sèches et mers. Ce droit de naufrage et la jouissance de la mer qui entoure les îles furent revendiqués constamment par le monastère dans la suite des temps. Nous trouvons dans l'*Inventaire des Archives des Alpes-Maritimes* dressé par le savant archiviste de ce Département, M. Moris, auquel nous empruntons le précédent renseignement, un extrait du dénombrement des biens et droits du monastère, fait par-devant la Cour des Comptes de Provence le 28 avril 1539, et contenant les énumérations suivantes : « Premièrement, dit tenir ledit monastère, l'isle et terroir « d'ycelle, où est assis ledit monastère, contigû avec la « mer, à savoir le lieu dit le Barbier jusques au Séchan « et desdits Séchans jusques à la Bicoque, qui est « contiguë à l'isle de Saint-Ferréol, appartenant audit

(1) A.-L. SARDOU, *Hist. de Cannes, des Iles de Lérins et des alentours*, p. 53.

« monastère. — Item, dit tenir et posséder l'isle dudit
« Saint Ferréol assez petite en aucunes des isles et terroir
« d'icelles et à la mer limitée, et a ledit monastère facultés
« de prohiber et défendre que aucun non labore cesdites
« isles, ni pesches à la mer contiguë d'icelles, ni fasse
« autres exploits, sans conger, licence du prieur et reli-
« gieux dudit monastère.

« Item, dit avoir tous les naufrages en la mer circon-
« voisine dudit monastère.

« Item, dit tenir et posséder l'isle de Sainte-Marguerite
« avecque les églises et chapelles en icelle existantes.

« Item, dit prendre et cueillir les droits de décimes de
« tous les fruits croissants auxdites isles et aussi de
« bosquage. . . . .

. . . .

« Item, dit estre en faculté, quand vient le temps de
« la pesche des anchois et des sardines, élire, tous les
« ans, deux barches à sa volonté et d'icelles reçoit et
« prend le droit de la pesche, à sçavoir le trentein: le
« droit des autres barches appartient à l'abbé dudit
« monastère.

« Item, a ledit monastère le droit et faculté de la pesche,
« sçavoir est quand on vient a pescher au droit des
« lieux appelés Maurin et de la Lauze et de certains
« autres lieux à raison du trentein.

« Item, dit avoir la faculté de prendre, toutes les années,
« douze setiers de sel à la gabelle de la sel royalle, au lieu
« de Cannes, et ce, pour la provision dudit monastère et
« religieux d'icelui, sans aucun payement.

. . . .

« Item, dit ledit monastère être en faculté d'acheter
« le poisson frais ou salé audit lieu de Cannes, sans paye-

« ment d'une lesde ou autre charge, et est préféré audit
« achat tant de poisson que autres choses à toutes per-
« sonnes après le seigneur abbé... »

Ce document constate que l'abbaye avait sans conteste la possession de l'île Sainte-Marguerite. Il existe
cependant une charte du milieu du XIVe siècle, par laquelle Louis, prince de Tarente, héritier du comte de
Provence, et Jeanne d'Anjou, son épouse, héritière du
royaume de Naples, cèdent à Bertrans II de Grasse
l'île Sainte-Marguerite et plusieurs autres domaines
(29 mai 1351). Toutefois, un demi-siècle plus tard, on
voit l'abbé de Lérins, Geoffroy de Mont-Choisi, nommer
un recteur à l'île Sainte-Marguerite et le Pape confirmer
cette nomination. Ceci a fait penser que la donation que
le roi et la reine de Naples avaient faite à Bertrand de
Grasse ne constituait peut-être qu'une jouissance viagère, ou bien que les seigneurs de cette puissante famille
avaient rendu, bientôt après, l'île aux religieux.

Les religieux conservèrent la propriété de l'île Sainte-
Marguerite jusque dans les premières années du XVIIe siècle. En 1612, ils signèrent une transaction avec le prince
de Joinville, duc de Chevreuse, gouverneur du pays,
par laquelle ils lui cédèrent l'île Sainte-Marguerite et
toute justice, haute, moyenne et basse, et tous leurs
droits, se réservant le droit de dîme, à charge pour eux
du service divin. Cette cession lui était faite en témoignage de reconnaissance pour sa renonciation à la commende de l'abbaye.

Le monastère eut à endurer quelques épreuves durant
le séjour que firent les papes à Avignon. Des calomnies

auxquelles Urbain V prêta une oreille complaisante persuadèrent à ce pontife que Lérins était tombé dans un déplorable relâchement, et pour y remédier il promulgua une bulle par laquelle il soumettait le monastère à celui de Saint-Victor de Marseille. Urbain V avait été lui-même abbé de Saint-Victor avant son pontificat (1). Mais aussitôt que cette bulle fut connue, l'abbé de Mont-Majour se rendit auprès du pape pour lui représenter les inconvénients d'une pareille mesure et obtint la révocation de l'union du monastère de Saint-Honorat à celui de Saint-Victor. L'abbé de Lérins, Jean de Thornafort, l'un des hommes les plus remarquables qui aient gouverné le monastère, obtint ensuite du pape Grégoire XI, avec l'appui de la reine Jeanne de Naples, la confirmation de l'indépendance de l'abbaye de Saint-Honorat, son exemption de la juridiction du métropolitain aussi bien que de celle de l'ordinaire, et la déclaration qu'elle relèverait immédiatement du Saint-Siège.

La religion d'Urbain V avait dû être surprise par des rapports mensongers ou du moins très exagérés. Il est impossible de croire que, sous un abbé tel que Jean de Thornafort, la discipline fût tombée dans une aussi grande décadence qu'on avait voulu le prétendre.

L'histoire de la translation qui fut faite du corps entier de saint Honorat à Lérins en 1391, sous le gouvernement de Jean de Thornafort, nous fournit, telle qu'elle est

______

(1) En 1366, à l'époque où Urbain V venait de soumettre Lérins au monastère de Saint-Victor qui reconnaissait saint Cassien pour fondateur, l'abbé de Lérins fit bâtir sur le monticule d'Arluc une chapelle en l'honneur de ce Saint. Le monastère et le village d'Arluc avaient été détruits peu d'années auparavant tandis que les bandes féroces des *Grandes Compagnies* et des *Tard-Venus* ravageaient la Provence. A partir de ce moment, la colline d'Arluc fut désignée sous le nom de Saint-Cassien, qu'elle porte encore aujourd'hui. (Voir A.-L. SARDOU, *Histoire de Cannes, des Iles de Lérins et des alentours*, Paris et Cannes, 1894, p. 63.)

rapportée par Barralis, une preuve de la ferveur et de la régularité qui régnaient en ce temps-là parmi les religieux de l'abbaye.

Mais qu'on nous permette tout d'abord, en terminant ce chapitre, de transcrire, après l'abbé Alliez, une page de l'*Histoire de Provence* par Nostradamus, qui montre combien la dévotion à saint Honorat était populaire en Provence dans le courant du xive siècle. Le fait dont il s'agit, se rapporte à l'an 1303.

« Jauffred, seigneur de Thollon (Toulon), qui avoit eu de sa première femme une fille très-belle, fort sage et vertueuse, appelée Sibylle, estoit en traicté et sur le poinct de la marier, avec ample et riche dot, à un beau et noble Damoisel nommé Cassian le Courtois, gentilhomme de Marseille. Sur le pourparler du mariage, advint que la seconde femme de Jauffred, qui avoit une ame maligne et perverse, par une malice formée pensa en son cœur de mander à Cassian que Sibylle sans doute aucun, avoit forfait à son honneur; si qu'il eust bien à se garder de la prendre à femme. Au coup de cette désagréable nouvelle, le Damoisel fut tout estourdi du coup et reculé de son intention, qu'il mande incontinent au chevalier Jauffred, père de la Damoiselle, comme il ne pouvoit et vouloit se marier...

« Sur un tel et si rude coup, Jauffred, dolent et affligé à l'extrême, fait de ce pas enfermer Sibylle en perpétuelle captivité dans une tour... Ceste sage et chaste Damoiselle porta avec tant de douce patience ceste injuste prison, qu'elle ne fit jamais qu'employer le temps de sa détention en dévotes et sainctes prières à Dieu et au bien heureux sainct Honorat, auquel elle avait très-particulière dévotion, de lui conserver son droict et faire voir au clair son innocence, puisque par son intercession tant de miracles se voyaient sortir tous les jours en faveur de ceux qui recouroient à luy; promettant au surplus de luy donner un pèlerinage tous les ans, durant sa vie, en mémoire perpétuelle d'un tel bénéfice.

« Dieu receut l'encens et l'odeur de sa prière, et ne voulut permettre celuy, qui estoy nay d'une vierge, que la virginité fust ainsi faussement deshonorée et noircie; tellement qu'un jour que Jauffred avoit assemblé une grande compagnie de Barons et de Gentilshommes, pour les festoyer, ainsi qu'ils estoient assis à table, prests à prendre leur repas, sa meschante femme se prit à crier soudainement et d'une fort haute et terrible voix, témoignant ce qu'elle endurait : *A l'aide, à l'aide, à mon secours ! Car Dieu et le bon sainct Honorat veulent maintenant faire voir que j'ay meschamment accusé Sibylle.* De sorte qu'à ce tumulte, la feste fut troublée d'un costé et resjouye de l'autre. Parquoy Sibylle fut incontinent visitée par les Dames, et on alla tout de ce pas faire le rapport au gentilhomme Cassian malade à la mort; lequel, sous le vent d'une nouvelle si douce et tant agréable, saute incontinent de son lit, monte à cheval et brosse droict à Thollon, où il espouse avec beaucoup de triomphe la chère Sibylle, qu'il conduisit après au marquis de Marseille son père. »

CHAPITRE VIII

Translation des reliques de saint Honorat à Lérins. — Lérins durant le Grand Schisme. — Importance militaire de la Tour.

Le corps entier de saint Honorat est apporté à Lérins. — Gouvernement de l'abbé Jean de Thornafort. — Le monastère est pris d'assaut par les pirates Génois. — Belle conduite de la noblesse provençale à cette occasion. — Lérins se ressent des troubles causés par le séjour des papes à Avignon. — Geoffroy de Mont-Choisi est imposé comme abbé par le pape Martin V. — Renaissance des études : Raymond Féraud. — La Tour reçoit d'importants embellissements. — Le roi René ordonne de veiller à la bonne garde et à la réparation de la Tour de Lérins. — Il y met garnison. — Fonctions des divers officiers du monastère, d'après un Chapitre général tenu à cette époque. — Droits de l'abbaye sur la mer qui avoisine les îles. — Les abbés de Lérins et le mouvement d'émancipation des communes.

Passons maintenant au récit du chroniqueur qui nous apprend comment en 1391, sous le gouvernement de l'abbé Jean de Thornafort, le corps entier de saint Honorat fut transporté au monastère de Lérins, lequel n'en avait possédé jusque-là qu'une parcelle.

Saint Honorat, étant mort archevêque d'Arles, avait été enseveli dans le célèbre cimetière de cette ville, connu sous le nom d'Aliscamps ou de Champs-Élysées. Plus tard, le clergé et le peuple élevèrent près de son tombeau une église assez considérable, sous l'invocation de la

Vierge mère de Dieu et du saint confesseur lui-même. Cette église ayant été ensuite ruinée, fut relevée, après un assez long intervalle, par un évêque d'Arles qui la confia, comme elle l'avait été déjà précédemment aux religieux de Saint-Victor de Marseille. Vers la fin du XIVe siècle, cette église était sous l'autorité d'un religieux de sainte vie qui était en même temps prieur du monastère de Ganagobie, près de Forcalquier. Cet homme voyant le pays ravagé par des guerres incessantes, retira de son tombeau le corps de saint Honorat et le transporta au monastère dont il était prieur. Quelques années après, la Providence voulut qu'il allât rendre visite au moine sacristain de Lérins dont il était parent.

Se voyant sur une terre qui rappelait tant de pieux souvenirs, témoin de la régularité des religieux qui l'habitaient, heureux d'épancher les émotions de son âme dans le sein d'un ami capable de le comprendre, il ne put lui cacher son secret et déclara comment il se trouvait en possession du précieux corps de ce même saint Honorat, à qui l'île des Saints était redevable de sa gloire. Il ajouta que si l'on consentait à le recevoir lui-même au nombre des religieux de la communauté, en reconnaissance d'une telle faveur, il mettrait le monastère de Lérins en possession des reliques insignes de son premier fondateur. L'abbé Dom Jean de Thornafort et ses principaux religieux ayant été avertis, s'engagèrent volontiers à lui donner place parmi eux, s'il réussissait à accomplir sa promesse. Il partit aussitôt avec son parent et un autre moine recommandable par sa régularité, et se rendit avec eux au monastère de Ganagobie, sans faire connaître à personne le pieux larcin qu'ils méditaient ensemble.

Après y être demeurés quelques jours, ils se levèrent

ABBAYE DE LÉRINS. — Vue prise de l'îlot S. Michel.

Portique de l'Abbaye de Lérins.

un lundi avant l'aurore et s'emparant du corps de saint
Honorat, ils se recommandèrent à Dieu et prirent leur
route à pas pressés dans la direction de l'île de Lérins.

Chemin faisant, un des religieux de Lérins sentait des
doutes s'élever dans son esprit : il se demandait si c'était
vraiment là le corps du grand saint Honorat qu'ils emportaient. Son incrédulité ne tarda pas à être punie. Près du
village de Puy-Moisson, il éprouva de vives douleurs dans
tous les membres et particulièrement dans ses jambes,
que contractaient des crampes violentes. Déjà ses compagnons inquiets se proposaient d'aller demander du secours au village, mais lui, confessant le manque de foi
qui lui avait attiré ce mal, se mit à implorer avec repentir
l'assistance du bienheureux confesseur. A peine eut-il
achevé sa prière, que ses souffrances disparurent, et il
put, tout en rendant des actions de grâces à Dieu qui
l'avait guéri en vue des mérites de saint Honorat, poursuivre et achever son voyage avec ses compagnons.

Parvenus au port du village de Cannes, ils, montèrent
dans une barque et traversèrent rapidement le bras de
mer qui les séparait du rivage de l'île sainte. Dès qu'ils
furent débarqués, l'abbé suivi de toute sa communauté
vint processionnellement et en grande pompe au-devant
d'eux, faisant retentir l'air de cantiques de louanges.
Il reçut avec un grand respect les restes vénérés de saint
Honorat, rendant à Dieu d'infinies actions de grâces pour
le don qu'il lui accordait d'un tel trésor; puis ouvrant
la châsse qui renfermait les sacrés ossements, il y trouva
cette inscription : *Reliques et corps du bienheureux saint
Honorat, archevêque d'Arles.* Pour confirmer encore l'au-
thenticité de ces reliques, on apporta la partie d'un os
de la jambe que l'on possédait antérieurement au monas-

tère et l'on trouva, en la rapprochant de l'endroit d'où elle avait été détachée, qu'elle s'y adaptait si parfaitement que l'on n'y voyait plus aucune apparence de fracture.

On plaça les saintes reliques, avec toute la révérence possible, dans la chapelle de Sainte-Croix, située dans l'intérieur du monastère fortifié. Cette translation eut lieu, dit en terminant Barralis, le treize des calendes de février, en l'an 1391.

Sous l'abbé Rostang, successeur de Jean de Thornafort, le crâne de saint Honorat fut placé dans un buste dont la tête était en argent et qui représentait le saint archevêque avec la chape, l'étole et la mitre. Ce beau travail avait été exécuté aux frais de Jean Laugier de Nice, prieur claustral et vicaire général de l'abbé; mais, dès l'année suivante, il faillit devenir la proie de la rapacité des pirates génois.

Dans la nuit du 10 mai 1400, des corsaires chrétiens, venus du port de Gênes sous la conduite d'un audacieux brigand nommé Salageri, donnèrent l'assaut au monastère et y pénétrèrent par escalade, malgré la résistance des moines qui renversèrent jusqu'à deux fois leurs échelles. Une fois maîtres de la place, ils mirent tout au pillage et n'épargnèrent pas même les saintes reliques. L'un d'eux, dans sa rage sacrilège, saisit le buste de saint Honorat, et le frappant à coups redoublés, s'efforçait d'en rompre la tête. Ils emprisonnèrent les religieux, et s'installant dans la forteresse monastique, ils résolurent d'en faire leur place d'armes et le centre de leurs opérations sur les côtes de Provence. Ils l'occupèrent pendant seize jours, changeant ainsi la maison de prière en une caverne de voleurs.

Mais dès que la nouvelle de cette invasion se fut répandue dans le pays, le sénéchal de Provence, Georges de Marlès, fit un appel à la noblesse et aux habitants. Les populations s'émurent; toute la noblesse de la contrée se leva et suivie d'une armée de manants vint mettre le siège devant le château. Quelques seigneurs avaient amené des vaisseaux. Les corsaires, cependant, occupaient une position si forte et se défendaient avec tant de vigueur, qu'il fallut en venir à traiter avec eux et leur accorder une capitulation. La tour fut rendue, les religieux remis en liberté, et les brigands purent se retirer sains et saufs, emportant une somme d'argent dont on était convenu. Le chroniqueur ne manque pas d'ajouter que les plus coupables d'entre eux firent, bientôt après, une mauvaise fin.

Lérins se ressentit en plus d'une manière des agitations du grand schisme, occasionné par le séjour des papes à Avignon. Lorsque l'Église en fut venue à cette douloureuse situation de voir deux pontifes, l'un résidant en France et l'autre à Rome, se partager d'une manière presque égale l'obéissance des puissances catholiques, l'abbaye de Lérins adhéra toujours au pontife qui siégeait dans la Ville éternelle et lui garda une inviolable fidélité. La proximité où elle se trouvait être de la ville d'Avignon l'exposait sans doute à bien des vexations. L'abbé Rostang, dont nous venons de parler, avait été nommé directement par le pape Boniface IX et mis en possession par un cardinal-légat envoyé de Rome exprès par le Souverain Pontife. Le pape d'Avignon avait tenté, de son côté, de donner un abbé au monastère pour le ramener à son parti, car la *Chronologie de*

Lérins mentionne un abbé Nicolas qui faisait des actes d'autorité vis-à-vis des religieux, tandis que l'abbé Rostang était en charge, et le chroniqueur en exprime sa surprise en ces termes : « Ce régime, qui dura vingt ans, « était peut-être schismatique, car deux personnes ne « peuvent pas occuper en même temps le même siège. »

Plus tard le même pape d'Avignon, Clément VII, envoya le cardinal Pierre d'Espagne pour déposer l'abbé Rostang et le dépouiller de sa charge. Après lui, Benoît XIII (1) maintint la déposition de Rostang, mais eut de trop grands embarras pour essayer de lui donner un successeur. Il nomma seulement un administrateur provisoire, Jacques Catalan, camérier de Mont-Majour.

Cette administration provisoire semble avoir duré jusqu'au moment où l'élection de Martin V par le concile de Constance vint terminer enfin le schisme d'Occident. Ce fut le 26 juillet 1417, au milieu de sa trente-septième session, que le concile prononça la déchéance de Benoît XIII, le plus obstiné et le plus redoutable tenant du schisme. Le 11 novembre suivant, Otton Colonna, cardinal du titre de Saint-Georges au voile d'or, réunit sur sa tête les suffrages des membres du Sacré-Collège et des trente évêques de diverses nations que le concile leur avait adjoints dans le conclave à titre de députés. Ce pontife, destiné à ramener la paix dans l'Église, prit le nom de Martin V.

Il s'occupa bientôt de l'abbaye de Lérins et, se chargeant lui-même de la pourvoir d'un supérieur, il lui

____

(1) Benoît XIII tint un moment sa cour à Lérins, tandis que, par des lenteurs calculées, il cherchait à éluder la rencontre avec son compétiteur Grégoire XII. Il partit de Lérins sur six galères bien armées, et après un court séjour à Nice, il arriva à Savone le 24 septembre 1407. (Voir SALEMBIER, *Le Grand Schisme d'Occident*, p. 233.)

donna pour abbé Geoffroy de Mont-Choisi, moine de
Saint-Martin de Tours. Les religieux, surpris de se voir
frustrés de leur droit d'élection, protestèrent hautement
et se mirent en mesure de résister à la prise de possession
du supérieur que leur imposait le Souverain Pontife.
On avait malheureusement appris, durant les longues
années du schisme, à s'insurger aussi contre les actes
de l'autorité suprême. Geoffroy de Mont-Choisi ne put
entrer dans son abbaye qu'avec l'appui des troupes du
roi. Mais bientôt, grâce à son talent de ménager les
esprits, il se fit accepter de ses sujets, et donna, par une
sage administration, un renouvellement de vie et de
prospérité à son monastère. Les lettres mêmes y refleu-
rirent. « L'histoire, dit Alliez, a conservé le souvenir d'un
« religieux qui mit en ordre la bibliothèque du monas-
« tère et composa des livres dont le mérite fut justement
« apprécié. »

C'était Raymond Féraud, surnommé le *Monge des îles
d'or*. Raymond Féraud naquit, vers 1245, dans le comté
de Nice, sans doute à Ilonse (1), dont son père, Guillaume
Féraud III, était seigneur. Il avait quelque temps cherché
le bonheur dans les vaines joies du monde. Mais la grâce
de Dieu l'ayant converti tout à coup, il s'était rendu,
jeune encore, à Lérins.

« Non seulement il fut gracieusement accueilli de
tous », dit Nostradamus dans son *Histoire de Provence*,
« mais encore prié de se mettre au nombre des religieux.
Il avait, depuis longtemps, résolu de suivre la vie mo-

____

(1) Aujourd'hui commune du canton de Saint-Sauveur, arrondissement de
Puget-Théniers. — CARLONE, *Le troubadour Raymond Féraud, son temps, sa vie
et ses œuvres*, dans les *Ann. de la Soc. des Lett.*, etc. des Alpes-Maritimes, t. II,
Nice, 1873.

nastique, pour continuer l'exercice de ses études, à ce conduit par son bon et tranquille génie ou, à mieux dire, son bon ange... Il parvint facond en la poésie, rhétorique, théologie et aux arts libéraux, au point qu'aucun de ceux de son temps ne l'égalait en esprit ni en savoir. Pourquoi il fut prié des religieux de prendre la charge de la librairie de leur monastère, qui était renommée la plus belle de toute l'Europe, pour avoir été enrichie et donnée par les comtes de Provence et rois de Naples et de Sicile, et autres grands personnages, amateurs des sciences, des plus rares œuvres et des plus exquises en toutes langues et facultés qu'on eût pu désirer, qui étaient mal réduites et sans ordre, pour raison de guerres auxquelles ledit monastère avait été sujet et qui avaient eu cours, par le passé, en Provence, entre les princes de Baux, Charles de Duras et Raymond de Turenne, prétendant droit en la comté de Provence, et entre les comtes et vrais possesseurs d'icelle.

« Le Monge donc, ayant pris la charge qui lui avait été donnée fit si bien, qu'en bref de temps, par le moyen de son beau jugement conforme à son expérience, il mit en ordre la librairie, séparant les livres selon la faculté des sciences, non sans grande peine et fatigue, pour autant que, selon le catalogue d'iceux qu'un savant religieux du monastère, nommé Hermentaire, descendu de noble famille de Provence, avait fait par le passé, par le commandement d'Ildefonse, roi d'Aragon, deuxième du nom de Provence, plusieurs beaux livres en avaient été ôtés et, au lieu d'iceux, mis d'autres de peu de valeur et de maigre doctrine. Ce Monge, vacant au catalogue et à la visite des livres, entre autres en trouva un auquel étaient écrites toutes les nobles et illustres familles tant

de Provence que d'Aragon, Italie et France, où étaient
déduites leurs alliances avec leurs armoiries, ensemble
toutes les œuvres des poètes provençaux en rythme
provençal, recueillies par ledit Hermentaire, du commandement dudit roi d'Aragon, que lui-même transcrivit
en belles lettres, desquelles il envoya copie à Louis IIe
du nom, père de René, roi de Naples et de Sicile et comte
de Provence, de laquelle plusieurs gentilshommes du
pays en firent faire des copies, comme étant œuvres
rares et plaisantes. Aucuns desquels gentilshommes,
même ceux qui étaient amateurs de la poésie provençale,
les firent transcrire en belles lettres de forme et illuminer
d'or et d'azur sur parchemin, les autres sur des papiers.
Les vies des poètes étaient écrites en lettres rouges et
les poèmes en lettres noires, en langue provençale de
plusieurs sortes et façons de rythme.

« Quoi faisant, il eut grande peine d'entendre la langue
provençale, pour autant, dit-il, que leurs poèmes étaient
de diverses phrases, car les uns avaient écrit en leur pure
langue provençale, et des autres, qui n'étaient si bien
versés en icelle, qui étaient d'une autre nation comme
espagnole, italienne, gascone et française, les poèmes
étaient entremêlés de plusieurs mots de leurs idiomes
qui rendaient obscurs et difficiles, qu'à grand peine en
pouvait-il tirer le sens. Finalement il les restaura tous en
leur entier et eut tant de grâces en leur entendement,
qu'il fut le premier cause que ces souverains poètes,
qui avaient été si longtemps mis en oubli, furent révo-
qués en lumière.

« Quant à la vie de ce Monge, il fut bon religieux, singulier et parfait en toutes sciences et langues, écrivait
divinement bien de toute façon de lettres; quant à la

peinture et à illuminure, il était souverain et exquis. Il observait ceci de longtemps que, au printemps et à l'automne, il se rendait quelques jours, accompagné d'un sien ami, religieux amateur de la vertu, en son petit ermitage des îles d'Hyères (car là était d'ancienneté une petite église dépendante du monastère de Lérins, et qui lui donna son surnom des *îles d'or*), pour ouïr les doux et plaisants murmures des petits ruisselets et des fontaines, les chants et les gazouillis des oiseaux, contemplant la belle variété de leurs reluisants plumages, mille petits animaux, tout différents de ceux deçà la mer qu'il se plaisait de contrefaire avec un art et une merveilleuse délicatesse au naturel; dont il fit un excellent recueil, qu'on trouva, après sa mort, parmi ses livres, avec les dessins et *pourtraicts* des paysages, routes, encoignures et *destours* de toute cette plage des îles d'Hyères, les villages qu'on y voit assis et situés et toutes les sortes d'herbes simples et plantes exquises et médicinales, leurs fleurs, leurs fruits et leurs graines, et des arbres que la nature y produisait de son gré, sans culture ni travail, les bêtes et autres animaux de toutes espèces, la *prospective* des montagnes, des prairies et de tous ces champs délicieux arrosés de belles et claires fontaines, et des poissons de la mer, des vaisseaux qui la traversent à pleines voiles, le tout tant bien rapporté et contrefait au vif, qu'on eût jugé que c'était la même chose.

« Pour montrer l'excellence de son esprit, il fit un recueil des victoires des rois d'Aragon, comtes de Provence, ensemble des *Heures de Notre-Dame* écrites de sa main, enrichies de toutes les plus rares diversités qu'il avait trouvées en son recueil, en or, azur et autres belles couleurs, et fort bien et proprement réliées, et en fit présent à Yolande d'Aragon, mère du roi René, qui les estima beaucoup et lui montra qu'elle les avait très-agréables, parce que les peintures et illuminures d'icelles correspondaient au texte de la lettre. Et ce fut un moyen et commencement que le roi Louis IIe du nom, roi de Naples et comte de Provence, et ladite reine Yolande avaient toujours auprès de leurs personnes ce Monge, tant sage, beau et prudent qu'il était. »

Mais souvent, ajoute l'abbé Alliez, le *Monge des Iles d'or* venait retremper son âme auprès de ses frères, afin d'être au milieu des grands, un sujet d'édification par ses vertus, en même temps que sa science inspirait une admiration générale. Quant il comprit que le Seigneur devait bientôt l'appeler à lui, disant adieu à la cour, il rentra à Lérins pour se préparer au jugement de Dieu; il mourut enfin entouré des soins de ses frères et assisté de leurs prières (1).

L'abbé Geoffroy nomma recteur de l'île Sainte-Marguerite Hennequin de Bruxelles, ce qui prouve que l'île, donnée en 1351, par le roi de Naples, à Bertrand de Grasse, seigneur de Bar, avait fait retour à l'abbaye.

Par ses lettres données à Aix le 23 décembre 1436, et réglant certains points des intérêts temporels du monastère, le roi René rappelle combien la bonne garde et réparation de la tour de Lérins sont importantes dans ces temps de guerre, où les Catalans, ses ennemis, et les infidèles font des courses sur les côtes de Provence avec leurs galères et galiotes, pillant et brûlant les lieux voisins de ladite île. « Plus tard (avant 1485), malgré les

(1) ALLIEZ, t. II, p. 275.

protestations des abbés, les rois mirent une garnison dans l'île. » (H. MORIS, Introduction au *Cartulaire* de Lérins, IIe vol., p. XVIII.)

La Tour à cette époque venait de recevoir d'importants embellissements par les générosités d'un saint religieux, Jacques Gastolius, originaire de Grasse, qui avait été établi en l'office d'OUVRIER du monastère. Jacques Gastolius fit bâtir à ses frais, dans la Tour, le réfectoire ainsi que la citerne que l'on voit encore au milieu du cloître. Ses aumônes, au dehors du monastère, étaient considérables et il aimait surtout à racheter les chrétiens qui gémissaient en esclavage sur les terres infidèles (1). Il mourut dans un âge avancé et dans une grande réputation de sainteté.

Sans mentionner en particulier le moine Gastolius, l'*Inventaire* de Mme la Comtesse de Saint-Seine (2), cité par M. Moris dans son *Introduction* au IIe vol. du Cartulaire de Lérins, parle en ces termes de travaux exécutés dans la Tour durant le XVe siècle.

« 1459. L'abbé André de Plaisance et le monastère firent bastir dans la tour la cisterne, et les pierres du pavé furent apportées du prieuré de Valbonne. On fist aussi la grande montée en coquille; les pierres furent apportées de Téoule. Les 12 columnes (deuxième étage) pied destale et chapiteau de marbre, furent apportés de Gênes, qui coustèrent chacune, avec chapiteau et pied destale 4 fl., 4 gr.; et le port de Gênes jusques au monastère cousta 6 fl., et un religieux, qui fust à Gênes

---

(1) BARRALIS, t. II, p. 179.

(2) « Cet Inventaire, dit M. Moris, rédigé au XVIIe siècle, porte un *ex-libris* de M. le Vte L.-F. de Villeneuve-Bargemon. Il provient sans aucun doute des archives de l'abbaye. »

achepter lesdites choses, pour son voyage despença 4 fl.

« Les pierres des arcs dudict cloistre feurent aportées de la pierrière de Sainct-Paul. Pour fabriquer les dites choses, on fist un four à chaux dans l'islle, et les pierres feurent aportées du Cap d'Antibes... La fabrique de toutes ces choses dura despuis 1459 jusques à l'an 1467, que sont huict ans. Et la despance de toutes ces choses et fabriques monta à 884 fl., 4 gr., sans la vie des ouvriers et manœuvres. » (Inv. de Mme la Comtesse de Saint-Seine, fol. 14).

Bouche, l'auteur de l'*Histoire de Provence*, qui a visité l'abbaye vers le milieu du XVIIe siècle, nous dit qu'elle contenait 36 cellules pour les religieux et 10 pour les étrangers, un très grand réfectoire et trois chapelles, séparées de la grande église, des fours, une boulangerie, deux citernes, en somme plus de 80 chambres ou habitations, 88 portes, 100 fenêtres (II. p. 110. — V. également la description de Barralis, *Chron.* II., p. 213).

(M. H. MORIS, *Introduction au Cartulaire de l'Abbaye de Lérins* (deuxième partie), p. XVIII, note 3).

Pour compléter ce qui regarde l'importance militaire de la Tour à cette époque, rappelons qu'elle correspondait au moyen de signaux, avec d'autres tours que les abbés de Lérins ou les populations avaient construites sur divers points du territoire avoisinant la mer. La plus considérable était celle de Cannes, commencée à la même époque que celle de Lérins par l'abbé Aldebert II. On y remarque, disent les archéologues, la même qualité de pierre et le même genre de taille qu'à la tour de Lérins. Elle était couronnée de machicoulis d'une forme toute semblable. Commencée en 1070, elle ne fut achevée qu'en

1395 par l'abbé Jean de Thornafort. Elle était destinée à protéger le petit village de Cannes et à servir de refuge à ses habitants dans le cas d'une irruption soudaine des Sarrasins ou des autres brigands de mer qui hantaient ces parages. Dès que des voiles suspectes apparaissaient à l'horizon, les guetteurs de la Tour Saint-Honorat arboraient leurs signaux que les autres tours disséminées sur les hauteurs du littoral se hâtaient de répéter, et les populations se mettaient en défense.

Cet usage se perpétua, non seulement durant tout le moyen âge, mais jusqu'en des temps relativement proches du nôtre. Nous en trouvons un témoignage dans un rapport adressé au roi en 1633 par M. Séguiran, inspecteur royal de la marine :

« La communauté (de Cannes), durant l'été, fait garde, y est-il dit, pour la crainte et appréhension qu'elle a des corsaires; le signal qu'elle a de leur approche, vient d'une haute tour qui est au monastère Saint-Honoré de Lérins qui, durant le jour, marque le passage des corsaires ou ennemis par un étendard blanc et, durant la nuit, par deux feux. »

Profitant du crédit dont il jouissait auprès du Souverain Pontife, Geoffroy de Mont-Choisi demanda plusieurs faveurs pour le monastère. L'*Inventaire des Archives* publié par M. Moris mentionne, à la date de 1420, un *vidimus* d'une bulle du pape Martin V, confirmant au monastère toutes les indulgences qui lui ont été concédées depuis l'Ascension jusqu'à la Pentecôte, avec permission d'absoudre de tous les cas; et les lettres de Geoffroy de Mont-Choisi, abbé de Lérins, adressées aux patriarches, primats, archevêques, évêques, abbés et autres chefs et recteurs des églises, les priant de faire publier et notifier à leurs paroissiens les indulgences accordées au dit monastère et confirmées par la bulle du pape Martin V (1423).

L'abbé Geoffroy avait obtenu en effet la permission d'établir dans l'île, à l'occasion du concours que les indulgences attiraient depuis la fête de l'Ascension jusqu'à la Pentecôte, des confesseurs munis de pouvoirs pour absoudre de tous les cas, sauf ceux réservés au Saint-Siège.

Les pèlerinages à Lérins à cette époque de l'année étaient l'objet d'une si grande dévotion de la part des fidèles, que la reine Jeanne avait fait une fondation en faveur des pauvres pour leur faciliter ce voyage. On voit, dans un acte conservé aux archives de Lérins, Philippe Just, marchand à Fréjus, déclarer avoir en mains la somme de deux cents florins, de la part de cette princesse, à charge de compter aux consuls de Grasse la pension annuelle de dix florins pour en faire l'aumône aux pauvres qui viennent faire l'*onzène* dans l'île.

La coutume où étaient les fidèles d'aller en pèlerinage à Lérins est très ancienne. Un document que l'on rencontre à ce sujet dans la *Vie de saint Honorat*, imprimée à Venise, se retrouve, ainsi complété, dans l'*Inventaire* cité par M. Moris ·

Le 16 septembre 1423, Geoffroy « par ses lettres, fist « savoir aux archevesques, évesques, abbés, prieurs, ect., « que le pape Eugène IV (1), ayant appris les grandes

---

(1) Nous reproduisons le texte de l'*Inventaire*, mais nous sommes obligés de faire remarquer que l'attribution de ce pèlerinage ne peut s'appliquer à Eugène IV, mais bien à Eugène III, qui, d'après la tradition de l'Abbaye, ayant été chassé de Rome, se réfugia en France et visita l'île Saint-Honorat en 1151. — Un demi-siècle auparavant, Lérins avait été honoré par la présence d'un autre illustre exilé, le pape Calixte II (1119).

« dévotions et ferveurs des religieux de Lérins, ayant
« voleu visiter le saint lieu et estant arrivé au but de
« l'isle, à l'exemple de Moïse, avoit quitté ses soliers et
« faict le tour de l'isle à pieds nuds, et ayant treuvé que
« l'effet estoit plus grand que la renomée, donna sa
« bénédiction à la dicte isle, et après avoir consacré la
« chapelle dédiée au Prince des apôtres, donna les mesmes
« indulgences plénières que ses prédécesseurs avoient
« accordées à ceux qui font le voyage de la Terre Saincte,
« à tous ceux qui depuis l'Ascension jusques à la Pente-
« coste visitoient ceste saincte isle, ordonnant que à
« ceux qui feroient dévotement ceste visite feust baillé
« un rameau de palme, pour marque d'une plénière
« rémission de leurs péchés, et à touts ceux qui pen-
« dant le reste de l'année, estant confessés et communiés,
« fairoient dévotement ce pèlerinage, leur accorda un an
« et quarante jours d'indulgence des peines à eux impo-
« sées.

« Despuis l'introduction de ceste dévotion, appelée
« par les fidelles de Saincte Eugène, Dieu, par les mérites
« des Saints qui reposent dans la dicte isle, avoit oppéré
« plusieurs miracles pendant ce sainct pèlerinage, pour
« faire voir aux fidelles que les dites indulgences avoient
« esté confirmées et apreuvées par le chef éternel de
« l'Église triomphante, ainsi que faict foi plusieurs res-
« cripts des souverains pontifes et les relations fidelles
« des entiennes escriptures conservées dans les archipves
« de ce monastère; de quoy le pape Martin V estant
« plainement informé, dona pouvoir à l'abbé d'establir
« des confesseurs pour absoudre de touts cas, excepté
« de ceux qui sont expressément réservés au Saint-Siège,
« ceux qui viendroient dans cette saincte isle ces saincts

« jours, pour gagner des indulgences, ainsi qu'apert de
« la bulle donée à Rome l'an quatre de son pontificat.
« A ces causes, l'abbé prie touts les évesques et ecclé-
« siastiques ayant cure d'âmes de faire scavoir ces choses
« au peuple, affin qu'ils puissent ce procurer ces advan-
« tages. » (1)

L'abbé Geoffroy assista au concile de Bâle en qualité
d'ambassadeur de Louis III, roi de Naples. Il fit partie
également de la députation envoyée au pape Eugène IV,
à Florence. Eugène IV discerna le mérite éminent de
Geoffroy et, pour lui témoigner sa haute estime, il le
nomma abbé de Saint-Germain près de Paris. Cependant,
les moines de cette abbaye venaient d'élire un autre
abbé. Geoffroy remit à plus tard de faire valoir ses droits
et retourna à Bâle: mais il y mourut empoisonné, dit-on,
à l'instigation de son compétiteur.

Geoffroy de Mont-Choisi, qui était un savant docteur,
dit M. Moris, et suivait avec le plus grand zèle tous les
exercices de la vie conventuelle, abrégea l'office divin
conformément à la règle de saint Benoît et « le livre
« des professions des religieux, qui pour lors estoit fort
« long et ennuieux. » (Inventaire de Mme la comtesse de
Saint-Seine, fol. 13). Il orna, à ses frais, le chœur de la
chapelle Sainte-Croix de stalles qu'il fit exécuter par un
artiste de Toulon (2).

Son successeur à Lérins fut Louis du Pont, originaire
du comté de Nice. Le roi René ne l'eut pas pour agréable
et lui fit interdire l'entrée du monastère, et en même

(1) Inv. de Mme la Ctesse de Saint-Seine, fol. 13; — cit. ap. H. MORIS, *L'Abbaye
de Lérins*, p. 338.
(2) M. H. MORIS, *L'Abbaye de Lérins*.

temps, sans doute, de ses états. Le prince tenait à Lérins, comme gouverneur de la Tour, Simon Sigalési, que l'on y trouve encore en l'année 1450.

Quoique éloigné de son monastère, Louis du Pont le gouvernait. Il avait nommé, pour administrer en son nom, Jean de Bolliers, vicaire général, et Jean Maynier, prieur claustral, ainsi que les autres officiers de la maison. Mais ceux-ci laissaient les religieux manquer des choses les plus nécessaires. Une plainte fut portée, et le légat d'Avignon ayant fait examiner les choses, prononça en faveur des religieux. Enfin le roi René revint de ses préventions contre Louis du Pont et lui rendit en partie ses bonnes grâces; Louis du Pont permuta avec Antoine Rostan, abbé du Thoronet, avec l'approbation du Pape Eugène IV.

Le nouvel abbé, craignant sans doute d'exciter à son tour les défiances du roi, lui « fit part de la difficulté où il se trouvait de repousser les ennemis qui faisaient des courses le long des côtes de Provence. La reine Yolande mère de René, accorda des lettres patentes portant permission à l'abbé et aux religieux de Lérins de donner quelques rafraîchissements aux Catalans qui abordent leur île, quoique ennemis de l'État, attendu l'assiette du lieu, sans que, pour ce sujet, ils puissent être taxés de perfidie. » (1)

Le 9 juin 1440, Antoine Rostan tint un chapitre général dont les statuts, qui nous ont été conservés, montrent combien la réforme était devenue urgente dans le monastère, après les troubles qui avaient si longtemps agité le pays. Dans un des chapitres des statuts on spé-

---

(1) ALLIEZ, *Hist. du monast. de Lérins*, t. II, p. 283.

LÉRINS. — Le Vieux Cloître (VIIe ou VIIIe siècle).

LÉRINS. — Le Cimetière.

LÉRINS. — Le préau du Vieux Cloître.

cifie les devoirs et les droits des officiers du monastère. Il peut être intéressant pour nous de nous rendre compte des fonctions de ces divers officiers.

Le *Prieur claustral* a charge de prendre garde à la sûreté de la tour, en se faisant porter, tous les soirs, la clé de la porte du pont.

Le *Sacristain*, qui est la deuxième personne après l'abbé, est obligé à entretenir l'église et l'autel de lumières, etc. Il doit fournir, chaque jour une chandelle à l'abbé et payer la moitié des vestiaires des moines conventuels.

Le *Doyen*, deuxième personne après le prieur, est obligé d'assister aux offices et de faire résidence continuelle dans l'île. Les autres officiers résidant à l'île ne peuvent demeurer hors de l'île plus de quinze jours, en deux fois l'année.

Le *Camérier* donne le vestiaire aux religieux conventuels. Le nombre de religieux résidant à l'île est fixé à dix-huit.

Le *Cabiscol* ou préchantre est tenu de garder la clé de la bibliothèque, d'enseigner la lecture et le chant aux jeunes religieux, d'avoir soin des livres de chœur, ainsi que de ceux du chapitre et du réfectoire; c'est à lui de régler l'ordre de l'office divin.

L'*Infirmier* doit procurer aux malades le médecin et les divers médicaments dans l'île.

L'*Ouvrier* est chargé du soin des bâtiments.

Le *Chambrier* a soin du mobilier, comme lits, tables, etc. soit des chambres des moines, soit de celles qui sont réservées aux séculiers et aux religieux étrangers reçus dans le monastère. Il a la garde des armes, qui sont conservées pour la défense de la tour, et doit les tenir sous clé.

Tous les officiers sont déclarés inamovibles dans leurs charges.

L'abbé doit visiter le monastère et ses dépendances, de trois en trois ans, accompagné du sacristain ou de l'un des prieurs de Vallauris ou de la Napoule.

Le chapitre général doit être convoqué tous les six ans.

Aucun religieux ne peut sortir de Saint-Honorat sans la permission de l'abbé ou de son remplaçant, sous peine d'excommunication.

Le procureur du monastère doit rendre, de six en six mois, compte de son administration (1).

On règle, dans ce même chapitre, les obligations de l'abbé vis-à-vis de sa communauté. Il doit fournir le couvent de pain, de vin, de bois et de sel. Le vin sera pur et bon. L'abbé fournira en outre sept setiers de légumes, et, à la Septuagésime, six porcs recevables et en bon état. Il donnera des repas splendides le premier dimanche de l'Avent, à Noël et à telles autres fêtes d'usage. Il doit payer et nourrir, pour le service du monastère, un cuisinier, un barbier, un veilleur, un jardinier, entretenu une année par l'abbé, l'année suivante par le monastère. Il doit fournir des armes et des munitions pour la garde de la tour, un pêcheur, une barque et trois rameurs, du linge pour la table, la cuisine, le réfectoire et la dépense; la vaisselle et la batterie de cuisine; les accessoires du cellier, le linge du monastère, toutes les cordes des puits qui sont dans l'île.

On rappelle, dans ce chapitre général, plusieurs des droits de l'abbaye.

(1) ALLIEZ, l. c. p. 288.

Les pêcheurs « à la lumière » près de Sainte-Marguerite doivent au monastère, à son choix, le tiers de la pêche. Sur le poisson pris à la lumière à Lérins, il prend un *medarium*. Défense de pêcher sans permission du cap Barbier à l'île Saint-Ferréol. La pleine mer appartient à l'abbé (1).

Sur cet endroit de la mer particulièrement désigné ici, nous avons une consultation remontant à l'année 1448 environ, désignant le quartier où la pêche appartient exclusivement au monastère, c'est-à-dire, l'espace compris entre le cap Barbier et l'île Saint-Ferréol. Plus tard en 1775, il y eut arrêt du Conseil d'État, portant déchéance des droits du monastère sur la pêche, de la pointe Barbier à l'extrémité sud-est de la tour Saint-Honorat, pour n'avoir pas, conformément aux arrêts de 1739 et autres postérieurs, déposé ses titres de possession. Mais cet arrêt du Conseil d'État fut révoqué par un arrêt contraire le 14 août 1779, car nous trouvons, à cette date, des lettres des sieurs Vial, procureur du roi à Antibes, et Boneau, lieutenant du roi, félicitant le prieur du monastère de la révocation de l'arrêt du Conseil d'État qui déclarait la déchéance des droits de pêche dudit monastère pour n'avoir pas satisfait aux arrêts des 21 avril et 26 octobre 1739 et autres postérieurs; et enfin le décret du lieutenant général de l'Amirauté ordonnant l'exécution de cet arrêt de révocation (1780).

Ainsi, ce droit exclusif de pêche que nous trouvons constaté par le chapitre général de 1440, s'est maintenu à travers les âges jusqu'à la sécularisation du monastère. Il en fut de même des autres droits concédés, dès 1298,

(1) *Inventaire des Archives des Alpes-Maritimes*, pp. 28 et 29.

par Ildefonse d'Aragon, sur la pêche qui se pratiquait entre Cannes et les îles Sainte-Marguerite et Saint-Honorat, sauf les modifications apportées par quelques transactions intervenues entre les religieux et les habitants du littoral. Le 16 février 1748, il y eut jugement des commissaires généraux du Conseil d'État députés pour l'examen et vérification des titres et des droits maritimes, maintenant au monastère le droit de pêche dans le bras de mer qui sépare les îles Sainte-Marguerite et Saint-Honorat du château de Cannes et au lieu appelé le Sécant, ledit droit de pêche consistant dans la faculté de prendre le 35e de tout le poisson qui se pêche dans ladite étendue de mer.

Un article des privilèges de la ville de Cannes, à la date de 1448, justifie le droit de l'abbé de Lérins de prélever, en nature ou en argent, le quart du thon.

Enfin, le monastère percevait le droit de *leyde* sur tout le poisson frais et salé, transporté hors de Cannes par des étrangers.

Ces droits se sont maintenus jusqu'au siècle dernier. Nous voyons, dans l'*Inventaire des Archives*, mention d'une contestation élevée par-devant le Conseil d'État en 1742 au sujet du droit de leyde que le monastère a coutume de prélever. En 1778, à la veille de la sécularisation, nous voyons, dans le même recueil, l'indication d'arrêts du Conseil d'État, ordonnant de faire dresser, aux frais du monastère, par un ingénieur à ce commis par le lieutenant général de l'Amirauté d'Antibes, un plan figuratif de l'étendue d'eau sur laquelle ledit monastère prétend exercer un droit de pêche exclusif, et de celle où il convient n'avoir droit qu'au 35e du poisson pêché. Puis, d'une ordonnance déléguant le sieur Marolles, géomètre de la province, pour dresser ce plan (1778). — Enfin d'un « plan géométrique des isles de Sainte-Marguerite et Saint-Honorat, de la plage de Cannes et celle de Vallauris, et de la partie de mer où est situé le Sécant, avec l'étendue de la mer figurée par le triangle A. B. C., où les prieurs et religieux de Saint-Honorat de Lérins prétendent avoir le droit de pesche exclusive, et de différentes cales où ils conviennent n'avoir le droit que de la 35e partie du poisson pêché. Signé : Marolles. »

En 1447, à la mort d'Antoine Rostan, Guillaume Vaycière obtint provision de l'abbaye et se choisit un vicaire général qui fut accueilli avec répugnance. Ses procédés ne firent qu'augmenter les difficultés et bientôt il crut devoir lancer l'excommunication sur tous les religieux de l'abbaye et sur plusieurs ecclésiastiques et laïques, qui leur donnaient aide et conseil. L'affaire alla à Rome et le pape Nicolas V donna l'absolution des censures et destitua Guillaume de sa charge d'abbé. Son successeur fut élu régulièrement par le chapitre de Lérins en 1447. Il se nommait André de Fontana ou de Plaisance. Un document des archives de Lérins nous le montre recevant, en sa qualité de seigneur, l'hommage des habitants de Cannes. « Ceux-ci, dit l'abbé Alliez, se rendirent au fort du château et, l'abbé s'étant assis sur un banc de bois, ils vinrent successivement prêter serment, tête nue et les mains placées sur un missel que l'abbé tenait ouvert; ils promirent pour toujours, sous la foi du serment, l'obéissance et la fidélité au seigneur abbé, s'engageant à défendre son honneur, à ne participer à aucune entreprise formée contre lui et, s'ils avaient connaissance d'un pareil dessein, à le lui révéler aussitôt.

« De son côté, l'abbé promit solennellement de maintenir dans tous leurs droits les habitants en général et chacun d'eux en particulier, de les défendre et de les traiter comme un vrai seigneur doit traiter ses hommes-liges et ses sujets » (1).

M. Pinatel dans son livre intitulé *Quatre Siècles de l'Histoire de Cannes*, fait remarquer que, dès cette époque, c'est-à-dire, un demi-siècle avant la réunion de la Provence à la France, la petite ville de Cannes jouissait de franchises et de concessions, qui lui donnaient les principaux caractères distinctifs des communes. L'émancipation communale, en effet, a été favorisée en Provence dès le temps de Charles VII, le roi soutenant ainsi les communes dans les fiefs des grands vassaux, pour se ménager contre eux l'appui des villes quand elles seraient devenues capables d'user de leurs franchises.

Seigneurs féodaux de Cannes et de plusieurs lieux environnants, les abbés de Lérins exercèrent constamment leur autorité avec douceur. Pour ce qui regarde en particulier le mouvement de l'affranchissement des communes, les documents anciens nous montrent qu'au lieu d'y mettre obstacle, ils s'y sont plutôt montrés favorables. Leurs procédés à l'égard de la petite ville qui relève du monastère, sont toujours empreints d'une certaine bienveillance, malgré les résistances quelquefois mal fondées des Cannois. « Les réclamations, les remontrances faites par la commune étaient généralement accueillies avec faveur. D'autre part, les droits reconnus

____

(1) ALLIEZ, *Les Iles de Lérins*, p. 215.

du seigneur n'avaient rien d'outré, eu égard à l'époque
où ils avaient été définis » (1).

Après avoir accompli la cérémonie de l'hommage-lige
envers Dom André de Plaisance, leur nouvel abbé et
seigneur, les habitants de Cannes ne manquèrent pas
de députer vers lui leurs trois consuls, porteurs d'une
supplique où ils demandaient, outre la confirmation de
leurs libertés, franchises et droits existants, la conces-
sion d'un certain nombre de privilèges nouveaux, savoir,
la permission de chasser sur les terres de l'abbaye moyennant un droit fixé; le tiers des épaves de terre et de mer;
leurs enfants « capables et suffisants » admis religieux,
ainsi qu'ils étaient reçus anciennement, et ce nonobstant
l'ordonnance contraire du chapitre général de 1441;
le port de l'épée en voyage, et, en cas de danger venant
de la mer, dans la ville et sur le territoire de la commune;
enfin quelques restrictions peu importantes au droit de
justice exercé par l'abbé et ses officiers à Cannes. Ils
obtinrent du seigneur abbé à peu près tout ce qu'ils demandaient.

Toutefois, l'année suivante (1449), Dom André de
Plaisance sentit la nécessité de définir d'une manière
bien précise ses droits seigneuriaux vis-à-vis la commune de Cannes. Le traité qui fut passé alors, déclarait
que l'abbaye avait le monopole de la vente du vin et
des comestibles dans l'île; que nul ne pouvait partir de
Cannes pour l'île avant que la barque de l'abbé, faisant
ainsi le transport des voyageurs et des marchandises, n'eut
quitté le port; que le tiers du passage à bord des barques
des Cannois était acquis à l'abbé, ainsi que le dixième

____

(1) *Quatre Siècles de l'Histoire de Cannes*, par M. Philippe PINATEL, *passim.*

de la récolte des céréales, le onzième du raisin et des légumes. Le traité fixait aussi des droits de pêche, de chasse et contenait d'autres charges moins graves, telles que les prélèvements en nature sur la récolte des fruits.

M. Pinatel, qui a groupé ces intéressants renseignements, nous apprend encore qu'après la réunion de la Provence à la France par Louis XI en 1481, la vie communale prit une force nouvelle et que, par suite, les revendications des Cannois devinrent plus pressantes. L'abbé résista à leurs sollicitations parfois trop vives; mais il dut, en 1519, leur faire de nouvelles concessions. Plus tard, en 1541, un nouveau traité intervint encore, mais sans grande modification. Enfin, au XVIIe siècle, la plupart de ces usages féodaux étaient tombés en désuétude, et la Révolution de 1789 n'en trouva plus que de faibles restes dans la commune de Cannes, la sécularisation du monastère ayant fait tout cesser dès 1788.

Mentionnons, comme ayant eu lieu sous le gouvernement d'André de Plaisance, une dernière marque de la bienveillance du roi René envers les moines de Saint-Honorat. Depuis longtemps déjà, les comtes de Provence avaient donné au monastère, pour l'augmentation du service divin et la garde de la tour, le droit de prélever sur chaque barque qui apportait le sel aux greniers de Grasse et de Cannes, un setier. Nous lisons dans l'*Inventaire des Archives des Alpes-Maritimes*, que les fermiers, pour frustrer le monastère de la plus grande partie du sel qui lui revenait, avaient pris l'habitude de le porter sur de grands vaisseaux et prétendaient que le monastère ne devait pas prélever plus de sel sur un vaisseau que sur une barque. Pour mettre fin à cet abus, le roi René accorda à l'abbaye par lettres patentes du 9 février 1453, le droit de prendre, chaque année, vingt-cinq setiers de sel dans les greniers de Grasse, Fréjus ou autres, au choix dudit monastère. Le grenier à sel de Cannes avait été supprimé et uni à celui de Grasse dès le 17 mars 1360.

Un moment, Guillaume Vaycière, l'ancien abbé dépossédé, obtint de Callixte III de venir reprendre le gouvernement de Lérins; il rentra en possession en effet. Mais André se pourvut en cour de Rome contre lui et fut replacé à la tête du monastère, qu'il administra jusqu'en 1464. A cette époque, Pie II le fit évêque de Sisteron.

Son successeur fut Isnard de Grasse, premier *abbé commendataire* de Lérins. La mise en *commende* de l'illustre abbaye s'accomplit ainsi peu d'années avant la réunion de la Provence au royaume de France par Louis XI.

Quelques années avant la nomination d'Isnard, diverses calamités et une contagion avaient cruellement éprouvé le monastère et avaient réduit à cinq cents, nous dit Barralis, le nombre des religieux. Ce nombre laisse deviner combien, jusqu'à ce jour, la communauté avait été prospère.

CHAPITRE IX

Lérins sous les Abbés commendataires.

Isnard de Grasse, premier abbé commendataire de Lérins. —
Le roi de France établit une garnison permanente dans la
Tour. —.Jean André de Grimaldi, second abbé commendataire. — Son neveu et successeur, Augustin de Grimaldi,
appelle à Lérins les religieux du Mont-Cassin. Il renonce
à la commende, sauf certaines réserves. — Le pape Adrien VI
visite Lérins. — Hommes remarquables fournis au monastère par la congrégation du Mont-Cassin. — Grégoire Cortèse
abbé régulier, puis cardinal. — Le connétable de Bourbon
envahit la Provence et la flotte espagnole s'empare de
l'île Saint-Honorat. — Augustin de Grimaldi, retiré à
Monaco, favorise les Espagnols. Il est déclaré rebelle et
les droits qu'il s'était réservés sur Lérins sont transférés
au cardinal de Bourbon. — François Ier, prisonnier des
Espagnols, reçoit l'hospitalité dans le monastère. — Du
Bellay, évêque de Bayonne, puis archevêque de Paris et
cardinal, est nommé abbé commendataire de Lérins. —
Protestation des religieux; accommodement. — Ferveur de
la communauté; études florissantes : Denis Faucher. —
Nouvelle invasion de la Provence par les troupes espagnoles
conduites par Charles-Quint lui-même. Héroïsme de la
défense.

C'est en 1464 que Lérins fut mis en *commende,* et il
y demeura pendant plus de trois siècles. Ce fut l'origine
de sa décadence. Jusque-là, il était resté sous le régime
régulier, gouverné habituellement par des abbés élus par les
moines et résidant dans le monastère. Les exceptions
qui se produisirent furent peu nombreuses et doivent

être attribuées aux malheurs des temps, et particulièrement, comme nous l'avons fait remarquer en son lieu, à la présence des papes en France, lesquels voulaient se faire des adhérents par le don des bénéfices.

Il y avait un inconvénient très fâcheux à confier les monastères à des prélats qui résidaient au loin et n'avaient pas les loisirs nécessaires pour y établir et y maintenir la régularité. La suite de cette histoire ne le fera que trop ressortir.

Isnard, le premier abbé commendataire, appartenait à cette illustre famille de Grasse qui avait tant de fois fait éclater sa générosité envers le monastère. Il était à Rome, en qualité de référendaire du pape Pie II, quand il fut pourvu de l'abbaye de Lérins. Il nomma pour son représentant auprès de la communauté, Nicolas Lascaris, des comtes de Vintimille, religieux *ouvrier* du monastère. Il lui adjoignit pour l'appuyer quatre autres procureurs, savoir, le prévôt de sa cathédrale, et ses propres frères Charles, Pierre et Georges de Grasse, seigneurs laïques. Mais l'opposition fut à peu près nulle. Le prieur claustral ne fit rien pour amener l'élection d'un abbé régulier, et reconnut sans protestation l'autorité du délégué de l'évêque. Plus tard il fut blâmé et mis en pénitence pour s'être comporté avec si peu de courage.

A la mort de Pie II, Isnard revint en France et se rendit à Lérins, le 21 décembre 1464. « Touts les religieux « revestus de leurs chaspes, et lui revestu de ses habits « pontificaux, feurent le recevoir à la chapelle Sainct- « Michel et l'accompagnèrent processionnellement jusqu'à « l'église Sainct-Honoré, où, ayant chanté le *Te Deum*, « le conduisirent dans la tour, et, s'estant assis dans

« le ceur, à la chère abbatiale, receut touts les religieux
« au baiser de paix, et, ayant juré d'observer touts les
« statuts dudict monastère, les religieux lui promirent
« obéissance (1). »

Le nouvel abbé sut faire respecter les droits de son abbaye, soit vis-à-vis des officiers de Grasse qui empiétaient sur sa juridiction, soit vis-à-vis des personnes qui usurpaient sur ses propriétés. Sous son administration, le conseil de régence de Charles VIII rendit, par ordre du roi, à l'abbé commendataire de Lérins, les places de Saint-Honorat et de Cannes, où, sans doute, on avait mis garnison à l'occasion des guerres récentes. Le roi toutefois ne tarda pas à rétablir des troupes dans la tour de Lérins pour protéger l'île contre les incursions des Espagnols.

Isnard de Grasse gouverna l'abbaye pendant dix-huit ans.

En 1482, Jean André de Grimaldi lui succéda, à la fois comme évêque de Grasse et comme abbé commendataire de Lérins. Il ne résidait pas dans son évêché, étant obligé de s'occuper des grandes affaires dont le chargeait le Souverain Pontife. Après avoir été nonce à la cour de France, il fut revêtu de la charge de vice-légat à Avignon. Il confia l'administration de l'abbaye de Lérins à des fermiers qui devaient se charger de pourvoir aux besoins des religieux; mais ceux-ci bientôt se virent exploités par la cupidité de ces fermiers, avides de s'enrichir aux dépens de l'Église, et ils eurent à faire entendre de justes réclamations sur la mauvaise qualité

---

(1) Inv. de Mme la Comtesse de Saint-Seine. Cit. ap. H. MORIS, *Introduction au IIe vol. du Cartulaire de Lérins*, fol. XIX.

et même sur la quantité insuffisante du pain et du vin qui leur étaient fournis.

Jean André de Grimaldi s'était fait donner pour coadjuteur dans son évêché de Grasse son neveu Augustin, élevé à la dignité de prévôt du chapitre. Il lui résigna, en 1501, la commende de Lérins.

En 1502, le cardinal d'Amboise, légat d'Alexandre VI, ayant reçu commission du Saint-Siège pour la réforme des monastères de Provence, s'adjoignit Augustin de Grimaldi, en même temps que l'évêque de Digne et l'évêque de Valsaint.

Augustin, pour rétablir la discipline à Lérins, se résolut d'y appeler des religieux de Cluny, et obtint, à cet effet, des lettres patentes du roi Louis XII. Quand les clunistes se présentèrent, le prieur claustral, Guillaume Salette, porta plainte à la cour; mais il fut destitué et remplacé par un moine de Cluny, et le chapitre du monastère accepta la réforme. Des lettres patentes de François Ier attestent que les religieux de Cluny avaient relevé la discipline dans le monastère.

Cependant l'abbé commendataire, en appelant ces religieux à Lérins, n'avait eu dessein de les employer que pour rétablir la réforme. Bientôt après il entra en négociations avec les bénédictins du Mont-Cassin, leur exposant les avantages que leur congrégation trouverait dans l'île. Ceux-ci hésitèrent longtemps; mais à force d'instances à Rome, à Paris et au Mont-Cassin, l'évêque de Grasse obtint l'envoi de quelques religieux appartenant à la congrégation réformée de Sainte-Justine de Padoue qui possédait le Mont-Cassin et qui, depuis un siècle, avait rendu à l'Ordre de Saint-Benoît sa ferveur primitive.

En faveur de cette union de Lérins avec la congrégation du Mont-Cassin, Augustin de Grimaldi se démit
de sa charge d'abbé commendataire, mais il se réserva
certains privilèges, ayant bien soin de déclarer qu'ils
étaient purement personnels et qu'ils cesseraient avec
lui. Ces réserves furent plus tard l'occasion des luttes
que les moines eurent à soutenir contre les abbés commendataires, de nouveau rétablis au grand détriment
du bien qu'avait produit l'union.

Augustin de Grimaldi se réservait les honneurs et les
pouvoirs accoutumés, la juridiction temporelle dans les
lieux de Cannes, Mougins, Arluc et Pégomas..., la garde
de la Tour, avec l'un des jardins de l'île à son choix, ainsi
que les maisons abbatiales dans les châteaux susdits.
Il n'y eut plus tard qu'à rendre perpétuels ces privilèges
pour rétablir la commende, et c'est ce qui eut lieu en
effet.

C'est par une bulle de Léon X que l'union de Lérins
au Mont-Cassin fut confirmée. La bulle confirme également les réserves faites par Augustin de Grimaldi, sa
vie durant. Le pape, empruntant les termes du *mémoire*
d'Augustin, fait un bien triste tableau de l'état du monastère. Lérins venait cependant d'être réformé par les
Clunistes; il est à croire que le *mémoire*, pour mieux plaider la cause de l'union, a chargé beaucoup le portrait,
et que les religieux n'ont pas eu connaissance des griefs
que l'on alléguait contre eux; ils auraient vraisemblablement protesté.

Nous avons, dans le musée lapidaire de Lérins, une
inscription commémorative de la réforme du monastère. C'est une plaque de marbre blanc portant en son

milieu le monogramme du Christ entouré de rayons et
accosté à droite et à gauche par les écussons des Grimaldi et de l'Abbaye. Cette plaque avait été posée dans
la chapelle de Sainte-Croix. L'inscription en caractères
gothiques est sculptée autour de la bordure ornée de
gracieux feuillages et de guirlandes fleuries :

Anno milleno quîgêto bis qo qe seno.
Hoc sû fixa loco : renovat^r dû pôr ordo
Atque reformat^r hîc sit laus doxage xro
D. ihn esto nobis ihs.

« L'an mil cinq cent-douze, j'ai été placée dans ce
lieu où se renouvelle le premier ordre par la réforme.
A cause de cela louange et gloire soit au Christ. Seigneur
Jésus, soyez-nous Jésus. »

Le roi François Ier approuva l'union par la lettre suivante qu'il adresse à l'évêque de Grasse :

« Nostre amé et féal, Nous avons été averti come, en
suivant le bon vouloir et intention de feu nostre tres-
cher seigneur et beau-père le Roy Loys dernier decedé,
que Dieu absolve, auriez fait refformer les religieux du
couvent Sainct-Honorat de l'isle de Lérins de l'ordre de
Sainct Benoît par nos amés et féaulx orateurs, le grand
prieur de Cluni, le prieur de S. Martin de Paris, commis
et subdelegués à la refformation dudit ordre de St Benoît, lesquelles auroyent tellement et vertueusement
besongné à ladite refformation qu'ils auroyent mis et
redmis les religieux de ladite abbaye en bonne observance et voye de salut, estaint et suprimé les scandalles

et abus qui au paradvant pululoient en icelle par l'irregularité desdits relligieux, le tout a l'honneur et exaltation de nostre saincte foy et Église militante et louange de nostre Créateur. Et pour ce que pour le bien de relligion et fere entretenir ladite refformation, il est besoing et tres requis avoyr audit couvent de Sainct-Honorat des relligieux de la congrégation de Saincte-Justine et autres lieux, qui sont refformez et faire réunir ladite abbaye de Saint-Honorat a ladite congrégation de Saincte-Justine quy est bonne, salutaire et relligieuse. Toutefois ledit exposant doubte que s'il vouloyt ce faire qu'il ne feust obey, sy par nous ne lui estoyent sur ce octroyé nos lettres à ce convenables... Avons donné et octroyé, donnons et octroyons congé, licence et permission par ces présantes de prendre et translater tel nombre que bon luy semblera et qu'il verra estre convenable des relligieux de ladite congrégation de Saincte-Justine, lesquels savons estre de bonne, honneste, relligieuse vie et iceulx mettre en ladite abbaye Sainct-Honorat, et icelle abbaye unir à ladite congrégation Saincte-Justine a ce que par le moyen desdits relligieux ladite abbaye soyt doresenavant entretenue en bonne et saincte refforme et que le service divin y soit dict, célébré et continué... Et vous nous faires en ce faisant bien grand plaisir. Qu'il vous ayt en sa garde.

« Donné à Paris, le vintième jour d'avril.

Signé : « FRANÇOIS (I). »

Le 2 mars 1516, l'évêque de Grasse donna à Louis Belaud, son grand vicaire, procuration pour mettre en

_____

(1) *Archives de Lérins*, Nice, Liasse 693 (cit. ap. ALLIEZ, *Hist. du Monast. de Lérins*, t. II p. 320).

LÉRINS. — Chapelle de S. Porcaire (Xe siècle).

LÉRINS. — Chapelle de S. Cyprien et Ste Justine.

possession de Lérins l'abbé nommé par les religieux de Sainte-Justine. C'était D. Jérôme de Montferrat. Il arriva dans l'île le 2 juillet, avec dix de ses frères. Plusieurs de ces religieux portent des noms illustres; nommons entre autres Grégoire Cortèse qui peu après fut honoré de la pourpre romaine, Denis Faucher que la Provence avait donné à l'Italie et que l'Italie lui rendait, Isidore de Crémone, Bessarion de Ventanovo.

Au bout de trois ans d'administration, Jérôme de Montferrat retourne en Italie et a pour successeur à Lérins Léonard d'Oneille. En 1520, Simon de Gênes prend le gouvernement de l'abbaye et le garde pendant deux ans. En 1522, arrive Jean-Marie de Montferrat, et l'année même où il commença de gouverner, le pape Adrien VI, nouvellement élu, passa par Lérins en allant prendre possession du Siège apostolique. Ancien précepteur de Charles-Quint, il était évêque de Tortose et il avait été désigné pour l'un des quatre gouverneurs du royaume d'Espagne. Lorsqu'il apprit son élection au souverain pontificat, il partit aussitôt de Tarragone avec quatorze galères pour se rendre à Rome. Il aborda à l'île de Lérins le 12 août, tandis que l'on y célébrait la fête de saint Porcaire et de ses frères martyrs. Augustin de Grimaldi vint à Lérins présenter ses hommages au Souverain Pontife. Touché de la respectueuse hospitalité qu'il trouva dans le monastère, Adrien accorda à perpétuité une indulgence plénière, pour la fête des cinq cents martyrs, à tous les moines présents et futurs (1).

En 1524, Grégoire Cortèse devint abbé de Lérins.

Issu d'une ancienne famille de Modène, Grégoire Cor-

_____

(1) *Chronol Ler.*, t. II, p, 183.

tèse se faisait remarquer par ses talents aussi bien que par sa piété. A de fortes études théologiques et philosophiques, il joignait une connaissance approfondie des langues latine, grecque et étrusque. Il écrivait le latin, soit en prose, soit en vers, avec toute la distinction propre aux humanistes de son temps. C'est pourquoi le cardinal de Médicis, qui fut plus tard Léon X, voulut se l'attacher et lui fit donner la fonction d'*auditeur des causes*. Mais l'âme de Cortèse souffrait au milieu du monde et aspirait vers la paix et les austérités du cloître. Il se retira au monastère de Padolirone (1), près de Mantoue. Bientôt il fut placé à la tête du monastère de Saint-Pierre à Pérouse, puis il revint à celui de Padolirone pour en prendre la direction. C'est de là qu'il se rendit à Lérins, où plus tard il succéda à Jean-Marie de Montferrat dans la charge d'abbé. Cette île, avec sa solitude paisible et ses grands souvenirs, inspira à Cortèse des strophes harmonieuses, où en dépit des réminiscences mythologiques, s'expriment des sentiments sincères :

« Lérins est petite par son étendue, mais illustre par sa gloire : cinq cents martyrs l'ont dignement consacrée au Paraclet, au Fils et au Père en répandant leur sang vermeil.

« Que de saints d'une piété ardente, que d'anachorètes insatiables d'austérités elle a produits ! Moins nombreuses brillent les étoiles dans la splendeur d'un ciel serein...

« O terre qu'on ne pourra jamais louer assez ! Douce consolation, repos du cœur ! demeure des bienheureux à l'abri du vulgaire profane !

---

(1) En latin : *Monasterium S. Benedicti de Padolirone*, ou plus simplement « *ad Padum* ». En italien : *San Benedetto al Pô*, ou *San Benedetto di Padolirone*.

« Tu braves les efforts tumultueux de l'Aquilon et les assauts du trident redoutable. Nérée frémissant voit enchaîner sa rage, par la ceinture de rochers que tu lui opposes.

« Au milieu des flots limpides, joue et bondit tout le troupeau de Protée, le dauphin s'élance rasant le rivage dans ses évolutions rapides.

« De ta citadelle élevée, tu sembles menacer la mer que tu domines, semblable à l'aigle qui, du faîte d'un rocher, menace de sa serre les colombes timides.

« L'hiver te sourit, riche en pommes d'or, couronné de lauriers et du myrthe de Paphos; Décembre exhale le parfum des fleurs dans une atmosphère attiédie.

« Au printemps, le bois étale sa chevelure brillante, toute imprégnée des sucs aromatiques de l'Arabie...

« Le souffle paisible du zéphir adoucit l'été, que tempère encore l'haleine des flots doucement agités : de toutes parts les bois offrent de frais ombrages.

« Que dire encore? que le seul aspect de ce ciel riant calme les folles agitations de l'âme, que ces rivages mettent en fuite la colère et l'envie?

« Sollicitudes du siècle, bourreaux dont le fouet redoutable ne cesse de frapper et de déchirer; cruelles angoisses de l'âme, châtiment mérité d'une aveugle ambition, cherchez donc loin d'ici vos victimes ! »

Grégoire Cortèse dut cependant s'arracher à ce bienaimé séjour pour prendre la direction de Saint-Georgesle-Majeur à Venise. Dans cette ville il rencontra le cardinal Caraffa (plus tard Paul IV), qui fit connaître son mérite à la cour romaine. C'est pourquoi l'abbé de Saint-Georges fut nommé Visiteur apostolique dans toute l'Italie, puis adjoint en qualité de théologien au cardinal

Thomas Campège, pour assister avec lui au colloque de
Worms en 1540. Il rendit dans cette circonstance de
grands services à la religion et se montra, dit Pallavicin,
le plus capable des quatre théologiens qu'on avait donnés au cardinal. A son retour il fut placé à la tête du monastère de Padolirone où il avait été formé jadis à la
vie religieuse.

C'est là que la faveur de Paul III vint le chercher pour
l'élever aux honneurs du cardinalat. Six ans après, il
mourait à Rome en regrettant de ne pas rendre son dernier soupir dans le cloître au milieu de ses frères.

Grégoire Cortèse était abbé de Lérins lors de l'invasion de la Provence par le connétable de Bourbon allié
de Charles-Quint. Tandis que l'armée navale française
partait au secours de Marseille assiégée, la flotte espagnole s'empara de l'île Saint-Honorat, où elle fut attirée
« par l'appât des riches effets que différentes personnes
de la côte y avaient apportés... La licence du saccage-
ment fut ouverte à l'ennemi à son entrée dans l'île de
Lérins : il se gorgea avidement du butin qu'un si saint
lieu devait défendre de son avarice (1) ».

Avant de faire cette descente à Lérins, la flotte espagnole avait séjourné quelque temps dans le port de
Monaco, où elle avait été accueillie par Augustin de
Grimaldi, l'ancien abbé commendataire de Lérins, qui
gouvernait alors la principauté pendant la minorité de
ses neveux. On soupçonnait déjà ce prélat d'être favorable au parti de l'empereur. L'arrivée de la flotte espagnole à Monaco rendit sa défection évidente, car cette

____

(1) GAUFRIDI, *Hist. de Provence*, cité ap. ALLIEZ, t. II p. 327.

flotte était destinée à combiner ses mouvements avec ceux de l'armée du connétable. Le roi fit aussitôt saisir tous les biens qu'il possédait en France, le déclara rebelle et coupable de lèse-majesté, et, comme tel, déchu de l'évêché de Grasse. Charles-Quint lui donna, en compensation, l'archevêché d'Oristano, en Sardaigne, l'évêché de Majorque et l'abbaye de Saint-Pons; il l'admit au nombre de ses conseillers et lui fit même, selon quelques auteurs, obtenir la dignité de cardinal-diacre du titre de Saint-Adrien. Augustin de Grimaldi se déclara ouvertement en faveur de Charles-Quint dans la convention de Bruges (1524) et plaça même la principauté de Monaco sous la protection de l'Espagne.

Ce qui avait porté Augustin de Grimaldi à rechercher la protection de l'empereur, c'était le désir d'obtenir justice contre le meurtrier de son frère Lucien Grimaldi, prince de Monaco, traîtreusement assassiné par son propre neveu Barthélemy Doria de Dolceaqua. Doria s'était réfugié à Nice, et, le duc de Savoie ayant refusé de le livrer, Augustin avait vainement supplié le roi de France de lui faire rendre justice. Alors il avait cité le meurtrier devant la chambre de Spire, parce que le fief de Dolceaqua relevait de l'Empire, et pour s'assurer l'appui de Charles-Quint, il s'était déclaré de son parti dans la guerre qu'il entreprenait contre la France.

Les religieux de Lérins, voyant leur ancien abbé commendataire déclaré rebelle et privé de ses bénéfices, crurent pouvoir entrer en possession des biens dont il s'était réservé la jouissance sa vie durant. Mais un ordre de la Cour prescrivit de verser les revenus dans le trésor. Ensuite ils furent donnés au cardinal Louis de Bourbon, lieutenant du roi en Provence pour l'indemniser des abbayes que l'empereur lui avait enlevées dans les Pays-Bas. Les religieux protestèrent, mais le Parlement prononça contre eux et rendit leur protestation de nul effet.

Ainsi se préparait la continuation de la commende.

Grégoire Cortèse était encore à la tête du monastère, lorsque, en l'année 1525, les galères ennemies abordèrent de nouveau à Lérins. Elles conduisaient en Espagne le roi de France captif. François Ier, en effet, venait de tomber entre les mains des Espagnols à la funeste journée de Pavie. Il passa dans le monastère la nuit du 21 au 22 juin. Il fut touché de l'empressement respectueux par lequel les religieux lui témoignèrent leur attachement et leur douleur en présence de son infortune. Quand Louise de Savoie, mère du roi et régente du royaume se rendit, peu après, en Provence pour relever les courages, elle appela auprès d'elle Grégoire Cortèse et voulut l'avoir à sa suite, pendant son voyage de Lyon à Tarascon. Étant encore à Lyon, elle lui accorda la confirmation de l'union de Lérins à la congrégation de Sainte-Justine.

On a dit quelquefois qu'en souvenir de son passage à Lérins, François Ier avait fait don au monastère de la belle châsse en style renaissance qui renferma, jusqu'à l'époque de la Révolution française, les reliques de saint Honorat sous l'autel de la chapelle de Sainte-Croix. Ce reliquaire avait été donné, en 1491, par Jean André de Grimaldi, évêque de Grasse, deuxième abbé commendataire de Lérins. Voici la description qu'en donne le procès-verbal dressé lors de la sécularisation du monastère en 1788. « Une grande châsse de bois, lamée d'argent, dorée, émaillée, avec des figures en bas-relief, en forme d'église, représentant les principaux miracles de saint Honorat et renfermant une partie de ses ossements... Cette châsse est ornée de plusieurs pierres fausses de diverses couleurs et de quatre lions en manière de support, posée dans le milieu sur un pivot de même matière : laquelle nous avons mesurée et trouvé qu'elle a, dans sa longueur deux pieds quatre pouces, un pied un pouce de largeur et un pied six pouces de hauteur (1). »

Un article du traité de Madrid (1526), confirmé ensuite par le traité de Cambray (1529), rétablit Augustin de Grimaldi dans son évêché de Grasse et dans tous les biens et droits qu'il avait eus en Provence avant la guerre. Il n'en resta pas moins attaché à l'Espagne et reçut, en 1530, Charles-Quint à Monaco. Il mourut deux ans après d'une mort qui parut devoir être attribuée au poison. Il ne fut jamais promu à la dignité cardinalice que Charles-Quint avait, dit-on, obtenue pour lui. La principauté de Monaco tint le parti de l'Espagne jus-qu'en 1641, époque à laquelle Honoré II de Grimaldi la remit sous la protection de la France.

Lorsque Augustin de Grimaldi était parti pour Mo-naco avec le dessein d'abandonner le parti du roi, il avait emporté avec lui presque tous les papiers, titres et documents les plus intéressants des églises de Grasse et d'Antibes, ainsi que ceux du monastère de Lérins. Il en enrichit les archives de son palais de Monaco. La clause des traités de Madrid et de Cambray qui le réha-bilitait dans ses fonctions d'évêque de Grasse et le re-mettait en possession de ses biens et de ses droits, portait qu'il devait rendre et remettre où il les avait pris tous les

(1) Cit. ap. ALLIEZ, *Les Iles de Lérins*, p. 70.

papiers et les titres dont il s'était indûment rendu maître. Mais malgré cette clause et les lettres du roi, les pièces réclamées ne furent pas rendues. Ce n'est que bien plus tard, après des tentatives réitérées, que le gouvernement français réussit enfin à les recouvrer. Elles furent envoyées à Paris et consignées au dépôt du cardinal de Fleury.

A la mort d'Augustin de Grimaldi, les religieux de Lérins espéraient bien rentrer en possession de tous les droits qu'il s'était réservés sa vie durant, car c'était à cette condition expresse qu'avait été conclue l'union du monastère à la congrégation de Sainte-Justine. Le roi néanmoins, ne tenant aucun compte de cette condition, nomma à la commende de l'abbaye l'évêque de Bayonne, de Bellay, qui devait devenir plus tard cardinal et archevêque de Paris. Les religieux protestèrent, et tentèrent même de résister par la force au procureur de l'abbé commendataire lorsqu'il vint, accompagné d'un conseiller au parlement, pour prendre possession. Mais, au bout de deux années d'efforts et de contestations, la congrégation se décida à traiter avec l'abbé commendataire, pour arriver à un compromis qui, en échange de quelques sacrifices, maintiendrait du moins en principe ses droits les plus essentiels. L'archevêque laissait rémission des prieurés et bénéfices dont il avait la jouissance, mais il se réservait en compensation une pension viagère de trois cent-huit ducats et le droit de nommer aux bénéfices. Sans approuver d'une manière explicite ces réserves, la congrégation entra en possession.

Pendant ce temps, la communauté de Lérins vivait dans la ferveur. On distinguait, parmi les moines venus d'Italie, un jeune religieux originaire de Provence, Denis Faucher, qui joignait à de brillants talents une grande piété et un zèle plein de vivacité et de prudence. Il enseignait dans le monastère l'Écriture Sainte, et révélait dans ses leçons sur les épîtres de saint Paul les trésors de doctrine qu'il avait amassés par la prière et l'étude. Ses supérieurs l'envoyèrent à Tarascon pour rétablir la discipline régulière dans un monastère de religieuses qui relevait de l'abbaye de Lérins.

Il y déploya une grande fermeté tempérée par une grande sagesse et une patience toute chrétienne. Il parvint à y faire un bien solide et durable, malgré mille obstacles qu'on lui opposa et maintes persécutions qu'on souleva contre lui. Sa santé fut gravement altérée par les chagrins autant que par la rudesse du climat : bien des fois ses regrets se tournèrent vers la gracieuse solitude de Lérins dont il était exilé :

« Mes pensées se reportent avidement vers Lérins, écrivait-il; triste je ne cesse de pleurer sur ce long exil. Puisque, malgré mes vœux si souvent exprimés, vous différez ma délivrance, une douleur cruelle torture mon âme désolée. Je n'aime point vos palais magnifiques; que les rois y habitent ! A moi le désert, les rivages isolés : oui, cette petite île suffit à mon bonheur. »

> Sed repetens avidâ Lerinam mente, molestum
> Exilium tristis lugeo sæpè meum;
> . . . .
> Me deserta juvant, secretaque littora, quare
> Deliciis satis est insula parva meis.

Au milieu de ses occupations, il put faire des recherches et composer des ouvrages assez considérables. « La latinité de Faucher, dit Moreri, n'est point assez élégante et sa versification est quelquefois dure et rampante. Mais, soit dans ses œuvres en prose, soit dans ses poésies, il y a du feu, et l'on sent un homme qui avait du génie, du goût pour les bonnes lettres et surtout beaucoup de zèle et de piété. »

On a de lui un grand nombre de lettres où l'on trouve des détails intéressants sur les mœurs et les institutions de l'époque; quelques discours, de nombreuses pièces de vers latins, enfin les *Annales de Provence*, ouvrage divisé en cinq livres, et allant des origines de notre histoire jusqu'à la retraite de Charles-Quint. « Faucher, nous n'en doutons pas, dit M. Mouan, a dû faciliter plus d'une fois les divers auteurs qui ont écrit après lui sur le pays; mais ceux-ci, et il en est de même à toutes les époques, ne se sont pas toujours montrés assez soigneux de rendre à notre historien la justice qu'il méritait (1). »

Cependant la guerre éclatait de nouveau entre la France et l'Empire; Charles-Quint envahit la Provence avec une armée de dix mille chevaux et de quarante mille hommes d'infanterie, tandis qu'une flotte, sous les ordres d'André Doria, longeait les côtes de Provence.

En présence de forces trop supérieures, les généraux français durent se retirer : le Maréchal de Montmorency, résolu de priver l'ennemi de toute subsistance, fit ordonner aux habitants d'abandonner leurs maisons dans l'espace de six jours, d'emporter les provisions avec leurs

______

(1) MOUAN, *Études sur Denis Faucher*, cit. ap ALLIEZ, t. II, p. 450.

effets les plus précieux et de dévaster tout ce qu'ils laisseraient, particulièrement les jardins, les moulins et les moissons. Ces ordres furent ponctuellement exécutés; on brûlait les gerbiers, on répandait l'huile et le vin qui se trouvaient dans les caves; les troupes françaises, en se retirant, incendiaient les villages et entraînaient de force vers la Durance les populations qui eussent voulu résister. La dévastation s'étendit des Alpes jusqu'à Marseille et de la mer jusqu'aux frontières du Dauphiné. « L'histoire n'offre pas de cas, dit l'historien anglais Prescott, où ce moyen de salut public ait été employé avec une telle vigueur chez une nation civilisée (1). » Charles-Quint ne tarda pas à constater que le plan de défense adopté par François Ier était aussi habile qu'il paraissait désespéré. La flotte sur laquelle l'Empereur comptait pour s'approvisionner, fut empêchée, par les vents contraires et par les autres accidents ordinaires aux expéditions navales, de s'approcher des côtes de France, et même lorsqu'elle y fut parvenue, elle n'offrit que des ressources précaires et insuffisantes pour l'entretien de sa nombreuse armée. D'autre part, l'Empereur n'était pas moins embarrassé de l'emploi de ses troupes que de leur subsistance, car après même avoir envahi toute la contrée, il ne pouvait s'en rendre maître; les Français retranchés dans les places les plus fortes, après lui avoir laissé celles de moindre importance toutes démantelées, restaient inexpugnables dans les villes d'Arles et de Marseille et dans un formidable camp retranché sous les murs d'Avignon. Charles-Quint n'eut d'autre satisfaction de cette expédition que de se faire couronner à Aix roi

____

(1) PRESCOTT, *Hist. de Charles-Quint*, l. VI.

d'Arles et de Provence; il ne put accomplir aucun fait d'armes important : son armée, décimée par la famine et les maladies, dut reprendre le chemin de Nice après avoir perdu environ vingt mille hommes. Quant à la flotte de Doria, son seul exploit fut le bombardement d'Antibes.

CHAPITRE X

Efforts réitérés des Religieux pour obtenir la suppression de la commende enfin accordée par Henri IV.

Commencement des défiances fomentées contre les religieux italiens. — Guillaume Pélissier, évêque de Montpellier, abbé commendataire, tente par deux fois, de faire expulser de l'île les moines italiens. — Le roi donne la commende au cardinal Charles de Bourbon. — La congrégation, dans le but d'obtenir la suppression de la commende, offre de construire à ses frais un monastère fortifié dans l'île Sainte-Marguerite. — Le roi Henri III nomme un nouvel abbé commendataire en remplacement du cardinal de Bourbon. — La commende est enfin supprimée par Henri IV.

En 1537, peu après le départ des Impériaux, par ordre du Parlement, la garnison mise par le comte de Tende sous le commandement du prévôt de Vence dans la tour Saint-Honorat, dut évacuer la place et remettre les clés entre les mains de l'abbé régulier. Celui-ci les confia aux religieux provençaux qui devaient répondre de là fidélité de leur abbé et des religieux italiens envers la France.

Les années suivantes, Denis Faucher se trouve en correspondance avec du Bellay, abbé commendataire, à propos de différends entre le cardinal-évêque et le monastère au sujet de la collation des bénéfices et de la pension à payer par les moines. Il le prie d'avoir patience pour cette pension à cause de la misère causée par les dégâts de la dernière invasion. Toute la contrée était dans un état affreux, et le monastère ne pouvait rien tirer de ses possessions en Savoie, parce que le duc était en guerre avec la France.

L'abbé commendataire fut inflexible, et, profitant de l'antipathie que les populations voisines éprouvaient contre les religieux venus d'Italie, il fit défendre par lettres patentes du roi au monastère de recevoir aucun religieux étranger, et fit sortir tous les italiens qui se trouvaient dans l'île. Mais César de Laude, abbé régulier, poursuivit l'affaire devant le Parlement et fit débouter, en 1542, l'évêque de la prétention de rentrer, attendu le non paiement de la pension, dans tous les bénéfices par lui cédés aux religieux de Lérins. En même temps, le roi Henri II confirme l'union du monastère à la congrégation du Mont-Cassin, agréant que les Italiens y viennent, que les Français les y reçoivent; il exige pourtant qu'en temps de guerre, les Pères de la Congrégation soient tenus de faire sortir de l'île les religieux italiens dont on pourrait avoir soupçon. Le roi nomme capitaine de la tour et de l'île Jean de la Rivière, dit de Sainte-Maure. Nous avons vu précédemment, déjà, plusieurs faits indiquant la présence d'une garnison dans le monastère fortifié, conjointement avec les religieux.

Vers cette époque, Denis Faucher fut élu abbé régulier. L'intelligence qu'il a de ses devoirs lui fait sentir la pesanteur de sa charge : « Je me croirais heureux, écrit-il dans une lettre datée de 1548, si je n'avais ce nom de Père que je suis si loin de mériter; mais j'espère, qu'à la prochaine assemblée, je serai déchargé du fardeau dont je me sens indigne et qui est si fort au-dessus de mes forces physiques et morales (1). »

Les peines de Faucher augmentèrent à l'occasion des difficultés où le changement d'abbé commendataire jeta les religieux. En 1548, le cardinal du Bellay échangea avec Guillaume Pélissier, évêque de Montpellier, l'abbaye de Lérins contre une autre en Bourgogne.

« Le nom de Guillaume Pélissier, dit Mouan dans ses *Études sur Denis Faucher*, rappelle tout à la fois un profond théologien, et un habile jurisconsulte. Il avait obtenu la confiance de François Ier, qui le chargea de plus d'une mission importante... Mais la mort de son royal protecteur devait lui causer de cruelles disgrâces; le parlement de Toulouse, trop facile à écouter de fausses déclarations qui représentaient le savant prélat comme un partisan des nouvelles doctrines, avait ordonné son emprisonnement au château de Beaucaire et la saisie de ses revenus (1550)... Remis en liberté, il obtint le recouvrement de ses biens tant patrimoniaux que bénéficiaires. Alors Pélissier ne craignit point d'accuser les moines de Lérins de l'avoir indignement dépouillé de la majeure partie de ses revenus, et ses plaintes furent entendues des tribunaux. Une décision du grand-conseil alloua au plaignant diverses indemnités, en outre quelques moines furent expulsés du monastère et les autres reçurent l'ordre de ne plus prêter obéissance à la congrégation de Lérins, mais seulement à l'évêque de Montpellier et à ses ministres : ceux-ci exercèrent alors toute sorte d'exactions contre les religieux; leurs règlements furent méconnus, leur hiérarchie renversée, ils ne dépendirent plus que

____

(1) *Chronol. Lerin*, II, pp. 305, 306.

d'un vicaire étranger à l'institution de Lérins, indigne directeur, prenant pour unique règle de conduite son propre caprice ou celui de la volonté supérieure dont il était le trop servile exécuteur (1). »

Le Parlement dut venir en aide aux religieux, et condamner l'abbé commendataire à payer annuellement la somme de douze cents livres pour l'entretien de la communauté (1552).

Mais les agents de l'Évêque de Montpellier redoublèrent leurs vexations. En vain, Denis Faucher lui écrivit des lettres éloquentes et pleines d'une courageuse franchise pour obtenir justice; les préventions du prélat ne firent que s'aggraver. Ayant obtenu des lettres patentes pour réformer le monastère, il chargea son vicaire général d'en poursuivre l'exécution. Celui-ci commença par changer tous les officiers du monastère (février 1558), puis il voulut forcer les religieux à se réunir à Cluny. Une ordonnance fut en effet rendue qui renvoyait les religieux de Sainte-Justine et appelait à Lérins ceux de Cluny. Mais grâce à la protection du cardinal Charles de Lorraine, Denis Faucher obtint un arrêt qui évoquait l'affaire à la cour du roi, et, le 28 juillet 1558, les moines du Mont-Cassin furent remis dans les mêmes droits qu'avant l'emprisonnement de l'évêque.

Tandis que le protestantisme exerçait ses ravages dans la Provence aussi bien que dans le reste du royaume, et que l'Église voyait avec douleur la défection de plusieurs membres de la hiérarchie sacrée, les religieux de

---

(1) *Études sur Denis Faucher*, par M. MOUAN, avocat, pp. 220, 221, cit. ap. ALLIEZ, t. II, p. 360.

ABBAYE DE LÉRINS. — Vue prise sur les rochers du rivage.

ABBAYE DE LÉRINS — Vue prise à l'Ouest du Monastère.

Lérins montrèrent toujours une horreur profonde pour les nouveautés coupables et un attachement inviolable pour le centre de l'unité catholique. Denis Faucher, leur abbé, écrivit plusieurs lettres pour soutenir ceux de ses amis qu'il voyait chanceler ou pour exprimer les angoisses de son zèle à la vue des périls auxquels tant de chrétiens étaient exposés. Son affliction éclate particulièrement dans la préface de son livre de la *Réforme de l'âme*, qu'il écrivit pour une religieuse de Tarascon, Delphine Tornatori. C'est un traité de la perfection monastique qui renferme des maximes pleines de sagesse.

Ce savant et saint religieux mourut à Lérins, vers le commencement de l'année 1562, à l'âge de soixante-seize ans; il fut enseveli dans la chapelle de Saint-Benoît (le Chapitre actuel).

Comme on le voit, la Congrégation de Sainte-Justine fournissait au monastère des hommes vraiment capables de le régénérer. Mais tous ces éléments de régénération et de vie furent malheureusement réduits à l'impuissance par l'action désastreuse des abbés commendataires.

En 1564, Guillaume Pélissier tenta de nouveau d'obtenir l'expulsion des Cassinistes; mais l'effet de son mauvais vouloir fut empêché par le refus de Charles IX, qui, au contraire, confirma l'union.

L'année suivante, le prélat retira aux religieux la pension de douze cents livres qu'il devait payer annuellement pour leur entretien, et le Parlement, pour la leur assurer, dut faire saisir les revenus de l'abbaye.

Guillaume Pélissier n'eut pas le temps de prolonger les contestations au sujet de cette dette, car il mourut la même année. Mais aussitôt le roi lui donna pour successeur, dans la dignité d'abbé commendataire, le cardinal de Bourbon (1). Les protestations des religieux contre cette nouvelle violation de la bulle d'union n'aboutirent qu'à une saisie de leurs revenus par arrêt du Parlement.

La congrégation de Sainte-Justine ne perdit pas cependant tout espoir d'en venir à une loyale exécution des clauses de la bulle. En 1568, elle proposa au cardinal, en vue de supprimer la commende, de construire, dans l'île Sainte-Marguerite, une citadelle ou monastère fortifié, pour garder le port et protéger contre l'ennemi les galères et les navires que le mauvais temps force à s'y retirer. Elle demandait que le roi déchargeât le monastère des décimes ou assignât 15.000 livres sur la ferme du pays, et que le cardinal, se démettant de la commende, obtînt la confirmation de l'union; de plus, les barques qui mouilleraient dans le port paieraient un sou par mât et les religieux auraient le droit de faire du sel dans l'île. La congrégation s'obligeait à construire, à ses risques et périls, une citadelle assez grande pour y loger cinquante religieux, et à employer pour ce travail 30.000 livres en cinq années : la dépense totale devait s'élever à 100.000 livres (2).

Une pièce conservée aux archives et signalée dans l'*Inventaire* de M. Moris comme se rapportant à la date de 1550 environ, contient l'exposé des raisons qui militent en faveur de la construction d'un monastère fortifié à Sainte-Marguerite : 1º l'île est continuellement

---

(1) C'est ce même cardinal de Bourbon que les Ligueurs, assiégés dans Paris, essayèrent d'élever sur le trône de France, en le proclamant roi, à la mort de Henri III, sous le nom de Charles X.
(2) *Manuscrit* de D. BON, d'après ALLIEZ, t. II, p. 383.

en butte aux attaques des musulmans; — 2º ce sera un grand avantage non seulement pour le pays, mais encore pour le roi qui aura ses galères à l'abri d'un coup de main, « car n'est guère de temps que les ennemis prirent quatre galères de S. M., qui si ledit port fusse été fait, ne les auraient point prises »; — 3º ce fort donnerait une grande sécurité à tous les villages voisins et aussi à la ville d'Antibes.

En acceptant cette proposition, comme le remarque judicieusement Alliez, on aurait évité les énormes dépenses et les pertes qu'entraîna plus tard l'occupation des îles par les Espagnols. Mais on écartait systématiquement tout ce qui tendait à la suppression de la commende.

Le successeur du cardinal de Bourbon, comme abbé commendataire de Lérins, passa avec la communauté un concordat par lequel il reconnaissait à la congrégation du Mont-Cassin : 1º l'institution des officiers du monastère; 2º le droit de réformation des religieux; 3º le droit de correction, enfin un certain nombre de terres et bénéfices en compensation de la pension. Il se nommait François de Bolliers et avait été l'un des envoyés du roi au concile de Trente. Plus tard, il devint évêque de Fréjus. Durant les années 1589 et suivantes, le monastère et les divers biens du littoral qui en dépendaient subirent les vicissitudes de la lutte entre les ligueurs et les royalistes, et furent occupés tantôt par un parti et tantôt par l'autre.

En 1591, à la mort de Bolliers, Henri IV donna l'abbaye à un clerc tonsuré, Roman d'Agoult, ordonnant dans ses lettres « qu'attendu les deffences de se pourvoir en cour de Rome, il soit permis à Mᵉ Jehan Baptiste de Roman, sieur d'Agoult, nommé par luy a labbaie de Saint-Honore de Lerins, de prendre possession reelle et actuelle de la dicte abbaie... pour jouir des fruicts, revenus et emolumens dicelle et que la dicte prise de possession soit de pareille force et vertu que si elle avait este faicte en vertu des bulles expediees en cour de Rome » (26 avril 1595) (1).

Le nouvel abbé, rencontrant une vive résistance à sa prise de possession, transigea avec les religieux et se contenta de recevoir onze cents écus.

Le roi Henri IV était encore huguenot lorsqu'il avait prétendu donner un abbé à Lérins sans aucune confirmation de la part du Saint-Siège. Mais bientôt il montra à l'égard de la célèbre abbaye des sentiments plus favorables.

Ce prince, au moment où il abjura le protestantisme, s'était obligé à construire quatre monastères et à les doter. Le Souverain Pontife vit dans cette circonstance une occasion de remettre Lérins dans un état régulier. Il fit donc écrire au roi que s'il lui plaisait de confirmer l'union de Lérins à la congrégation de Sainte-Justine, il serait dispensé de la construction de l'un des quatre monastères. La proposition était à la fois trop juste et trop avantageuse pour que le roi hésitât à y condescendre. Il accorda, le 4 décembre 1597, des lettres patentes où il déclarait continuer et confirmer « la dicte union de la dicte abbaye, deppendances et annexes du dict monastère Sainct Honnoré de Lérins a la dicte congrégation de Saincte Justine de Padoue... a la charge

----

(1) Cit. ap. ALLIEZ, t. II, p. 389.

toutefois que la dicte abbaye sera dorenavant regie et gouvernée, tant en la spiritualité qu'en la temporalité par religieux françois... à la charge aussi qu'en temps de guerre, les Pères de la dicte congrégation seront tenus oster du dict monastère les religieux desquels on pourrait avoir soupçon, selon que leur sera déclaré par nous ou le gouverneur ou nostre lieutenant en Provence ».

Lérins se trouva donc, grâce au roi Henri IV, délivré du régime de la commende; malheureusement ce ne fut pas pour longtemps.

Par un nouvel acte de bienveillance, le roi fit appuyer par son ambassadeur auprès du Saint-Siège, la demande que faisait l'abbé de Lérins d'une indulgence en faveur des prêtres qui célèbraient la messe à l'île dans la chapelle de la Sainte Vierge. Clément VIII daigna leur accorder le pouvoir d'appliquer aux âmes des défunts la même indulgence, que s'ils célébraient à l'autel privilégié de l'église de Saint-Grégoire, à Rome. La Chapelle de la Sainte Vierge dont il s'agit ici, était sous le vocable de *Notre-Dame de la Pitié*. On y faisait les prières pour les morts. Elle avait sa porte principale en face du cimetière.

CHAPITRE XI

Cession de l'île Sainte-Marguerite.
Les Espagnols à Lérins.

Le roi Louis XIII rétablit la commende de Lérins en faveur du prince de Joinville. — Les religieux, pour obtenir l'annulation de cet acte, cèdent au prince la propriété de l'île Sainte-Marguerite. — Les Espagnols se rendent maîtres des îles de Lérins et s'y fortifient pendant deux ans. — Les Français parviennent à les en chasser. — Les religieux italiens accusés de connivence avec l'ennemi : leur expulsion.

La communauté vécut environ dix-sept ans dans la paisible jouissance de ses droits et sous le gouvernement d'abbés régulièrement élus par ses suffrages. Mais en 1614, à la mort d'un de ces abbés réguliers, le prince de Joinville demanda la commende de Lérins à Louis XIII, qui la lui accorda aussitôt. Pour empêcher le rétablissement de ce fatal régime, contre lequel ils avaient protesté sans relâche, les religieux transigèrent une fois de plus. Ils cédèrent au prince de Joinville, duc de Chevreuse, avec l'autorisation du pape, l'île Sainte-Marguerite, et obtinrent en retour l'ordonnance suivante :

« Le roi, en son conseil, a ordonné et ordonne que l'union de l'abbaye Saint-Honoré de Lérins à la congrégation du Mont-Cassin, autrement dite de Sainte-Justine de Padoue, concédée par les feus rois et confirmée par Sa Majesté, aura lieu et sortira son plein et entier effet, et, en conséquence de ce, faisant droit à l'appel interjeté de l'exécution des dites lettres d'économat par les dits religieux, Sa Majesté a révoqué les dites lettres d'économat et déclaré nul le don fait au sieur Prince de Joinville de la dite abbaye, au préjudice de la dite union, et fait pleine et entière main-levée aux dits religieux des biens de la dite abbaye, sans dépens, dommages et intérêts.

« Le six juin mil six cent douze (1). »

Une des raisons données par les religieux, pour obtenir l'autorisation de céder Sainte-Marguerite, était qu'il importait de la mettre entre les mains de quelque seigneur puissant, qui pût y construire une forteresse et purger ces rivages des pirates dont ils étaient fréquentés (2).

L'évêque de Fréjus avait été chargé par le Nonce apostolique près la cour de France de faire l'enquête au sujet de la transaction qu'allaient conclure les religieux avec le prince de Joinville. A ce propos, il visita Sainte-Marguerite en 1615, et rédigea un rapport qui est, dit Alliez, le plus ancien document qui nous ait été conservé sur la topographie de cette île. La *Chronologie de Lérins* par Barralis, qui fut publiée vers cette même époque, constate, comme le mémoire de l'évêque de Fréjus, l'existence de constructions anciennes qui ont aujourd'hui disparu.

« Nous avons marché et visité, dit le mémoire, bien vu et considéré ladite île en suitte et tour de laquelle est environ deux tiers de *lieu;* au *mitan* et partie supé-

---

(1) *Archives de Lérins*, cit. ap. ALLIEZ, t. II, p. 403.
(2) ALLIEZ, *Les Iles de Lérins*, p. 122.

rieure en laquelle avons vu et touché force vieilles masures et marques des bâtiments anciens, la plupart d'iceux démolis et rasés et quelques autres qui sont encore en état marquant par la vue actuelle leur antiquité; et au surplus le terroir et étendue de ladite île nous ont paru du tout infructueux, infertile, nullement labouré, ni cultivé, ainsi rempli d'épines, ronces et buissons qui l'occupent, que nous estimons être le séjour et gîte des serpents et autres bêtes mauvaises et venimeuses, même au rapport des susnommés qui nous ont assuré ladite île être fort abondante et peuplée desdites mauvaises bêtes; nous apparaissant tout le terroir, en l'état qu'il est, ne pouvoir en rien servir que pour quelque petit pâturage de bétail et encore avec une grande incommodité, pour n'y pouvoir le bétail boire, n'y ayant que les eaux salées de la mer; encore avons reconnu, en divers côtés de ladite île, les Turcs et pirates se pouvoir commodément cacher et mettre à couvert pour surprendre les passants, donner chasse aux vaisseaux qui naviguent en cette côte, attendu que ladite île est fort commode pour l'exploit des mauvais desseins desdits Turcs, corsaires et larrons, ainsi que nous savons être plusieurs fois arrivé, comme l'ont ainsi et tous lesdits assistants accordé (1). »

En 1618, le prince de Joinville céda à son frère Charles de Lorraine, duc de Guise, gouverneur et lieutenant-général pour le roi en Provence, le droit qu'il avait pour l'avenir en l'île Sainte-Marguerite; et le duc de Guise, à son tour, donna l'île avec tous les droits qu'il y possédait, à Jean de Bellon, écuyer de la ville de Brignoles,

(1) Cit. ap. ALLIEZ, *Les Iles de Lérins*, p. 123.

l'un de ses domestiques, pour le prix de 4.500 livres. D'après l'acte de cession, ledit dé Bellon devra payer à la communauté de Cannes la somme pour laquelle ladite île a été engagée par les moines de Lérins. A ce moment, en effet, Sainte-Marguerite était depuis quelques années, comme garantie, entre les mains des habitants de Cannes, qui avaient prêté au monastère une somme de trois cents écus. Le sieur Bellon devra payer en outre la dîme au monastère. Le duc de Guise se réserve : 1º le droit de prélation, si bon lui semble, où le douzième denier des lods et ventes de l'île, en cas d'aliénation; 2º la haute justice et l'institution des officiers, lesquels exerceront aussi la moyenne et basse justice; 3º le lieu, place et espace que bon lui semblera pour ériger en ladite île une forteresse, et ledit Bellon pourra y bâtir sans permission dudit seigneur; 4º le rachat perpétuel de l'île en payant les améliorations qui y auront été faites, la plus-value et la somme de 4.500 livres (1).

C'est ainsi que Sainte-Marguerite cessa d'être une possession du monastère, après lui avoir appartenu, presque sans interruption, depuis la prise de possession des îles de Lérins par son premier fondateur, saint Honorat, vers la fin du IVe siècle.

Le sieur de Bellon avait fait bâtir un donjon et quelques fortifications peu importantes dans l'île, lorsque Richelieu, à l'occasion de la guerre avec l'Espagne, commença à se préoccuper de cette position, qui pouvait devenir l'objet d'un coup de main de la part de la flotte ennemie. Mais lorsqu'en effet, en l'année 1635, les vaisseaux espa-

---

(1) *Inventaire des Archives*, p. 110.

gnols se présentèrent en vue des îles de Lérins, le fort de Sainte-Marguerite se trouvait hors d'état de soutenir un siège. La garnison demanda à capituler et obtint de sortir avec les honneurs de la guerre. Les troupes espagnoles firent alors une descente à Saint-Honorat et le capitaine qui commandait la Tour, sans essayer aucune résistance, se déclara également prêt à rendre la place, mais n'obtint pas comme le précédent, de pouvoir sortir avec armes et bagages.

L'ennemi venait ainsi, en quelques jours, de s'assurer une base d'opérations contre les côtes de Provence; il pouvait inquiéter notre navigation dans la Méditerranée et entretenir de faciles relations avec l'Italie. Aussi s'empressa-t-il de se fortifier dans sa nouvelle position, et de cette époque datent de nombreuses constructions dont les restes subsistent encore dans les deux îles.

Le roi de France fit appel au dévouement des Provençaux pour aider ses armées et sa flotte à reprendre au plus tôt sur les ennemis une position si importante. La division qui se mit entre les chefs de l'expédition paralysa tous les moyens d'action et l'on resta pendant deux ans sans pouvoir attaquer. Enfin, le 24 mars 1637, les Français commencèrent de pénétrer dans la grande île par la pointe orientale et emportèrent les premiers ouvrages que les Espagnols avaient construits de ce côté; ils s'avancèrent ensuite graduellement jusqu'au fort principal, appelé fort Royal, et au bout de quarante-sept jours de siège, forcèrent enfin les Espagnols à évacuer la place. C'était le 2 mai 1637.

Aussitôt ils songèrent à chasser les Espagnols de Saint-Honorat. Ce fut l'affaire de quelques heures.

« Le 13 mai, dit la *Relation tirée du journal d'un religieux de Lérins*, les vaisseaux ont ordre de prendre leur poste dans le Frioul : l'escadre du sieur de Mantin se loge du côté du levant et le commandeur des Gouttes, avec les galères, mouille l'ancre du côté du couchant. Environ l'heure de midi, le commandeur de Guitaut, capitaine de vaisseau, qui avait vaillamment combattu pendant le siège et s'était distingué dans le traité de Sainte-Marguerite, fut envoyé, avec un trompette, pour sommer Don Juan Tamage, major commandant à l'île Saint-Honorat, de se rendre aux mêmes conditions que la garnison de Sainte-Marguerite. Le dit sieur Commandeur revint accompagné de Don Bartholomeo Mattois, capitaine milanais. Celui-ci, après avoir salué M. le comte d'Harcourt et M. l'archevêque de Bordeaux, demanda qu'il lui fût permis d'envoyer à Milan ou tout au moins à Monaco, pour avertir le gouverneur. Sa demande lui fut accordée.

« Les choses tournèrent bientôt de face : un soldat espagnol, étant en sentinelle sur la chapelle de la *Trinité*, voisine de l'escadre de M. Mantin, déchargea par mégarde son fusil contre le bord dudit sieur, qui fit aussitôt tirer ses canons et qui fut suivi de toute son escadre. Le commandeur des Gouttes en fit autant de son côté, depuis quatre heures du soir jusqu'à minuit.

« Le 14 mai, les vaisseaux recommencèrent, à la pointe du jour, avec la même activité que le jour d'auparavant; l'ennemi abandonna les pointes et les retranchements, et se retira dans la tour.

« Sur les neuf heures du matin, le sieur commandeur de Guitaut est envoyé de rechef à Saint-Honorat, pour protester à Don Juan de Tamage qu'il n'y aurait plus de quartier, s'il attendait la descente. Don Juan Tamage ayant déclaré qu'il voulait être attaqué, tout le monde s'embarqua et, à la faveur des canons, la descente s'opéra.

« L'archevêque de Bordeaux fait sa descente du côté du Frioul, proche la chapelle de la Trinité; M. d'Harcourt s'empare bientôt de celle de Saint-Caprais, qui se trouve au couchant, ayant le régiment de Vaillac à droite et celui de Latour à gauche; on arbora les pavillons sur lesdites chapelles, ce qui donna une telle joie aux soldats qu'on n'entendait plus que des cris de : *Vive le Roi!* et on eut beaucoup de peine à retenir leur impétuosité. Un capitaine, deux lieutenants et quelques soldats furent tués contre la contrescarpe; on se serait emparé aussitôt des remparts, si l'ennemi n'eût crié : *Paché! paché!* et ne se fût rendu... (1) »

Après avoir expulsé l'ennemi de l'île, le comte d'Harcourt fit appeler à Lérins les religieux, qui en avaient été congédiés par les Espagnols et s'étaient réfugiés à Vallauris. Le 17 mai 1637, l'archevêque de Bordeaux, M. de Sourdis, chef du conseil de la marine, célébra une messe d'action de grâces, à laquelle assistèrent le chapitre de Grasse et tous les religieux. La messe fut suivie d'une procession générale et d'un *Te Deum* solennel.

Richelieu érigea, en 1639, les îles de Lérins en gouvernement, et le premier gouverneur qui y fut nommé, fut le commandeur de Guitaut, capitaine de vaisseau, qui s'était particulièrement distingué durant le siège de Sainte-Marguerite. Il occupa ce poste jusqu'en 1687, époque à laquelle Saint-Mars vint prendre le comman-

---

(1) Relation extraite du journal d'un religieux, cit. ap. ALLIEZ, *Iles de Lérins* p. 169 et sq.

dement des îles, amenant de Pignerol le célèbre et mystérieux prisonnier d'État désigné sous le nom du Masque-de-Fer.

Le commandeur de Guitaut eut un moment la prétention d'intervenir dans l'administration intérieure du monastère de Saint-Honorat. Une pièce conservée aux archives des Alpes-Maritimes et datée de 1654 est adressée à Charles de Cominges, seigneur de Guiteau, gouverneur des îles Sainte-Marguerite et Saint-Honorat, afin qu'il renonce à la réserve par lui faite de nommer et présenter aux supérieurs de la congrégation les officiers dudit monastère, pour les emplois qui viendraient à vaquer durant deux ans, réserve contraire aux bulles des Papes et aux constitutions de l'Ordre. On a également, sous la même date, l'ordonnance dudit gouvernement qui décide qu'à l'avenir les nominations seront faites conformément aux statuts (1).

Il y eut, sous son gouvernement, en 1655, une requête des religieux demandant la suppression de la garnison de Saint-Honorat, à cause des scandales de toutes sortes qu'elle causait dans l'île (2).

Mais depuis l'année 1638, ce n'étaient plus les religieux de la congrégation de Sainte-Justine de Padoue ou Bénédictins du Mont-Cassin qui occupaient le monastère de Saint-Honorat. Ils avaient été expulsés par ordre du roi, comme coupables d'avoir trahi la France, et avaient été remplacés par des Bénédictins de la congrégation française de Saint-Maur. Les Cassinistes réclamèrent contre l'accusation si déshonorante que l'on

(1) *Inventaire des Archives des Alpes-Maritimes*, p. 110.
(2) Ibid.

faisait peser sur eux. Par de nouvelles lettres, le roi déclara que la fidélité des religieux français était à l'abri du soupçon et qu'il n'avait entendu parler que des religieux étrangers qui se trouvaient dans le monastère. On aurait pu prouver, qu'à l'époque de la prise des îles par les Espagnols, il n'y avait, dit Alliez, aucun étranger parmi les moines.

Mais il y avait à la cour et ailleurs trop de personnages intéressés à faire retomber sur des innocents la responsabilité de l'occupation des îles par les Espagnols et des longs délais qu'on avait mis à les en déloger.

« En 1638, Mgr Godeau, évesque de Grasse, mortel ennemi des religieux de Lérins, qui avoient refusé de lui vendre l'église et la maison qu'ils possédoient à Grasse, pour les pères de l'Oratoire et jaloux de voir dans son diocèse cette juridiction pontificale que les abbés du Mont-Cassin exercent dans leurs abbayes et dépendances, et d'ailleurs, domestique du cardinal de La Vallette, assisté de quelques religieux mécontents, insinua au roy et au cardinal de Richelieu, que les isles avaient été perdues par suite des intelligences existant entre les religieux et les Italiens de la congrégation, et obtint un brevet de l'abbaye en faveur dudict cardinal de La Vallette, et une commission en sa faveur, pour établir dans le monastère les religieux de la congrégation de Saint-Maur, réformés depuis quelques années par lesdicts religieux du Mont-Cassin, et chassa les autres. Cette commission fut exécutée, le 24 juillet 1638, avec tant de rage et de passion que tout le monde en fust scandalisé.

« Les religieux du Mont-Cassin formèrent opposition à l'intrusion des nouveaux religieux et appelèrent des ordonnances de l'évesque, commissaire et partie; mais, estant chassés de leurs maisons, dépourvus de conseil et de moyens pour faire les poursuites nécessaires, et mesme ne pouvant produire leurs titres, qui estoient aux mains des nouveaux venus, etc... (1) »

Les moines Cassinistes furent sacrifiés, malgré la fidélité qu'ils avaient toujours gardée envers la France, et leur congrégation se vit tout à coup dépossédée du monastère de Lérins après l'avoir occupé, sans interruption, l'espace de 126 ans, de 1512 à 1638.

Nous avons fait remarquer, dans le cours de notre récit, comment cette congrégation de Sainte-Justine de Padoue avait, durant cet intervalle, fait refleurir la régularité et les études à Lérins et procuré à l'antique monastère comme une nouvelle floraison d'hommes illustres. En outre, au commencement du XVIIe siècle, la riche bibliothèque du monastère avait été cataloguée, et Barralis avait tiré des nombreux manuscrits qu'elle renfermait et qui avaient dormi jusque-là dans la poussière, les importants matériaux dont il a composé sa *Chronologie de Lérins*. Si cette bibliothèque, qui passait pour une de plus belles de l'Europe, avait vu son trésor amoindri dans les dernières années du siècle précédent, la faute n'en était pas aux religieux ni à leurs supérieurs pris dans le sein de la communauté et régulièrement élus par elle, mais à ces prélats étrangers, imposés par la volonté royale, qui, entrant dans le monastère comme en un pays de conquête, s'emparaient sans scrupule des biens que la piété des fidèles et le patient labeur des moines y avaient amassés durant des siècles, et se permettaient d'en disposer d'une façon aussi injuste qu'arbitraire

(1) *Inventaire* de Mme la Comtesse de Saint-Seine.

CHAPITRE XII

Rétablissement de la Commende.
Vexations diverses.

Les bénédictins de Cluny prennent possession du monastère. —
Le cardinal de La Valette, abbé commendataire. — Les
religieux du Mont-Cassin rappelés à Lérins. — Armand de
Bourbon, prince de Conti, abbé commendataire. — Il cède
l'abbaye au cardinal Mazarin. — Les religieux sont menacés
de perdre leur droit de battre monnaie. — Ils vendent la
principauté de Sabourg au duc de Savoie. — Diverses vexations contre lesquelles les religieux ont à se défendre.

Les religieux bénédictins de la Congrégation de France,
autrement dits de Saint-Maur et de Cluny, entrèrent en
possession de l'abbaye de Lérins en 1638. L'occasion
était trop belle pour rétablir la commende; elle fut réta-
blie, en effet, et se perpétua jusqu'à la sécularisation du
monastère; ce fut le point de départ de la décadence
définitive de cette illustre maison qui avait donné tant
de Saints à l'Église.

Le premier abbé commendataire qui fut nommé, au
rétablissement de ce déplorable régime, fut le cardinal
de La Valette.

Cependant D. Louis Maynier, ancien prieur claustral
dépossédé, protestait au nom de la congrégation de
Sainte-Justine et demandait à partir pour Paris. Le commandeur de Guitaut, gouverneur de la Provence, le mande
à Sainte-Marguerite et l'y détient pendant un mois
comme prisonnier d'État.

LÉRINS. — Le Réfectoire (XIe ou XIIe siècle).

« *La Cène* » au Réfectoire de l'Abbaye de Lérins.

« Après ce temps, on le confine dans le monastère où il est gardé par des soldats avec le mousquet et la mèche allumée des deux bouts; quand il sort de sa chambre pour aller dire la sainte messe ou pour se rendre au réfectoire, il a toujours à côté de lui un sergent armé de sa hallebarde. Ce traitement dura plus de deux mois (1). »

D. Louis Maynier réussit néanmoins à se faire écouter du roi et du pape Urbain VIII. Ce pontife révoqua les bulles par lesquelles il avait conféré la commende au cardinal de La Valette, et, à la mort de ce dernier, une ordonnance royale parut qui renvoyait de Lérins les religieux de Saint-Maur pour y rappeler ceux du Mont-Cassin. La confirmation de l'union du monastère à la congrégation de Sainte-Justine y était plus formelle que toutes les confirmations de ce genre accordées sous les règnes précédents (1644).

On n'en fit pas moins une chose absolument contraire aux conditions de l'union, à savoir, d'établir encore un abbé commendataire, avec la réserve bien expresse cependant qu'on le faisait « pour cette fois tant seulement ».

Le nouvel abbé commendataire était le prince de Conti; il garda dix ans ce bénéfice, qu'il cumulait avec plusieurs autres d'importance à peu près égale. Armand de Bourbon, prince de Conti, était fils de Henri II, prince de Condé. Petit et contrefait, il avait été destiné à l'Église par son frère, et on avait obtenu pour lui quatre opulentes abbayes, Saint-Denis, Cluny, Lérins et Molesme. Mais il quitta le petit collet et tous les bénéfices pour se consacrer à la profession des armes. Il épousa, en 1654,

____

(1) *Manuscrit* de Dom BON, cit. ap. ALLIEZ, *Hist. du Monastère de Lérins*, t. II, p. 405.

une des nièces du cardinal Mazarin. L'occasion parut bonne à Mazarin pour se substituer au prince dans la possession de l'abbaye de Lérins. En vain les bulles d'Innocent X avaient condamné par avance une telle transmission; en vain les lettres patentes du roi avaient déclaré que M. le prince de Conti était nommé à ladite abbaye « pour en jouir sa vie durant..., sans que ladite nomination, bulles et jouissances puissent être à con-séquence ni servir de prétexte à d'autres nominations, que Sa Majesté déclare n'entendre faire à l'avenir en faveur de quelque personne et pour quelque cause ou occasion que ce soit, et lesquelles, si aucunes étaient obtenues de Sa Majesté par importunité ou autrement, elle déclarait dès lors nulles et de nul effet; qu'en cas de décès du sieur Prince de Conti ou du délaissement qu'il pourrait faire de ladite abbaye, elle serait et demeurerait unie et incorporée à la mense capitulaire des religieux d'icelle, sous la dépendance de ladite congrégation de Sainte-Justine... »

Toutes ces belles et solennelles paroles, au bas des-quelles se lisait la signature du roi, furent regardées comme lettre morte dès qu'il s'agit de contenter l'avidité du cardinal-ministre.

On trouve aux archives le procès-verbal de prise de possession de l'abbaye par M. Faille, commissaire de la Marine, procureur de Simon Mariage, économe des abbayes de Saint-Denis et de Saint-Honorat de Lérins pour Mgr le Cardinal Mazarin nommé par le roi abbé commendataire de Lérins (12 mai 1654) (1).

Les religieux essayèrent quelque résistance, mais

____

(1) *Inventaire des Archives des Alpes-Maritimes*, p. 32.

bientôt, pour obtenir main-levée des biens dépendant de la mense abbatiale, ils durent en venir à un compromis moyennant lequel ils paieraient au cardinal, sa vie durant, une pension de 9.000 livres sur les revenus de l'abbaye, et seraient tenus de poursuivre eux-mêmes en cour de Rome, l'homologation de ce concordat. Une bulle fut, en effet, obtenue du pape Alexandre VII, en 1656, portant que l'éminentissime cardinal cédait l'abbaye aux religieux, moyennant une pension viagère de 9.000 livres. Mais cette cession même, Mazarin ne la fit pas; il exigea et perçut, jusqu'à sa mort, les revenus entiers de la mense abbatiale (1).

En 1661, à la mort de Mazarin, la commende fut donnée au cardinal Louis de Vendôme; puis elle passa à Philippe de Vendôme, grand Prieur de France. Le Saint-Siège refusa les bulles; mais ces deux abbés commendataires n'en éprouvèrent aucun embarras; ils entrèrent en jouissance sur la simple nomination du roi.

Nous avons eu précédemment l'occasion de raconter comment, par une donation des comtes de Vintimille, l'abbaye de Lérins était devenue propriétaire de la principauté de Sabourg, dans les premières années du XIIIe siècle. La possession de ce fief emportait avec soi le droit de battre monnaie et les abbés réguliers, ainsi que la communauté des religieux l'exerçaient sans conteste. Ils avaient coutume, moyennant une redevance annuelle, d'affermer à des particuliers la fabrication des espèces, et toutes les pièces qui sortaient de là étaient à peu près exclusivement destinées aux échelles du Le-

(1) ALLIEZ, *Hist. du Monast. de Lérins*, t. II, p. 411.

vant. Voici un passage, extrait d'un acte de l'an 1666, où l'on voit les conditions d'un bail de ce genre.

L'abbé et les religieux arrentent à Bernardin Bareste, du lieu de Mougins « le pouvoir et permission de fabriquer de monnoye, au lieu de Seboure, durant cinq ans, qui commenceront dès le jour que le dit Bareste se sera mis en état et fabriquera les premières pièces, moyennant la rente de sept cents livres payées annuellement sur les paches et conditions suivantes : 1º Que le dit... pourra fabriquer des espèces d'or soit grandes, soit petites, pour les débiter au païs du Levant, au coin et armes dudit monastère, du prix et bonté de celles qui y ont cours, étant toutes les dites pièces d'argent qui se fabriqueront sur les titres de sept deniers de fin, pour le moins, et les espèces d'or au degré de dix-huit carats de fin... Il aura aussi le droit de fabriquer des pièces de cinq sols et autres espèces d'argent, propres pour le pays du Levant, de même coin et armes et au même titre que dessus. Il pourra fabriquer des dites espèces telle quantité qu'il lui plaira, soit de jour ou de nuit, tant au balancier qu'au marteau, comme bon lui semblera. Il sera obligé d'expédier de temps en temps au R. P. Abbé des espèces d'or et d'argent qu'il aura fabriquées, pour en faire l'épreuve, après laquelle elles lui seront rendues.

« Bareste jouira du palais et pourra couper du bois dans la forêt; il devra porter la rente à ses frais, à Vallauris ou à Cannes (1). »

Certains érudits considèrent l'année 1666, date de cet acte, comme celle du premier établissement de l'atelier monétaire de l'abbaye de Lérins au Sabourg. Selon

____

(1) Cit. ap. ALLIEZ, *Hist. du Monast. de Lérins*, t. II, p. 413.

eux, cet atelier n'a dû fonctionner qu'environ vingt ans, c'est-à-dire, jusqu'en 1686, époque de sa suppression par ordre de Louis XIV.

Ils émettent en outre, sur le genre de monnaie frappée par les abbés de Lérins, une opinion qui semblerait réduire toute leur fabrication à une simple industrie de contrefaçon.

Lorsque, disent-ils, par suite de l'immense faveur dont jouissaient dans le Levant, les pièces de 5 sols ou douzième d'écus blancs de la Grande Mademoiselle, une foule de contrefacteurs, tant en Provence qu'en Ligurie, imitèrent le type de ce qu'on nommait des *Luigini* (petite monnaie de Louise de Bourbon), les abbés de Lérins songèrent à profiter de l'occasion. Ils établirent leur atelier au Sabourg. Sur ce territoire neutre, ils purent, pendant cinq ans et peut-être plus longtemps, faire fabriquer par un entrepreneur des *Luigini* à bas prix qui étaient vendus en Orient comme objets de parure, sous le couvert de la bonne réputation de la monnaie de Trévoux. Nous connaissons des monnaies du Sabourg portant les dates de 1667 à 1671 (1).

La monnaie frappée dans les ateliers de Mademoiselle de Montpensier, à Trévoux, était non seulement charmante quant au type, mais elle était excellente sous le rapport du titre. Elle se conformait à la monnaie royale. La monnaie d'or de Louis XIV était à 23 karats 1/4 de fin, celle d'argent à 11 deniers, 12 grains.

La monnaie frappée par l'abbé de Lérins est très certainement une imitation.

Nous voyons bien, en effet, par l'acte passé avec le

______

(1) *Revue des Sociétés Savantes des Départements* (4e Série), tome V, an. 1867, page 510, note supplémentaire de M. de Longpérier.

sieur Bareste, en 1666, qu'elle est destinée spécialement pour les pays du Levant; nous voyons également qu'elle n'est pas à un titre aussi élevé que la monnaie du roi, puisque Bareste n'est obligé, pour les espèces d'or qu'au degré de 18 karats de fin, et pour les pièces d'argent, qu'au titre de 7 deniers de fin. Mais il nous semble exagéré d'en conclure qu'il ne se serait fabriqué au Sabourg que de faux sequins destinés à servir de parure en Orient. Ce qui servait pour la parure, c'étaient spécialement les imitations des pièces de 5 sols de la monnaie de Trévoux, et de ces pièces-là, il en est assurément fait mention dans l'acte. Mais il y est dit aussi que le sieur Bareste « pourra fabriquer des espèces d'or soit grandes, soit petites, pour les débiter au païs du Levant, au coin et armes dudit monastère, du prix et bonté de celles qui y ont cours. » Or, le titre des pièces qui avaient cours en Orient était seulement de 18 karats pour l'or et 7 deniers pour l'argent, au témoignage de l'acte lui-même.

Nous croyons donc pouvoir maintenir que l'abbaye de Lérins a fabriqué de véritable monnaie en son atelier du Sabourg, d'autant que cet atelier a été en activité au moins vingt ans, et qu'il ne paraît pas avoir fourni des *Luigini* à bas titre pendant plus de cinq ans.

Voici comment les numismates rendent compte des armoiries empreintes sur les monnaies de Lérins.

Albéric II Cybo-Malaspina, duc de Massa, contrefaisait le *Luigini* de Guillaume-Henri prince d'Orange, qui était une imitation de celui de Mademoiselle de Montpensier. Le duc de Massa avait placé dans son écu l'aigle de l'Empire au-dessus de ses armoiries, accompagnées de deux branches d'épine (*mala spina*) et un ruban sur lequel était écrit LIBERTAS (1662 à 1667).

Jean André Doria Landi contrefit en 1665 le *luigino* de Massa, en plaçant, de même qu'avait fait Albéric, l'aigle de l'Empire au-dessus de ses armes, avec un ruban portant la devise DIO LAUDATO. Mais comme les branches d'épine n'avaient pas de sens pour lui, il les remplaça par deux palmes.

Monnaie frappée par les Abbés de Lérins en qualité de princes de Sabourg (1).

L'abbé de Lérins, à son tour, a contrefait en 1667 le *luigino* de Jean André, son voisin. La crosse et les deux palmes (placées dans l'écu) imitent très bien l'aigle éployé. La mitre remplace le petit écusson central, et les fanons étendus horizontalement tiennent lieu de ruban à devise.

Une imprudence commise par les religieux de Lérins fournit au gouvernement de Louis XIV un prétexte dont il ne manqua pas de se servir pour les dépouiller de ce droit de battre monnaie, qui lui portait ombrage. Par un contrat, auquel sans doute ils croyaient trouver leur avantage, et qui montre du moins de leur part un esprit de tolérance bien différent de celui qui régnait à la cour (on était au lendemain de la révocation de l'Édit de Nantes), ils arrentèrent leur privilège de fabriquer de la monnaie à un marchand de Nîmes appartenant à la religion réformée. Celui-ci avait brigué vraisemblablement pour obtenir de pouvoir conclure un tel marché, car il y trouvait le moyen de passer la frontière sans s'éloigner beaucoup et de fournir des moyens

(1) D'après l'exemplaire conservé au cabinet des médailles du Musée de Lyon.

d'existence à un certain nombre de ses coreligionnaires expatriés comme lui. C'est ce que nous laisse entrevoir la lettre adressée par le ministère à l'intendant de Provence pour attirer son attention sur ce fait.

« Le sieur Daubric, marchand de la ville de Nîmes, de la religion prétendue réformée, s'est retiré, depuis quelque temps, au Sabourg, lieu dépendant de l'abbaye de Saint-Honorat de Lérins, et y fait battre monnaie en conséquence d'un bail qui lui en a été passé pour trois ans par l'économe de la dite abbaye... et que par le même bail il est permis au dit Daubric, de la part des dits religieux, de vivre dans sa religion et d'avoir avec lui tel nombre d'amis et d'ouvriers que bon lui semblera. A quoi Sa Majesté voulant remédier, le Roi étant en son conseil a cassé et annullé le dit bail, comme aussi tous les baux généraux ou particuliers des fermes et domaines du Sabourg faits à des fermiers de la religion prétendue réformée par les abbés et religieux de la dite abbaye de Saint-Honorat, auxquels Sa Majesté a fait très-expresses inhibitions et défenses de plus affermer les dits domaines à autres qu'à des catholiques, de donner retraite à des religionnaires, ni de plus entreprendre de faire battre monnaie au dit lieu du Sabourg sous prétexte que ce puisse être » 1ᵉʳ juillet 1686 (1).

Il y avait certainement une grave inconvenance à des religieux d'employer des protestants comme fermiers, et de leur fournir le moyen d'éluder les lois faites en vue de soutenir la religion catholique dans le royaume. Mais il y avait aussi de la part du gouvernement une véritable injustice à profiter de la faute dans laquelle ils étaient

____

(1) Cit. ap. ALLIEZ, t. II, p. 414.

tombés pour les dépouiller d'un droit qui leur appartenait en toute propriété.

Aussi bien, c'est à tort que les auteurs que nous citons ci-dessus, affirment que le privilège de battre monnaie fut enlevé définitivement à l'abbaye par Louis XIV en 1686. Les réclamations que l'abbé adressa à l'intendant de Provence furent prises en considération. Dès que les protestants eurent été congédiés du Sabourg, l'ordonnance royale fut retirée et le privilège maintenu.

Au reste, les moines de Lérins ne demeurèrent plus longtemps possesseurs de la principauté. Depuis plusieurs années déjà, le duc de Savoie demandait de la leur acheter, et dès l'année 1667 le chapitre avait donné procuration à l'abbé régulier Dom Meyronnet pour traiter à Nice avec les représentants de ce prince. Des difficultés s'élevèrent du côté du ministre de France qui s'opposait à ce que le monastère de Mont-Majour, en faveur duquel il y avait une clause de substitution, donnât son consentement. Il s'en éleva d'autres du côté de l'Empereur, basées sur ce que la principauté était fief de l'Empire.

Les choses toutefois progressèrent lentement et l'acte de cession venait enfin d'être passé, quand la guerre éclata entre le duc de Savoie et le roi de France et en empêcha l'exécution.

On trouve aux archives du département l'acte de vente par l'abbaye au duc de Savoie, Victor-Amédée, de ladite terre et juridiction de Sabourg « pour la somme « de 20.000 écus effectifs de Savoie, avec obligation pour « ledit duc de rapporter à ses frais la permission du « Saint-Siège et tous consentements requis et néces-

« saires et d'être obligé de pacte exprez par ledit con-
« trat » de payer annuellement au monastère les intérêts de ladite somme 20.000 écus à raison de cinq pour
cent (31 janvier 1697). En outre, le *comparant* adressé
au duc de Savoie, qui n'avait pas satisfait à la teneur
du susdit contrat, lui demandant ou de l'exécuter ou de
le rompre, « attendu qu'il se présente des personnes qui
« s'offrent de prendre la seule souveraine juridiction tem-
« porelle dudit Sabourg, avec des avantages considé-
« rables pour le monastère, en acte emphitéose pour
« trois générations (1). »

L'affaire fut, plus tard, reprise par le roi de Sardaigne
dans le cours de l'année 1727, et se termina par acte
définitif le 5 février 1729. Le nouvel acte de vente de
de ladite Principauté à ce prince, pour la somme de
142.000 livres de Savoie, est du 27 novembre 1728 (2).

Le chapitre du monastère avait consenti à la vente :
Lérins était obligé d'obtenir à ses frais le consentement
de l'abbé commendataire. Le roi de Sardaigne devait
donner, en outre des 142.000 livres, 15.000 livres à Mont-
Majour pour son désistement. On devait prélever, sur
les 142.000 livres, ce qui était dû légitimement à la république de Gênes.

Une délibération capitulaire autorisa Dom Benoît,
économe du monastère, à aller à Marseille, chez les frères
Salicoffre, banquiers, pour retirer le montant de la vente
de Sabourg (1729) (3).

Dans la même année, pour accomplir une des clauses
de la vente qui lui prescrivait d'employer utilement,

---

(1) *Inventaire sommaire des Archives des Alpes-Maritimes*, p. 154.
(2) *Inventaire sommaire des Archives*, ibid.
(3) *Inventaire des Archives*, ibid.

après le consentement apostolique, ce qui lui resterait de la somme, le monastère acheta la seigneurie de Rougon, dans le diocèse d'Aix.

On sent que les religieux de Saint-Honorat n'avaient pas les faveurs de la cour : toutes sortes de chicanes sont suscitées contre eux, et ce n'est qu'en faisant valoir avec force toute la légitimité de leurs droits, qu'ils parviennent à sauvegarder les intérêts de leur maison. L'*Inventaire des Archives* nous signale un incident où se peint au vif la situation de l'abbaye, en ces temps de défaveur et de mesquines taquineries.

En l'année 1710, le roi avait porté un édit confirmant les possesseurs des îles et des îlots, situés le long de la mer, moyennant deux années de revenu desdits biens ou le dixième de leur valeur, au choix du prince, ainsi que deux sous pour livre, etc., etc. Les églises et monastères de fondation royale étaient maintenus et confirmés purement et simplement, sans payer aucun droit de confirmation, dans la possession et jouissance de leurs biens et droits. Les îles, îlots, etc., possédés à titre de patrimoine, étaient également exemptés du droit de confirmation. Un arrêt du Conseil d'État survint l'année suivante exigeant le droit de confirmation de tous les possesseurs, à l'exception de ceux à qui Sa Majesté ou les rois ses prédécesseurs avaient concédé les îles ou îlots à titre de patrimoine. Le monastère de Lérins, en particulier, reçut commandement d'avoir à se conformer à cet arrêt; le sieur Pierre Renusseaux, bourgeois de Paris, était commis pour le recouvrement des finances qui devaient provenir du paiement de ces droits. Dom Laget, économe de l'abbaye, adressa alors un placet au premier président et intendant de Provence, aux fins d'être déchargé dudit droit de confirmation, s'élevant, d'après l'estimation faite par le traitant, à mille livres et deux sous pour livre sur le revenu de deux années. Voici quelques pages de cette supplique, vraiment dignes d'être citées :

« ... C'est bien en vain que le traitant s'avise de donner le nom odieux d'usurpation à une possession de cette qualité. Est-il de titre plus solide, plus stable, moins susceptible de contestation et de recherche qu'une possession de cette nature, autorisée et confirmée par l'espace de quatorze siècles, qui est un temps pour ainsi dire infini, et où tout a concouru pour rendre ces religieux possesseurs et propriétaires de ladite isle, sans le secours d'aucun nouveau titre?

« C'est bien inutilement aussi qu'il avance que cette prétendue usurpation a été faite sur le domaine de la Couronne, puisque la possession de ces religieux a commencé longtemps même avant qu'il y eût au monde et royaume de France et domaine de la Couronne, qu'elle a toujours continué, comme on dit, sans trouble ni empêchement de la part de tous les souverains à qui cette province a été en divers temps soumise, et même depuis qu'elle a été réunie à la Couronne de France, sans qu'aucun de nos rois ni de leurs ministres les plus zélés pour l'augmentation et la conservation des domaines de la Couronne se soient jamais avisés de troubler cette possession en aucune manière, quelque exacte et sévère recherche qu'on ait faite, dans ce siècle et les précédents, des usurpateurs du domaine et des droits de la Couronne.

« Au fond, il est certainement bien difficile de concevoir quel est le fondement de la prétention du traitant, car de quoi s'agit-il? et quel est le domaine dont jouissent ces religieux? le voici en deux mots : C'est un mauvais coin de terre, entouré et tout parsemé de rochers; c'est un désert au milieu de la mer, éloigné du commerce du monde, que ces religieux n'habitent que parce que c'est le lieu de leur fondation et de leur établissement, que pour y chanter les louanges du Seigneur et vaquer avec plus d'attention aux pieux exercices de leur Ordre, et qu'ils n'habitent enfin que par rapport à la sainteté du lieu; où il n'y a pas un pouce de terre qui n'ait été arrosé du sang d'un nombre infini de martyrs qui ont souffert et donné leur vie pour la Foi de Jésus-Christ, et où les précieuses reliques d'un très grand nombre de ces Saints sont encore conservées avec toute la décence et la vénération possible.

« C'est une petite isle d'environ demi-quart de lieue de circuit, où ils ont fait bâtir, eux-mêmes et à leurs frais, une église et un monastère, pour se mettre à couvert des injures du temps, où l'on trouve quelques arbres plantés çà et là, qui ne produisent aucuns fruits, une vigne de très petite contenance, qu'on n'a jamais pensé de vendanger, parce que le peu de raisins qu'elle porte sont toujours pillés et enlevés par les soldats de la garnison qu'il plaît au roi d'y tenir. On y trouve trois ou quatre petits jardins à fleurs, qui font le plaisir innocent de ces solitaires; et, s'il y a encore quelque peu de terre labourable, elle est si ingrate que la dépense de la culture va toujours beaucoup au-delà de ce qu'on y peut percevoir.

« C'est enfin une isle où il n'y a aucun atterissement, lais et relais de la mer, point de port, ni entrée pour les bâtiments, aucune madrague, ni bordigue, ni aucune sorte de droits exprimés dans l'édit, pour la confirmation desquels le traitant puisse prétendre le dixième de la valeur. Et voilà, Monseigneur, au vrai, quel est ce domaine, qu'on veut être de si grande importance, dont on porte le revenu jusqu'à six cents livres par an, que le traitant veut rendre servile et tributaire et dont il veut faire payer le droit de confirmation et de propriété, toute inutile qu'elle soit à l'économe et quoiqu'au fonds on ne puisse proprement le regarder que comme sanctifié et véritablement consacré au Seigneur et à son Église.

« Mais ce qui rend la recherche du traitant d'autant plus injuste, c'est qu'elle est formellement contraire à l'intention de Sa Majesté et à la disposition de son édit, ce qui paraît par les deux exceptions qui y sont littéralement insérées :

« La première est que le roi exempte du droit de confirmation les isles, islots, atterissements et autres droits qui sont possédés à titre de patrimoine. Et peut-on raisonnablement contester à l'économe de Lérins qu'il ne possède cette isle à titre de patrimoine, puisqu'elle faisait celui des premiers disciples de saint Honorat et qu'elle a passé successivement de siècle en siècle, de religieux en religieux, jusques à ceux d'à présent, sans interruption, sans trouble ni empêchement quelconque? Ces premiers solitaires occupaient et possédaient cette isle comme leur patrimoine. Ils y étaient établis, ils en faisaient leur habitation et ils s'y nourrissaient ou des herbes, des fruits et des plantes que la terre y produisait naturellement et sans culture, ou de ce qu'ils pouvaient en retirer eux-mêmes en la cultivant; et ce droit de propriété et de patrimoine a passé sans contredit jusques aux religieux d'aujourd'hui, qui sont au lieu et place de ces premiers solitaires. Et n'est-ce pas là justement cette possession à titre de patrimoine dont parle l'édit et que Sa Majesté veut bien exempter du droit de confirmation; d'où il s'ensuit que, cette exemption étant autant littérale qu'elle l'est dans l'édit, quand même cette isle serait de quelque revenu à ces religieux, ce que non, ils seraient toujours incontestablement en droit de le percevoir sans que le traitant peut les y troubler, ni sous prétexte de ce droit de confirmation ni en aucune autre manière, parce qu'en effet cette isle est leur légitime patrimoine.

« La seconde exception consiste en ce qu'il plaît au roi d'exempter de ce droit de confirmation, les églises et monastères de fondation royale, les maintenant et confirmant purement et simplement sans payer aucune chose. Or, on ne saurait disconvenir qu'il n'y a pas en France d'abbaye qu'on puisse mieux appeler royale et qui le soit à meilleur titre que le monastère de Lérins, parce que : 1º ce monastère tient lieu et place d'une des quatre abbayes que le roi Henri IV, d'heureuse mémoire, devait fonder, bâtir et doter dans son royaume en considération et en conséquence de l'absolution à lui donnée par notre Saint-Père le pape Clément VIII (ce fait est certain, il est de notoriété publique et tous les historiens en conviennent); et 2º parce que le roi n'a employé et n'a mis d'autres biens pour la fondation et dotation de ladite abbaye que ceux même qui appartenaient déjà à ce monastère.

« Il est donc vrai que l'isle de Lérins, de même que tous les biens et domaines de ce monastère, sont exempts de la recherche du traitant, parce qu'on doit les regarder comme si le roy Henri IV les avait effectivement donnés pour la dotation de ladite abbaye qu'il a été obligé de fonder; aussi ce monastère depuis ce temps-là a toujours été considéré comme étant de fondation royale et a joui des mêmes droits et des mêmes privilèges que toutes les autres abbayes royales du royaume (1). »

Qu'on veuille bien nous pardonner la longueur de cette citation. Ce document, dont la rédaction est du reste fort remarquable, nous a paru particulièrement intéressant, comme donnant en raccourci un assez vif tableau de l'existence des religieux au milieu des nombreux embarras que leur avait créés le cours des âges.

Ce qui nous frappe tout d'abord, ce sont les ennuis causés à la communauté des moines par la présence d'une garnison logée dans le monastère même. Assurément, les dégâts commis dans la vigne par les soldats n'étaient pas le pire des inconvénients dont on avait à souffrir. Nous avons eu précédemment l'occasion de citer une pièce des archives renfermant la copie d'une requête des religieux à l'effet d'obtenir la suppression de la garnison de Saint-Honorat, à raison des scandales de toute sorte causés par les soldats dans l'île. Comme leur poste était situé sur la plate-forme de la Tour, ils devaient nécessairement se rencontrer maintes fois avec les religieux dans l'escalier principal. Leurs officiers devaient, eux aussi, être en relations fréquentes avec le supérieur et les autres dignitaires du couvent. Ce voisinage était en somme peu favorable au recueillement et à la régularité monastique.

Les appréciations que renferme la supplique du digne économe au sujet de l'improductivité de l'île et de la

(1) *Inventaire des Archives*, pp. 22 et 23.

LÉRINS. — Salle capitulaire (XIe ou XIIe siècle).

LÉRINS — La chapelle des Morts.

difficulté d'en défendre les maigres produits contre les déprédations des maraudeurs, sont les mêmes que l'on pourrait faire encore aujourd'hui. Ce que rapporte ce terrain privé d'eau équivaut à grand'peine aux dépenses occasionnées par la culture. La vigne cependant ne se déplaît point dans ce sol rocailleux et aride; mais il est fort difficile de la protéger contre les gens de passage, qui abordent dans l'île à toutes les heures du jour et de la nuit. La partie boisée, elle aussi, a beaucoup à souffrir de ce va-et-vient incessant des gens de mer. Ils coupent et cassent les jeunes arbres pour alimenter leurs feux, et empêchent ainsi les pousses nouvelles de remplacer les vieux pins séculaires, que déciment, chaque année, les tempêtes de la mauvaise saison.

Nous n'insisterons pas sur la valeur des arguments par lesquels on soutient dans cette pièce les droits de l'abbaye contre les prétentions du fisc. Ils ont du moins pour nous aujourd'hui cet intérêt spécial, de nous offrir un résumé très net des titres historiques de cette illustre fondation, tels qu'ils nous sont apparus successivement, d'après les faits et les documents authentiques, dans tout le cours de ce récit.

Le lecteur a pu remarquer enfin que, malgré la modestie du style monastique si parfaitement observée dans la teneur de cette requête, le début n'en est pas toutefois sans quelque fierté et quelque grandeur, quand le défenseur des droits du monastère rappelle combien la partie adverse est mal venue à parler « d'usurpation faite sur le domaine de la Couronne », puisque la possession a commencé « longtemps même avant qu'il y eût au monde « et royaume de France et domaine de la Couronne ». Le

« traitant » contre lequel on soutient ici le procès, n'était pas la seule personne à qui il fût utile de méditer cette vérité; d'autres encore auraient pu, en même temps que lui, en faire leur profit, à savoir, les légistes, trop oublieux des origines de la monarchie en France, les ministres, agents trop empressés de l'arbitraire royal, et enfin le Grand Roi lui-même.

Il y eut encore dans la même année une seconde requête du même économe, faisant observer que l'île renferme non un château, mais une forteresse, dont le commandant pour le roi est le maître plutôt que les religieux; puis une requête de l'abbé régulier, et d'autres encore l'année suivante tendant toujours à obtenir décharge des droits nouvellement établis. Malgré cela, le traitant faisait saisir un mulet et mettre le séquestre sur les vins et les fruits appartenant au monastère, comme s'il était sûr de l'emporter. Enfin pourtant, à force de constance dans la défense de leur possession si solidement démontrée, les religieux obtinrent un arrêt du Conseil d'État déchargeant l'abbaye du droit imposé aux possesseurs d'îles et d'îlots.

CHAPITRE XIII

Décadence finale du Monastère.
Sécularisation.

Mgr d'Anthelmi, évêque de Grasse, se fait donner la commende
de l'abbaye. — Le roi unit le monastère à la Congrégation
de Cluny. — État déplorable où il était tombé. — Les Impériaux s'emparent des îles de Lérins, mais en sont délogés
bientôt par le maréchal de Bellisle. — Mgr de Jarente,
évêque de Digne, abbé commendataire. — Derniers efforts
du prieur claustral pour ramener la régularité dans le monastère. — Sécularisation.

Cependant, on travaillait toujours à déposséder les
Cassinistes du monastère de Lérins et à détruire l'union
tant de fois refaite et confirmée de l'abbaye avec la Congrégation de Sainte-Justine. Le grand prétexte invoqué
perpétuellement, c'était l'antipathie et la défiance que
devait exciter la subordination des religieux français
à l'égard des supérieurs italiens. L'évêque de Grasse,
dans un *Mémoire*, se fit l'organe de tous les griefs que
l'on pouvait alléguer, à tort ou à raison contre l'union
et les entassa pour en accabler définitivement la congrégation du Mont-Cassin. Il ne manqua pas d'insérer dans
son mémoire les plaintes rédigées par les religieux qui
se disaient opprimés, et voulut que l'on acceptât comme
démontrés, les faits manifestement outrés, allégués par
les murmurateurs et les mécontents.

En tout cas, les religieux avaient grand tort de se

diviser sur des questions de nationalité et sans doute aussi de jalousie et d'ambition; un intérêt commun aurait dû les réunir pour un effort unique : chercher à obtenir la suppression de la commende. Pour ce but, il fallait se bien garder d'exciter les susceptibilités des Italiens, car eux seuls pouvaient ménager au monastère en souffrance l'appui de la cour romaine.

Philippe de Vendôme, abbé commendataire de Lérins, étant mort (1727), les religieux, en vue d'obtenir la suppression de la commende, renouvelèrent leurs instances auprès du cardinal de Fleury, devenu premier ministre de France. « Pour parvenir avec plus de facilité à les faire entendre, dit le *Mémoire des religieux*, ils résolurent de mettre dans leurs intérêts M. Anthelmi, évêque de Grasse, attaché depuis longtemps à M. le Cardinal de Fleury, dont il avait été le grand-vicaire à Fréjus. Après avoir instruit ce prélat des solides raisons qu'ils avaient de demander la libre jouissance de leur mense abbatiale, ils convinrent avec lui, qu'au cas qu'ils obtinssent cette jouissance, il lui serait créé une pension annuelle de 4.000 livres, qui serait unie à perpétuité à l'évêché de Grasse.

« Les religieux lui remirent tous les titres sur lesquels leur demande était fondée; cet évêque vint à la cour, et se donna des mouvements pour cette affaire dont le succès lui devait être commun avec les religieux. »

On verra bientôt qu'il travaillait pour lui-même.

« Les premières démarches de M. l'évêque de Grasse firent d'abord surseoir la nomination d'un abbé commendataire, jusqu'à ce qu'on eût examiné si l'abbaye appartenait aux religieux de Lérins.

« Il se passa environ deux ans, sans qu'il y eût rien de décidé sur cette affaire; M. l'évêque de Grasse eut, dans cet intervalle, de quoi se consoler de cette indécision : une abbaye de 7.000 livres de rente, à laquelle il fut nommé, sembla promettre un heureux succès de ses démarches, pour y joindre la pension de 4.000 livres sur l'abbaye de Lérins. »

Cet évêque était bien en cour; il réussissait dans tout ce qu'il entreprenait. Les religieux de Lérins s'attendaient à une heureuse issue pour leur affaire, d'autant plus que les lettres de l'évêque leur faisaient concevoir les plus belles espérances.

Tout à coup, un premier signal d'alarme leur arriva. Une lettre de l'évêque leur disait « qu'il ne fallait se flatter de rien, que le roi voulait nommer à leur abbaye; qu'on parlait de déclarer leur union abusive et de lui donner (à lui-même évêque) juridiction sur eux et sur le monastère. »

L'abbé régulier de Lérins voulut se rendre à Paris « pour soutenir les intérêts de la congrégation auxquels ceux de l'évêque de Grasse devenaient contraires. » L'évêque lui écrivit pour l'en dissuader, lui disant « qu'il n'y avait aucune nécessité à son voyage, et qu'il trouverait tout achevé, à moins qu'il ne survint des traverses qu'il ne prévoyait pas. »

« Mais, continue le *Mémoire des religieux*, quelle fut enfin la douleur et la consternation des abbé et religieux, lorsqu'ils apprirent que le roi avait, par un brevet du 14 janvier 1732, réuni leur abbaye à l'évêché de Grasse, et que, par un autre brevet du 26 du même mois, Sa Majesté avait ordonné que la vacance de l'abbaye cesserait au jour et date du brevet, duquel jour l'évêque de Grasse jouirait de tous les revenus, à la charge de faire des diligences en cour de Rome, pour obtenir les bulles de réunion, et en justifier dans l'année, faute de quoi, l'abbaye retournerait en économat, après l'année expirée (1). »

En vain, pour détourner ce coup, les religieux formèrent en cour de Rome opposition à l'obtention des bulles sollicitées par l'évêque de Grasse. Un arrêt du Conseil d'État (8 janvier 1732) débouta les religieux de leur opposition, le roi se prétendant en possession « de nommer à l'abbaye de Lérins en exécution du concordat passé entre Léon X et François Ier. » Il est bien vrai que les rois n'en avaient pas usé aussi nettement jusqu'ici, mais aussi bien, M. Anthelmi disait dans son *Mémoire*, qui parut en réplique à celui des religieux, que ceux-ci étaient « en possession, depuis deux siècles, de surprendre la religion des Souverains Pontifes et celle de nos rois. » C'est effacer d'un trait de plume bien des considérants des ordonnances royales du temps passé, lesquelles ne manquaient jamais de reconnaître les droits des religieux, tout en se permettant d'y déroger, pour une fois seulement, en faveur de tel personnage bien méritant, sans que cela dût tirer à conséquence pour l'avenir, et en déclarant nul et de nul effet tout acte semblable que leurs successeurs oseraient se permettre par la suite. Ces grands princes n'avaient pas su voir jusque-là que toutes les prétentions des moines de Lérins avaient leur réponse à l'avance dans le concordat de Léon X et de François Ier. Ce concordat, il est vrai, déclarait que le roi ne pouvait nommer aux abbayes que des moines choisis dans l'Ordre même auquel elles appartenaient. Mais le moyen de faire entendre des restrictions à un roi tel que Louis XIV, qui en usait avec

(1) Cit. ap. ALLIEZ, *Hist. du Monast. de Lérins*, t. II, pp. 420 et sq.

le Saint-Siège comme sa noblesse avec les moines : aux gens d'église, toutes les obligations et les charges; aux grands seigneurs, la jouissance et les revenus.

Nous ne voudrions pourtant pas accuser l'évêque de Grasse d'avoir, de dessein prémédité, ourdi une intrigue pour s'approprier l'abbaye aux dépens des religieux, après avoir accepté la commission de soutenir leurs intérêts et de la leur conserver. Tout ce que l'on peut dire, c'est qu'en homme délié, voyant le roi pencher du côté du maintien de la commende et de la désunion d'avec le Mont-Cassin, il sut se retourner à temps, abandonner son rôle de contradicteur des prétentions royales, et ouvrir les mains pour recevoir lui-même la commende et unir les revenus de la mense abbatiale à son évêché. Ainsi, à la place de la pension de 4.000 livres qui lui était assurée pour son succès comme défenseur, il obtint, en acceptant gaîment sa défaite, la possession pleine et entière de l'objet même du débat.

Le cardinal de Fleury put donc écrire la lettre suivante à Dom Jordany, abbé régulier de Lérins :

« M. l'évêque de Grasse, Monsieur, n'a point abusé de votre confiance, ni supprimé aucune des raisons sur lesquelles vous appuyez vos prétentions; il a présenté, sans aucune réserve, vos titres. Mais le roi les ayant fait examiner, l'on a trouvé qu'ils étaient défectueux, et que Sa Majesté était en droit et possession de nommer à cette abbaye. En cet état, Sa Majesté en a fait par de justes motifs et pour de bonnes fins, la destination que l'on vous a dite.

« Je vous honore, Monsieur, parfaitement.

« Signé : Le Cardinal de FLEURY.

« A Issy, le 22 février 1732. »

Le *Mémoire* de l'évêque de Grasse dit, dans le même sens : « Sa Majesté a décidé, à l'insu de l'évêque de Grasse, et sans qu'il ait contribué en rien à cette décision (1). »

Par un arrêt du 26 mars 1740, le roi cassa l'union de Lérins avec le Mont-Cassin et unit ce monastère à la congrégation de Cluny, ancienne observance. Les religieux se portèrent appelants de cet arrêt; de leur côté, les procureurs du pays firent des démarches pour obtenir l'union à une congrégation de France. Le 9 juillet 1756, le Conseil d'État confirma l'arrêt du prince (2).

Les rapports de l'évêque de Grasse avec le monastère étaient loin d'être aisés. Onze ans seulement après sa nomination (19 juillet 1743), il se décida à y faire sa première visite; mais dans quelles conditions ! L'abbé régulier avec le P. Cellérier et deux autres religieux seulement se présentèrent pour le recevoir. Trois religieux étaient enfermés dans leurs chambres avec un soldat qui les gardait : il paraît que l'on redoutait de leur part autre chose que de simples protestations; bientôt après ces trois rebelles furent relégués, par ordre du roi, dans divers monastères de l'ancien Cluny et ne revinrent à Lérins qu'en 1744. Enfin, trois autres religieux étaient partis pour l'Italie (3).

L'évêque de Grasse en vint à composer un *Mémoire* pour demander la sécularisation de Lérins. Ce n'était point là le vœu des moines qui l'habitaient : ils répondirent par une lettre qui ne parvint pas à temps pour être lue par Mgr Anthelmi, car il mourut sur ces entre-

(1) Cit. ap. ALLIEZ, ibid., p. 425.
(2) ALLIEZ, ibid., p. 427.
(3) ALLIEZ, ibid., p. 428.

faites. Elle fut reçue par l'évêque de Digne, Louis Sextius de Jarente de la Bruyère, successeur de l'évêque de Grasse dans la commende de Lérins. « Nous avons demandé, disait le prieur D. Maxime Raimbert, et nous demandons encore notre union à l'Ordre de Cluny, et nous n'avons aucune inclination pour la sécularisation, désirant vivre et mourir dans notre présent état, conformément à notre union à Mont-Cassin qu'une force supérieure nous a obligés d'abandonner. »

Il explique le caractère de l'opposition faite à l'évêque de Grasse : « Toutes les contestations entre M. d'Anthelmi et nous n'ont proprement roulé que sur la juridiction épiscopale à laquelle nous avons toujours formé de nouvelles oppositions, nonobstant différents arrêts qu'il avait surpris de la religion du roi. »

Si nous nous en rapportons aux griefs que l'évêque allègue contre les religieux, l'état de la communauté était assurément déplorable; mais la faute en était, en grande partie, aux abbés commendataires, qui, ne s'occupant de leur abbaye que pour en tirer des revenus et empêchant les moines qui l'habitaient de se gouverner par leurs supérieurs naturels, rendaient toute réforme impossible, faisaient tomber la vie claustrale dans la langueur et amenaient insensiblement les habitants du cloître au dégoût de leur sainte vocation. On voit par une correspondance de Mgr d'Anthelmi au sujet de la discipline du monastère, que les religieux faisaient des démarches auprès du procureur général de Cluny pour obtenir des permissions de séjourner hors de l'île et arrivaient, par son moyen, à faire lever par le roi luimême les défenses qu'il leur en avait faites. « Dès qu'il plaît au roi d'ôter les défenses que S. M. avait faites aux Lérinois d'aller à Vallauris, je suis prêt d'y donner les mains. Il n'y a aucun malade, et l'air de l'île est un des meilleurs de la contrée... Je vous aurais, Monsieur, demandé moi-même de révoquer cette défense, si j'avais été averti que la sortie de l'île eut été nécessaire à la santé. Il est à craindre, Monsieur, que ces religieux ne veuillent séjourner à Vallauris un temps considérable, en nombre et sans nécessité. Je sais qu'ils comptent de tout obtenir de vous, Monsieur, par le crédit du procureur de Cluni... Je prends seulement la liberté, Monsieur, de vous supplier de ne pas déférer aux rapports du procureur de l'ancien Cluni.

« Il ne peut rien savoir que par les parties mêmes. Il m'est aussi revenu que les religieux se sont fait donner des certificats de leur bonne vie et mœurs par des curés du voisinage. J'en connais trois de leurs créatures qui peuvent les avoir souscrits; mais je doute fort si celui du lieu de Vallauris est de ce nombre, il m'a écrit ces dernières années... à leur sujet. J'espère bien aussi, Monsieur, qu'en pareille matière, vous en déférerez aux évêques. Je ne refuserai pas un intendant de province à qui je donnerai des preuves; mais il me paraîtrait injuste que mes demandes pour le bien dépendissent d'un secrétaire d'intendance ou d'un subdélégué.

« Je vous supplie instamment, Monsieur, de vouloir bien prendre un temps commode à S. M. pour luy communiquer mon projet sur les moyens que je propose pour rétablir quelque ordre à Lérins... Que peut craindre un évêque qui ne poursuit que le bien, et un bien nécessaire, connu à tous ceux qui veulent jeter les yeux sur la vie qu'ont menée ces religieux avant la sortie de sept d'entr'eux et le scandale arrivé l'été dernier dans le monastère même?...

« Ce monastère, Monsieur, est sans supérieur régulier. Dom Benoît, qui est leur ancien, n'est pas capable de gouverner sans toucher à ces antiquités. Ils ne vont être que six. Dom Benoît aspire de se camper à Vallauris sain ou malade. Le cellérier sera de séjour; si un troisième, se disant malade, demande d'y aller, pourrai-je le refuser? La communauté sera partagée. Aucun confesseur parmi eux n'est capable de l'être et d'être par moy approuvé, aucun capable de les instruire de leur devoir, de les concilier. Il n'est pas possible, Monsieur, que le roy veuille soutenir ce dérangement. » Grasse, 15 avril 1744 (I).

On voit par les tristes renseignements que nous fournit cette lettre, combien le régime de la commende avait été désastreux pour la malheureuse abbaye, et combien sa désunion d'avec la congrégation italienne et son union à la congrégation des Bénédictins de France avait peu contribué à y faire revivre la ferveur et la régularité monastique. On y voit aussi combien l'évêque de Grasse cherchait peu à améliorer la situation, par les moyens que la charité et le zèle doivent suggérer à un pasteur et à un père. Il dénonce les désordres, il les exagère même vraisemblablement, il charge des plus noires couleurs le tableau qu'il en trace, tout cela pour arriver au but qu'il poursuit et qui est selon ses intérêts, à savoir d'obtenir la sécularisation du monastère et l'union des biens qui en dépendent au temporel de l'évêché de Grasse.

____

(I) *Inventaire des Archives des Alpes-Maritimes*, p. 66

Tous ses efforts tendent visiblement, non pas à réformer cette abbaye dont il est le supérieur, et à la faire revivre en y ranimant l'amour de la discipline et des observances régulières; mais à la supprimer et à la détruire pour disposer de ce qui lui appartient. Ne savons-nous pas qu'après en avoir pris possession par voie de procureur, il est resté onze ans avant de daigner seulement la visiter?

Une autre matière à dispute entre les religieux et l'évêque Anthelmi avait été fournie par les dégâts commis dans le monastère et l'île de Lérins, en 1746, lors de la guerre avec les Impériaux.

La première guerre de Sept ans ou guerre de la *succession d'Autriche* eut, comme on le sait, successivement pour théâtre les Flandres, la Hollande, l'Allemagne, l'Autriche et l'Italie. La Provence n'eut à s'en ressentir que durant la période finale et pendant les derniers actes sanglants qui amenèrent le dénouement de cette longue lutte.

Après le traité de Dresde, qui fut conclu, en 1745, entre Frédéric de Prusse et Marie-Thérèse d'Autriche, la guerre, se continuant entre les forces unies de la France et de l'Espagne d'un côté, et les armées alliées de l'Autriche et du Piémont soutenues par la marine anglaise, de l'autre, se transporta en Italie, non loin des frontières de la Provence.

En septembre 1746, la ville de Gênes tomba aux mains des Austros-Sardes, et bientôt après, leur armée, conduite par le comte de Brown, passa le Var, combinant ses mouvements avec ceux de l'escadre anglaise qui suivait le littoral.

Ayant établi son camp à Cannes, le comte de Brown résolut de s'emparer des îles de Lérins, dans le but d'assurer ses approvisionnements par mer. De la pointe de la Croisette, il fit canonner le fort de Sainte-Marguerite, tandis qu'un navire anglais, embossé à peu de distance de cette même forteresse, la bombardait sans relâche. Au bout de vingt-quatre heures, six cents Croates de son armée passèrent l'étroit canal et vinrent occuper l'île. Le lendemain le fort tomba entre leurs mains, et, dans l'intervalle, ils avaient réduit déjà la garnison de Saint-Honorat, qui ne se composait que de vingt hommes.

Durant le séjour qu'elles firent en Provence, les troupes du comte de Brown commirent d'affreux ravages dans tous les lieux qu'elles occupèrent. Les Cannois, qui, à l'approche de l'ennemi, s'étaient réfugiés en grand nombre aux îles de Lérins, ne trouvèrent, en rentrant chez eux, que la dévastation et les ruines (décembre 1746).

Au mois de février 1747, les Génois, par un effort héroïque, se soulevèrent contre les Autrichiens. Cette diversion inattendue priva le comte de Brown des secours et des renforts sur lesquels il comptait pour se soutenir en Provence. Le maréchal de Bellisle s'avançait contre lui avec des troupes considérables; il fut forcé de reculer et bientôt toute l'armée d'invasion abandonna les postes qu'elle occupait sur notre territoire pour se retirer au-delà du Var.

Dès ce moment, des troupes françaises furent envoyées contre les îles Sainte-Marguerite et Saint-Honorat et établirent une batterie à bombes pour attaquer en premier lieu le fort. L'escadre anglaise, commandée par le vice-amiral Bing, soutenait la position des Impériaux dans les deux îles; mais un gros temps survint qui le força de s'éloigner, et les franco-espagnols profitèrent de son absence pour transporter dans Sainte-Marguerite un corps de quatre mille hommes, en même temps que des galères y débarquaient tout ce qui était nécessaire pour attaquer le fort. Aux signaux que leur fit le commandant du fort pour les rappeler à son secours, les vaisseaux anglais se rapprochèrent; mais presque aussitôt après ils reprirent le large sans tirer une bordée. Alors la garnison, composée de cinq cents hommes, se trouvant presque à bout de munitions et dans un ouvrage à demi-ruiné, mit bas les armes. Le maréchal de Bellisle, qui se trouvait à Cannes, l'envoya à Nice pour faire échange de prisonniers (1).

L'occupation étrangère avait été encore une fois ruineuse pour le monastère de Lérins. Les archives nous ont conservé un extrait du procès-verbal du chapitre relatif à une contribution de 1.155 livres imposée au monastère par les Austros-Sardes, maîtres de l'île Saint-Honorat (28 décembre 1746); puis un devis d'estimation sur les dommages causés dans l'île par les Austro-Sardes et les Franco-Espagnols, dommages estimés 84.513 livres par les estimateurs jurés, à la requête des religieux; enfin un rapport sur les dommages faits à la tour et au monastère par les coups de canon (2).

Un autre devis estimatif des pertes avait été dressé par l'ingénieur Anthelmi, neveu de l'évêque de Grasse abbé commendataire. Comme ce devis tardait trop à leur être communiqué, les religieux accusèrent le prélat

(1) *Opérations militaires dans les Alpes-Maritimes*, par M. H. MORIS, Paris, 1886.
(2) *Inventaire des archives* etc., p. 38.

de vouloir s'emparer du droit d'indemnité et laisser
l'intérieur du monastère et les chambres sans être répa-
rées et inhabitables (1).

Louis Sextius de Jarente de la Bruyère, évêque de
Digne, succéda à d'Anthelmi, évêque de Grasse, comme
abbé commendataire de Lérins, le 10 janvier 1753. Il
fut le dernier.

D. Maxime Raimbert, le prieur, dans la lettre de féli-
citation qu'il eut à lui adresser, lui décrivait en ces termes
l'état du monastère :

« Le monastère de Lérins subsiste encore et forme
un corps de communauté, où l'office divin continue ainsi
que les autres actes de régularité. Le revenu ne fait
qu'une masse commune et nous sommes, tous compris,
religieux, desservants et domestiques, vingt personnes.

« Il y a actuellement des offices claustraux et des bénéfices simples qui composent la mense conventuelle du
monastère et dont les religieux sont pourvus... »

Il parle ensuite de l'esprit qui anime la communauté
et déclare bien nettement, contrairement à ce qu'avait
prétendu l'évêque de Grasse, qu'elle n'a aucun désir de
se dissoudre et d'en venir à sa sécularisation.

« Nous avons demandé et nous demandons encore,
dit D. Maxime Raimbert, notre union à l'Ordre de Cluny,
et nous n'avons aucune inclination pour la sécularisation,
désirant vivre et mourir dans notre présent état, conformément à notre union à Mont-Cassin qu'une force
supérieure nous a obligés d'abandonner (2). »

L'année précédente, en effet, le 13 mai 1752, Dom

(1) ALLIEZ, *Hist. du Monast. de Lérins*, t. II, p. 428.
(2) Cit. ap. ALLIEZ, *Hist. du Monast. de Lérins*, t. II, p. 429.

Maxime Raimbert s'était présenté devant le chapitre général de Cluny pour y exposer que les religieux du monastère de Lérins avaient rempli toutes les formalités nécessaires pour leur union à l'Ordre, et demander, en leur nom, confirmation de cette union. Le chapitre, après avoir fait l'éloge de son zèle et témoigné une grande satisfaction de voir réunir à Cluny une abbaye aussi célèbre, lui avait donné acte de sa demande.

Le prieur de Lérins demanda l'autorisation de suivre l'ancienne observance de Cluny, ce qui lui fut accordé.

Malgré tout, Lérins avait subi de trop rudes épreuves, durant la dernière période du règne de la commende, pour que la ferveur et la piété y pussent renaître. Les grandes familles continuaient de considérer les monastères comme le lieu de refuge ou de détention de ceux de leurs enfants trop mal doués pour faire leur carrière dans le monde.

D. Maxime Raimbert écrit, à la date du 30 janvier 1763, au grand vicaire de Grasse pour lui demander conseil sur la conduite qu'il doit tenir à l'égard d'un sujet qu'on lui avait recommandé. Ce sujet « s'est présenté dans le monastère en habit d'ecclésiastique mondain et cavalier, sans aucune marque de religieux. Il a trouvé sa bouteille de table un peu éventée, reprochant au prieur que le vin était aigre; il a manifesté des vouloirs sur quelque chambre privilégiée et sur des jardins; il a eu peine à débourser tout de suite une partie de la somme qu'on lui a confiée pour sa pension; il ne veut pas se contenter d'être au niveau des autres religieux pour la nourriture et le vestiaire; il a fait pressentir qu'il n'était pas fait pour demeurer toute l'année dans la solitude; et il a déclaré

en entrant dans le château de Vallauris au retour qu'il
y a fait de Lérins, qu'il saurait bien se faire reconnaître
par les domestiques du nombre des maîtres. Le prieur
prie le grand vicaire de rappeler à ce sujet qu'un religieux doit être égal en tout à tous ceux qui composent
la communauté. « Un seul commandant, une seule bourse,
« un seul habillement, exactitude aux devoirs de l'Église,
« éviter le monde, aimer la retraite, beaucoup de sou-
« mission à ses supérieurs, beaucoup de politesse à ses
« confrères. Voilà comme doit être composée une mai-
« son religieuse. »

Le digne prieur claustral a mille fois raison, mais tous
les efforts de son zèle viennent échouer en face des éléments auxquels il a affaire. « Avouez, mon cher Mon-
« sieur, conclut-il, qu'un supérieur est bien à plaindre;
« il voudrait rendre service aux uns, il voudrait ne pas
« dégoûter les autres, et ce milieu est très difficile dans
« ce bas monde. »

Quelques années après, se trouvait à Lérins un jeune
homme appartenant à l'une des plus grandes familles
de France; boiteux et bègue, il fut vivement poussé à
embrasser la vie monastique : un instant, il parut céder
à ces exhortations, car on le vit à l'église revêtu de l'habit
religieux. Mais bientôt, en proie à une violente colère,
il déchira ce vêtement et protesta qu'il ne le reprendrait
plus (1).

La décadence continuait d'année en année et condui-
sait irrémédiablement au terme fatal une maison qui
s'était soutenue prospère durant tant de siècles et qui

(1) ALLIEZ, t. II, p. 434.

avait compté des jours d'une gloire si éclatante et si pure.

En 1768, le roi Louis XV ayant demandé à Mgr de Prunières, évêque de Grasse, des renseignements sur les différents Ordres religieux de son diocèse, ce prélat traça, dans sa réponse, un tableau aussi lamentable que sincère de l'état de déchéance auquel étaient descendus la plupart des établissements monastiques dont il avait à rendre compte, comme renfermés dans les limites de son territoire. La maison de Lérins n'était pas en meilleure situation que les autres. Elle ne comptait plus que sept religieux, lesquels, au lieu de résider assidûment dans leur monastère, n'y demeuraient que quelques mois de l'année, et s'en allaient, le reste du temps, dans les villes et les contrées voisines, dépenser leurs revenus auprès de leurs parents ou de leurs amis. En conséquence, plus d'office conventuel, plus d'observance des règlements monastiques, plus de vie de communauté, mais à la place, la dissipation, le vagabondage, et, pour comble de maux, les discordes et les rivalités qui leur rendaient la vie commune intolérable. Quelques-uns d'entre eux demandaient leur sécularisation personnelle; d'autres, la sécularisation du monastère tout entier. Il y avait cependant parmi eux un religieux dont la tradition a conservé le souvenir, comme ayant fait, durant plusieurs années, tous les efforts possibles pour obtenir le retour de ses confrères à l'observance de leur règle et un emploi mieux ordonné des revenus de l'abbaye. Mais toutes les démarches qu'il accomplit dans cette vue demeurèrent sans succès et sa bonne volonté fut rendue impuissante par l'obstination des six moines relâchés en la compagnie desquels il se voyait obligé de vivre s'il demeurait à

Lérins. Il finit, paraît-il, par renoncer à relever cette maison de l'état misérable où elle était tombée, car on cite de lui cette parole, qu'il écrivait à l'un de ses amis dans son découragement : « Qu'on fasse du monastère de « Lérins une caserne de soldats, un corps de garde, peu « importe; mon parti est pris, je tâcherai d'entrer dans « l'Ordre de Cluny (1). »

Les jours du monastère de Lérins étaient désormais comptés.

En 1787, Mgr de Jarente, qui, depuis l'année 1758, avait été transféré du siège épiscopal de Digne à celui d'Orléans, se démit de sa charge d'abbé commendataire de Lérins. Les évêques de Grasse et de Senez obtinrent, au mois d'août de la même année, une bulle du pape Pie VI, autorisant l'archevêque d'Aix à unir l'abbaye à l'évêché de Grasse, sous une redevance annuelle en faveur de celui de Senez. La bulle, par autorisation du roi Louis XVI, fut enregistrée en novembre au Parlement d'Aix. Et dès l'année suivante, 1788, la suppression canonique de l'abbaye fut prononcée et confirmée par le Conseil d'État. Il ne restait au monastère que quatre religieux, y compris le prieur claustral, Dom François Joseph Théodule Bon. Ils se retirèrent dans leurs familles avec le brevet d'une pension viagère de quinze cents livres, et y coulèrent des jours obscurs, sans qu'aucun d'eux ait laissé après lui la trace d'une protestation ou l'expression de quelque sentiment de regret d'avoir dû s'exiler de l'île des Saints.

(1) *Histoire de Grasse*, par l'abbé S. MASSA.

CHAPITRE XIV

Lérins depuis la Révolution.

Les reliques du monastère sont distribuées aux paroisses du voisinage. — L'île Saint-Honorat, déclarée propriété nationale, est vendue aux enchères publiques. — Elle passe successivement aux mains de différents propriétaires. — Mgr Jordany en devient acquéreur et la confie à des religieux. — La Congrégation de Sénanque appelée à en prendre possession. — Notice sur cette Congrégation et sur son fondateur le R^{me} Père Dom Marie-Bernard. — Il transporte sa résidence à Lérins. — La journée d'un Moine cistercien de Lérins. — Son successeur, le T. R. Père Dom Marie-Colomban. — Ses travaux pour compléter la restauration de Lérins. — Achat de l'île. — Dom Colomban et les lois de persécution religieuse. — Ses démarches pour sauver sa Congrégation.

Au moment de la sécularisation du monastère de Lérins, les commissaires du Gouvernement dressèrent l'inventaire de tous les biens meubles et immeubles appartenant à la mense conventuelle. Tout le mobilier fut concédé aux derniers religieux habitant l'île actuellement, et en conséquence ils furent autorisés à se partager entre eux les volumes qui restaient de l'ancienne bibliothèque, autrefois si célèbre. Cette magnifique collection de livres rares et de manuscrits précieux avait été dilapidée déjà en partie sous les abbés commendataires.

R^{me} P. Dom Marie Bernard, Ier Abbé de Lérins.

R. P. Dom Colomban, IIe Abbé de Lérins.

Les reliques que possédait le monastère furent distribuées, par ordre de Mgr de Prunières évêque de Grasse, aux principales paroisses de son diocèse. Cannes eut en partage la belle châsse en argent donnée autrefois au monastère par Jean André de Grimaldi et qui reposait ordinairement sous l'autel de la chapelle de Sainte-Croix. Ce monument précieux de l'art de la Renaissance disparut en 1793 sans qu'on ait jamais pu en retrouver la trace. Mais l'église de Cannes est restée en possession de la caisse en bois dur qui se trouvait renfermée dans la châsse en orfèvrerie et dans laquelle sont conservés plusieurs ossements du corps de saint Honorat.

Nous avons eu l'occasion de raconter que dans les dernières années du XIVe siècle, sous le gouvernement de l'abbé Rostang, le chef du vénérable fondateur de Lérins avait été mis à part dans un reliquaire en forme de buste. Cette relique insigne fut réservée pour la ville de Grasse, tandis que les deux bras étaient accordés aux paroisses du Cannet et de Mougins. Grasse possède, en outre, dans une châsse, une portion considérable du corps lui-même.

Confisquée par le Gouvernement révolutionnaire et déclarée propriété nationale, l'île Saint-Honorat perdit jusqu'à son nom. Elle s'appela l'île Pelletier, en même temps que Sainte-Marguerite, sa voisine, s'appelait l'île Marat. Dans le cours de l'année 1792, comme on craignait que les flottes anglaise et espagnole ne tentassent d'opérer une descente sur la côte, le maire de Cannes, Féry, s'occupa d'en organiser la défense. Des vedettes furent établies sur divers points, notamment à Saint-Honorat, et, vers la fin de cette même année, des troupes assez nombreuses se trouvèrent cantonnées aux îles Marat et Pelletier (1).

Déjà cependant, cette dernière avait été vendue par l'État avec les bâtiments qu'elle contenait, à un particulier.

Le 9 mars 1791, l'île Saint-Honorat fut mise aux enchères à Grasse et adjugée, pour la somme de 37.000 livres, à M. Jean-Honoré Alziary de Roquefort, avocat à la Cour, apparenté à la noble famille de Gaspard de Grimaldi, seigneur d'Antibes.

Pendant de longues années, elle servit de retraite à l'une des filles du nouveau propriétaire, une artiste de grand talent, Marie-Blanche « Sainval ». Cette âme désabusée du monde, après une brillante carrière au théâtre, vécut en ermite, parmi les ruines de la vieille abbaye et les souvenirs qu'y avait laissés son grand-oncle, Dom Alziary, le dernier économe du monastère.

A la fin de sa vie Mlle Sainval quitta l'île et alla s'établir à Draguignan, où elle mourut en février 1836, âgée de 85 ans.

Les héritiers de Mlle Sainval mirent l'île en vente et elle passa successivement entre les mains de divers propriétaires dont quelques-uns exercèrent, à l'endroit des bâtiments, des actes de vandalisme regrettables.

Elle tomba en dernier lieu en la possession d'un ministre anglican, M. Sims, qui n'en put jouir guère qu'une année. A sa mort, survenue en 1857, M. Augier, de Draguignan, devint acquéreur de l'île Saint-Honorat avec l'intention de rendre au culte les églises du monastère. Ce n'étaient plus, hélas ! que des ruines.

(1) Philippe PINATEL, *Quatre siècles de l'Histoire de Cannes*, p. 119.

Enfin, en 1859, Mgr Jordany, alors évêque de Fréjus et dont un des ancêtres avait été abbé de Lérins, eut la consolation de racheter cette île, rendue vénérable par la poussière de tant de saints et de martyrs qui y ont été ensevelis dans le cours des âges. Il en fit une propriété du diocèse de Fréjus, et résolut d'y établir une communauté religieuse qui continuerait, sur cette terre sacrée, les traditions de prière perpétuelle et de pénitence laborieuse que les moines y avaient établies autrefois. C'est le 9 février de cette même année 1859, que Mgr Jordany, accompagné de Mgr Chalandon, archevêque d'Aix, vint solennellement prendre possession de l'île des Saints. Les deux prélats célébrèrent successivement l'auguste Sacrifice au milieu des ruines de la grande église de Saint-Honorat, et dans d'éloquents discours mêlèrent aux accents de leur douleur causée par la vue des débris qui jonchaient le sol, l'expression de leur joie à la pensée de voir bientôt les antiques murailles se relever, et les hymnes sacrées retentir de nouveau dans leur enceinte.

Le 31 mai de la même année, Mgr Jordany revint pour installer à Lérins trois Frères agriculteurs de Saint-François-d'Assise. Mais ils y demeurèrent peu. Le 18 février 1861, ils furent remplacés par les Religieux de Saint-Pierre-ès-Liens, congrégation fondée à Marseille par le pieux abbé Fissiaux. Ceux-ci, pendant huit ans, s'occupèrent de l'exploitation des terres et de la direction d'un orphelinat dont l'évêque de Fréjus avait eu la charitable initiative. Mais il était dans les vues de la Providence de ressusciter à Lérins la vie monastique sous sa forme la plus complète et d'y ramener des religieux, pratiquant, comme ceux d'autrefois, les austérités de la vie cloîtrée, l'alliance des études sacrées et du travail des mains, et la solennité des offices liturgiques et des psalmodies saintes du jour et de la nuit.

La mort du P. Fissiaux, fondateur de la communauté de Saint-Pierre-ès-Liens, fut l'occasion d'un nouveau changement dans la direction de l'œuvre que Mgr Jordany avait entrepris de fonder dans l'île Saint-Honorat.

Les difficultés, qui, dans une communauté naissante, suivent presque toujours la perte de celui qui en était l'âme, ne permettant pas aux Religieux de Saint-Pierre de poursuivre les travaux commencés, ils demandèrent qu'on les déchargeât des engagements contractés envers le Diocèse de Fréjus. Alors Mgr Jordany s'adressa, comme il le dit lui-même dans un mandement de cette époque, à une branche de la grande famille de saint Benoît, à celle de Cîteaux et de Clairvaux qui rappelle l'illustre nom de saint Bernard, pour l'inviter à venir continuer sa pieuse entreprise, relever les ruines de l'antique abbaye et repeupler ses cloîtres depuis longtemps déserts.

Jadis, sur le déclin du XIIIe siècle, à l'heure d'une défaillance des moines bénédictins de Saint-Honorat, un pape, Célestin III, avait souhaité de voir des Cisterciens venir ressusciter dans l'île des Saints la ferveur et l'austérité des observances primitives. « Remettez l'ordre et « la paix de la vie religieuse dans l'abbaye de Lérins, « écrivait-il à l'archevêque d'Arles, et, à cette fin, éta-« blissez-y des moines de Cîteaux. » Ce n'est qu'au XIXe siècle, que devait s'accomplir ce vœu du pape Célestin III, et c'est à l'illustre Pie IX, qu'il devait être donné de féliciter un Abbé cistercien d'avoir songé à relever Lérins de ses ruines. Le 12 mars 1870, en effet, ce grand Pontife, de douce et sainte mémoire, adressait à son cher « fils MARIE-BERNARD, Abbé, vicaire général

« de la Congrégation de *Sénanque* », un bref où on lit ces
paroles :

« Il est certainement à désirer de voir enfin revivre
ce monastère si illustre, qui, fondé au commencement
du IVe siècle par saint Honorat, est devenu une pépinière de saints pour l'Église, d'apôtres pour les peuples
et de pontifes pour les sièges épiscopaux. Aussi, c'est
avec une joie parfaite que Nous apprenons que cette
résurrection vient de s'accomplir, grâce au zèle et aux
efforts de l'excellent évêque de Fréjus; et Nous voyons
pareillement avec bonheur, que la tâche ardue de mener
à bonne fin une telle œuvre a été confiée à votre religion
et votre dévouement... Nous vous exhortons bien vivement à ne vous laisser vaincre par nul obstacle, à per-
sévérer inébranlablement dans votre dessein et à confier
toute votre sollicitude au Seigneur. A cette fin, Nous lui
demandons pour vous des secours abondants, et, comme
gage de cette protection divine et de Notre paternelle
bienveillance, Nous vous accordons très affectueusement,
à vous et à toute votre Congrégation religieuse, Notre
Bénédiction Apostolique. »

Voici comment l'ancien *Guide* de Lérins, imprimé en
1880, décrit les origines et l'esprit particulier de la Congrégation de Sénanque :

Au diocèse d'Avignon, dans l'enfoncement d'une gorge
déserte, se cache un monastère bâti au XIIe siècle et
dévasté enfin par la Révolution. Or, en 1854, le Rme Père
Marie-Bernard entreprit de rendre ce cloître à la religion;
et, depuis ce jour, une foule d'âmes sont allées chercher
la paix et le bonheur de la solitude à l'abbaye de Sénanque.
Les religieux ont adopté les règles primitives de Cîteaux;

mais, pour faciliter la vie monastique à un plus grand nombre, ils en ont adouci les austérités corporelles; et le Saint-Siège, qui a jugé cette mitigation sage et opportune, vu l'affaiblissement des santés, a constitué la nouvelle famille en Congrégation particulière, par un décret du 16 août 1867.

La mitigation n'a pu atteindre la discipline intérieure qui est l'essence de la vie monastique. Comme aux jours de saint Bernard, les Cisterciens de Sénanque s'appliquent à la perfection du recueillement, à la mortification des sens, à l'exactitude de l'obéissance, à la persévérance dans l'oraison, au travail, au silence et à la pratique de tous les conseils évangéliques qui seront toujours à la portée des âmes religieuses. Nulle part on ne professe plus hautement l'amour de la solitude que dans les monastères des moines de Sénanque. Leur fondateur avait écrit sur son blason abbatial ce texte du Psaume LIVe : MANSI IN SOLITUDINE, *Je reste solitaire au désert.* On lit ces autres paroles dans leurs règles : *Le caractère propre de notre Congrégation approuvé par notre Saint-Père le Pape Pie IX, le 23 mars 1863, se révèle dans ces mots :* NOTRE VIE EST CACHÉE EN DIEU AVEC JÉSUS ET MARIE. *A ces noms augustes, nous associons celui de l'angélique Joseph, et ainsi nous vivons cachés dans nos solitudes, sous la protection spéciale de la sainte Famille.*

Dès son berceau, Sénanque s'est aussi distinguée par le culte des morts. Elle en a fait sa dévotion particulière et favorite. C'est une chose qui lui est propre d'avoir remis en vigueur la psalmodie quotidienne de l'Office des défunts, au chœur, et d'avoir établi qu'on l'y réciterait à voix basse, quand la rubrique n'en permet pas la récitation solennelle : le dimanche et les fêtes. — Au dévouement pour les âmes du Purgatoire, les moines de Sénanque unissent l'apostolat de la prière perpétuelle en faveur des vivants et en vue, surtout, d'obtenir la conversion des pécheurs. A cet effet, tous les jours, ils crient pour eux miséricorde, entre le vestibule et l'autel, par le chant trois fois répété du *Parce Domine*. Et, chaque semaine, ils ont aussi une cérémonie spéciale d'expiation ; le jeudi soir, devant le T. S. Sacrement exposé, un prêtre prononce, à haute voix, une amende honorable pour demander pardon des outrages de tout genre faits à la divine Majesté ; et, en même

temps, chacun fait naître dans son cœur les sentiments qui animaient l'Apôtre, quand il souhaitait d'être anathème pour le salut des âmes de ses frères (Rom., IX, 3). —Enfin les religieux de Sénanque ont, avant tout, établi au milieu d'eux le culte de Marie Immaculée, la principale Patronne de leur œuvre née sous ses auspices l'année même de la proclamation du dogme de l'Immaculée-Conception.

Telle est la physionomie spécifique imprimée dès le principe, par son fondateur, à la Congrégation des Cisterciens de l'Immaculée-Conception de Sénanque. Les Constitutions, approuvées d'abord provisoirement par le Souverain Pontife Pie IX, puis définitivement par son successeur Léon XIII, tracent à chacun des moines la règle quotidienne que voici :

Chaque jour à 3 heures du matin, et à 2 heures les jours de fêtes solennelles, la cloche appelle tous les religieux à l'église. Dix minutes après, ils sont au chœur, rangés à leur place respective. La journée débute, ainsi qu'elle devra se terminer, par la sonnerie de l'*Angelus*, que les religieux disent tout bas, à genoux, courbés vers la terre ou debout selon les jours et les prescriptions de la liturgie. Ils commencent, aussitôt après, la psalmodie des Matines et des Laudes du Petit Office de la Sainte Vierge suivies de la méditation qui se prolonge jusqu'à 4 heures. Puis viennent les Matines et les Laudes du grand Office, ainsi que les Laudes des Morts, ce qui dure environ une heure.

Les Laudes achevées, les prêtres célèbrent leur messe en particulier; c'est alors un beau spectacle de voir une vingtaine de prêtres se partageant les divers autels de l'église. Ceux qui ne sont pas prêtres se rendent à la salle de lecture, où ils s'occupent soit à l'étude des Psaumes, soit à la méditation des Livres saints.

A 6 heures, la cloche les rappelle à l'église pour le chant de Prime et ils se rendent ensuite au Chapitre. On appelle *Chapitre*, dans la religion, une salle où se traitent les affaires d'une grande conséquence. La réunion des religieux, dans cette salle, pour y traiter ces affaires importantes, prend également le nom de *Chapitre*. Et comme la grande affaire de la perfection monastique est de ce nombre, le Chapitre devient surtout l'école où le disciple

LÉRINS. — Le nouveau Cloître : aile méridionale.

LÉRINS. — Le nouveau Cloître : aile occidentale.

du cloître apprend l'humilité par l'exercice de toutes sortes d'humiliations. C'est là que l'on s'accuse publiquement de tous les manquements, si petits qu'ils soient, aux règles et aux usages de la maison; c'est là que l'on écoute, sans ouvrir la bouche pour se justifier, les charitables reproches de ses Frères, et que l'on reçoit les réprimandes et les pénitences du Supérieur.

A 7 h. moins 1/4, le déjeuner. Toutefois, les dimanches et les fêtes, on célèbre auparavant une Messe de communion, ce qui porte le déjeuner vers 8 h. Après le déjeuner, chacun retourne au dortoir, pour donner à soimême et à sa cellule les soins ordinaires de propreté. Le mobilier des cellules est conforme à la pauvreté monastique. En voici l'inventaire : un crucifix, une statue de la Vierge, une image de saint Bernard, un bénitier, un prie-Dieu, un lit composé d'une simple paillasse, une chaise modeste, une table avec le nécessaire pour écrire, une cruche d'eau, un balai; enfin, pour les Novices, des livres de piété, auxquels on ajoute, pour les Profès, des livres d'étude. — Les cellules appropriées, la Règle accorde aux religieux une demi-heure dont chacun peut user librement à la lecture, à l'écriture ou à la méditation. A 8 h. moins 1/4, on chante Tierce et puis la grand'messe à laquelle assistent tous les religieux de chœur.

Après la messe, le travail du matin commence; il est précédé, comme celui du soir, de la récitation d'un *De profundis*. Alors tous s'occupent des divers ministères qui leur sont assignés; les officiers, aux devoirs de leur charge; les autres, au travail des mains ou à l'étude. Les études classiques ou trop scientifiques sont prohibées aux Novices durant l'année de leur probation; pour les Novices, la principale étude est celle de la perfection religieuse, de l'Écriture sainte, de la Règle, du chant et des cérémonies. Tous les matins, ils ont répétition sur ces diverses matières. Mais les prêtres ou ceux qui étudient pour le devenir ont deux heures d'étude sérieuse à ce moment de la matinée.

A 11 heures, vient la lecture spirituelle d'une demi-heure, puis l'on se rend à l'église pour chanter Sexte et pour faire l'examen particulier. Après l'*Angelus* de midi, on se dirige vers le réfectoire avec une lenteur, avec une gravité bien propre à réprimer les mouvements de l'appétit. Au réfectoire, la vaisselle est en terre grossière et les couverts sont en bois. On y sert à midi une soupe épaisse, une portion de légumes ou de toute autre nourriture maigre et un petit dessert. Le repas du soir est composé de même : il y manque seulement le dessert. Plusieurs fois la semaine on voit apparaître des œufs. Par esprit de mitigation, le R^{me} Fondateur a voulu que l'on servît de la viande les dimanches et fêtes chômées, sauf en Avent et en Carême. En ce qui concerne le boire, la Règle accorde par jour un demi-litre de vin. La lecture se fait à haute voix pendant tous les repas. En aucune occasion, on n'accorde la permission de converser au réfectoire.

Après le dîner et les Grâces qui s'achèvent à l'église, les religieux ont environ une heure de repos : pendant ce temps, il leur est permis de prendre en été, un peu de sommeil; sinon, ils doivent demeurer sans bruit dans leur cellule, occupés de lectures pieuses, ou se promener au jardin, ou descendre à l'église pour y faire diverses pratiques de dévotion, chacun selon son attrait.

L'ordre des exercices de l'après-midi n'est pas le même en hiver qu'en été, à cause de la disposition des heures du travail manuel qui varie dans ces deux saisons. Cet exercice dure, en hiver, depuis 2 heures jusqu'à 4 heures, c'est-à-dire au moment où le froid est moins rigoureux, et, en été, depuis 4 heures jusqu'à 6 heures, c'est-à-dire quand la chaleur commence à diminuer. A l'heure du départ pour le travail, les Moines sortent gravement du monastère; ils sont en simple scapulaire et marchent sur un seul rang par ordre d'ancienneté, la tête couverte du capuce, et chacun portant son outil sous le bras gauche. Arrivés sur le lieu du travail, ils font une courte prière que le président commence, puis chacun prend place à l'endroit désigné. Le retour se fait dans le même ordre que le départ.

Outre cet exercice, voici ceux auxquels le religieux doit assister dans l'après-midi et avant de clore sa journée; l'office de None, celui des Vêpres suivi de l'Office des Morts, les litanies de la Sainte Vierge, l'oraison du soir, la lecture conventuelle après souper, les Complies et enfin l'*Angelus*, dernière prière en commun, suivie de l'examen de conscience, après quoi les Moines reçoivent l'eau bénite des mains de leur Abbé et se retirent pour prendre leur repos. Le coucher est à 8 h. 1/2 en été et à 8 h. en hiver.

Le 21 novembre 1869, la Congrégation de Sénanque prit possession de l'île et du monastère de Saint-Honorat par l'installation de quelques religieux. Mais ils ne commencèrent que dans le courant de l'année 1871, à se trouver assez nombreux pour former une communauté de plein exercice. Dès lors fut entreprise la construction du vaste quadrilatère des cellules monastiques, encadrant, sans les masquer ni les modifier, les restes à demi ruinés de l'ancienne abbaye. Dès lors aussi, le vénéré et pieux D. Marie-Bernard, fondateur et Vicaire Général de la Congrégation de Sénanque, songea à transférer sa résidence sur cette terre illustre, si riche en grands souvenirs et sanctifiée par les ossements de tant de saints et de martyrs qui y ont reçu la sépulture. Le 21 septembre 1871, la Congrégation des Évêques et Réguliers, sur la demande de l'évêque de Fréjus, accorda les autorisations nécessaires, et le 5 mai 1872, le R^{me} Père D. Marie-Bernard arrivait pour s'établir définitivement à Lérins en qualité d'abbé.

Né le 18 octobre 1815, à l'Isle-sur-Sorgue, diocèse d'Avignon, le R^{me} Père Dom Marie-Bernard, dans le siècle l'abbé Léon Barnouin, appartenait à une famille dans laquelle les vertus chrétiennes étaient traditionnelles. Dès son séjour au Petit Séminaire de Sainte-Garde, il avait donné les signes d'une inclination décidée pour la vie religieuse; mais les événements politiques de 1830, l'ayant forcé d'ajourner ses projets, il exerça tout d'abord après son ordination à la prêtrise, les fonctions de vicaire dans une paroisse de campagne.

Là, malgré les ménagements qu'exigeait la faiblesse de son tempérament, il exerça le saint ministère avec un zèle et une piété dont on se souvient encore dans la contrée.

Cependant, la vocation à la vie monastique n'avait cessé d'être l'objet de ses plus chères aspirations. Après des instances réitérées, il obtint de son archevêque la permission de suivre son attrait. En 1857, il se rendit à Rome, où il fut reçu, comme novice, dans le monastère des Cisterciens de Sainte-Croix-de-Jérusalem. L'attention de Pie IX fut bientôt attirée sur ce jeune novice venu de France avec le dessein de propager dans sa patrie l'institut cistercien. Le Souverain Pontife, par une faveur spéciale, le dispensa d'une partie de son noviciat et lui fit prononcer les vœux de sa profession, le 27 décembre 1857. Bientôt après, il se retrouvait dans le diocèse d'Avignon avec un petit nombre de compagnons d'élite. La vieille abbaye de Sénanque fut achetée et relevée de ses ruines au prix des plus durs sacrifices. Le Ciel bénit la nouvelle fondation, et bientôt, le nombre des religieux augmentant rapidement, on dut en entreprendre de nouvelles : en peu d'années, de 1858 à 1869, Sénanque devint mère de quatre importantes maisons, les abbayes de Fontfroide, d'Hautecombe, le monastère de Ségriès et le couvent des religieuses cisterciennes de Notre-Dame-des-Prés.

Enfin Dom Marie-Bernard, élevé à la dignité abbatiale par décret du pape Pie IX, du 26 février 1869, releva de ses ruines, en 1871, l'abbaye de Lérins, où, sur le désir exprimé par le même saint Pontife, il transporta sa résidence définitive en 1872, tout en conservant à la Congrégation dont il était Vicaire Général, le nom de Congrégation de Sénanque sous lequel elle a été approuvée par le Saint-Siège.

C'est dans cette célèbre solitude de Lérins qu'il a passé les seize dernières années de sa vie, occupé à réparer les murs de l'ancien monastère et à le rendre habitable pour les nombreux religieux que l'attrait d'un lieu si saint groupait autour de lui. Sous l'impulsion de son zèle et de sa foi, capable de transporter des montagnes, on vit se construire le grand quadrilatère des cellules, placé autour des constructions antiques comme un cadre autour de reliques vénérables et précieuses. Puis la nouvelle église s'éleva sur les fondations de l'ancienne église de Saint-Honorat, qu'il avait été impossible de restaurer.

En même temps, le grand mur de clôture avait été bâti et dans son enceinte, à côté des habitations des religieux, les ateliers et les logements des ouvriers. Enfin, au nord-est du monastère, sur le bord du canal qui sépare les deux îles, un gracieux bâtiment, surmonté d'un clocheton et entouré de jardins et d'ombrages : c'est l'Orphelinat.

Ainsi la nouvelle fondation était constituée dans ses parties principales, lorsque, le 8 juin 1888, il plût à Dieu de retirer de ce monde le vénéré P. Dom Marie-Bernard, dans la 73ᵉ année de son âge, pour lui donner la récompense de ses longs et méritoires travaux. Il laissait à son successeur une tâche bien laborieuse encore : celle de consolider et de compléter ce qui avait été si heureusement commencé. Mais celui que la divine Providence avait choisi pour achever cette œuvre, ne devait pas fléchir sous le fardeau.

Le T. R. Père Dom Marie-Colomban, qui avait été pendant près de quinze ans, en qualité de Prieur, le bras droit du P. Marie-Bernard, fut élu abbé par la communauté de Lérins, le 13 décembre 1888, puis confirmé à Rome dans cette dignité par le Révérendissime Président Général de l'Ordre de Cîteaux. Le 19 mars 1889, il reçut la Bénédiction abbatiale, dans l'église du monastère, des mains de Mgr Oury, évêque de Fréjus, assisté de Mgr Scarisbrick, O. S. B., archevêque titulaire de Cyzique, ancien évêque de Port-Louis (île Maurice), de Mgr Mermillod, évêque de Lausanne et Genève, de Mgr Gueullette, ancien évêque de Valence, chanoine du premier Ordre du Chapitre de Saint-Denis, de Mgr Theuret, évêque de Monaco, et des RRᵐᵉˢ Abbés d'Aiguebelle et de Frigolet.

Aussitôt, il déploya une activité infatigable et un talent d'organisation supérieur, pour donner aux entreprises de son prédécesseur tout le développement et le progrès dont elles étaient susceptibles. Les bâtiments des ateliers furent régularisés et agrandis, puis munis d'un moteur à vapeur actionnant à la fois les machines de l'imprimerie, celles de la menuiserie et la pompe du puits de Saint-Honorat. Bientôt, ce moteur devint, par l'addition d'une bobine dynamo-génératrice, une source d'éclairage électrique pour tous les ateliers, le monastère et l'orphelinat. Celui-ci, exhaussé d'un étage, fut pourvu d'un vaste dortoir unissant à la beauté toutes les conditions de l'aération la plus parfaite.

L'église du Monastère fut embellie d'un pavage en bois élégant et solide, et complétée d'une vaste sacristie où tout se conserve à l'abri de l'humidité et où se déploie avec aisance, les jours d'office pontifical, le nombreux cortège des officiers sacrés pour le défilé processionnel. Enfin, ce qui suffirait seul pour donner au T. R. Père Colomban une place à côté du R^{me} Père Marie-Bernard, en qualité de fondateur de l'abbaye restaurée de Lérins, il a repris par les fondements toute la construction des habitations des religieux pour les exhausser d'un étage, et a agrandi le plan primitif du quadrilatère des cellules de façon à encadrer complètement, non seulement les bâtiments antiques, mais l'église nouvelle elle-même par une enceinte carrée de 400 mètres. Tous les visiteurs s'accordent à admirer l'architecture du Monastèe aïnsi achevé; les lignes sobres et élégantes des façades extérieures, rehaussées de frontons symétriquement placés et de tourelles d'angles d'un heureux effet; les arcatures gracieuses des galeries intérieures, retombant sur des piliers prismatiques au rez-de-chaussée et sur de charmantes colonnettes à chapiteaux historiés au premier étage; le portail enfin, dont l'arc, hardiment jeté devant la façade de l'église, est surmonté d'une attique ornée de cinq statues en bronze.

Signalons, à l'intérieur du Couvent, quelques œuvres d'art qui charment également les yeux des visiteurs; ce sont les peintures murales que le R. P. Colomban a fait exécuter dans les deux grandes salles ogivales attenant au vieux Cloître et faisant, comme lui, partie des restes de l'ancien monastère. Les fresques de la Salle du Chapitre, représentant saint Honorat et les hommes illustres de l'École de Lérins au ve siècle, sont intéressantes. Mais où se révèle vraiment la touche d'un maître, c'est dans le grand tableau de la *Cène* qui fait le fond du Réfectoire des Moines. Il y a là une puissance de perspective, une lumière, une vie, dont les connaisseurs ne se lassent pas de faire l'éloge.

Cependant, occupée depuis plus de vingt ans par les Religieux de Sénanque, transformée par d'incessantes entreprises, d'infatigables labeurs et des succès constants, l'île demeurait toujours la propriété de la mense épiscopale de Fréjus, et les habitants du Monastère n'en étaient que des fermiers, exposés à voir la destination de l'immeuble modifiée par un changement de dispositions des propriétaires. En 1893, deux hommes de cœur, MM. Legros et Moreau, résolurent d'un commun accord d'acheter pour leur compte le précieux héritage de saint Honorat, afin de le soustraire à toute fluctuation possible. Sous les auspices de Mgr Mignot, évêque de Fréjus, le T. R. P. Colomban entreprit d'obtenir l'autorisation du

Gouvernement. Aussitôt il rédige une pétition, il dresse un dossier et part pour Paris, au mois de mars. La démarche était périlleuse; mais la foi triomphe de tous les obstacles. Le voilà au Parlement, au Ministère, au Conseil d'État. Sous ses pas, les monts s'aplanissent et les épines se changent en roses. Tout cède gracieusement au pieux solliciteur. Accueilli avec la plus bienveillante faveur par le ministre de l'Intérieur et des Cultes, encouragé par de nombreux amis, soutenu par de puissants protecteurs, fortifié surtout par les prières ferventes de sa Communauté, il vit partout le triomphe du succès couronner sa hardie expédition avec une rapidité qui est loin d'être coutumière. En effet, le dossier, déposé le 10 mars, fut remis au Conseil d'État le 17. Huit jours après, le Lundi-Saint, le grand Conseil adoptait le projet sans la moindre réserve, et rédigeait le décret qui fut signé par M. Carnot, Président de la République, le 4 avril. Dire l'allégresse qui fit battre le cœur des religieux de Lérins à l'heureuse nouvelle, l'enthousiasme avec lequel ils chantèrent le *Te Deum*, l'accueil filial qu'ils firent au retour à leur Abbé triomphant, leur bonheur à tous de se sentir chez eux, serait chose difficile.

Une conséquence importante de cette acquisition de l'île, c'est que désormais le titre d'Abbaye, reconnu par Pie IX au monastère de Lérins dans l'approbation provisoire des Constitutions de la Congrégation de Sénanque, pouvait être maintenu d'une manière ferme et définitive. le T. R. P. Dom Colomban ne manqua pas de poursuivre auprès du Saint-Siège, avec la constante préoccupation de tout régulariser qui le caractérise, l'obtention de l'acte qui devait rendre pour toujours à Lérins le titre d'Abbaye, qu'il avait porté si glorieusement pendant quatorze siècles. Enfin, le 24 mai 1895, la Sacrée Congrégation des Évêques et des Réguliers rendit son Décret, en vertu duquel le monastère restauré de Lérins est déclaré solennellement et définitivement érigé en Abbaye, et le T. R. P. Dom Marie-Colomban revêtu, lui et ses successeurs, de tous les privilèges qui forment l'apanage des Abbés de l'Ordre de Cîteaux. Le R. P. Colomban venait ainsi d'achever d'une façon magistrale ce que le R^{me} Dom Marie-Bernard avait si heureusement commencé dans l'île Saint-Honorat. — Quelques parcelles de cette île restaient encore en la possession du Génie militaire sous le nom de *batteries*, et les religieux en étaient locataires moyennant une redevance consentie par l'État. Ces terrains militaires ayant été mis en vente l'année 1899, M. Moreau s'en rendit acquéreur, et ainsi tout le territoire de l'*Ile Sainte* appartint au même propriétaire et put être consacré à son unique et pieuse destination.

Parmi tant d'importants et utiles travaux exécutés par les ordres du R. P. Colomban, nous ne pouvons omettre de mentionner le port, qu'il a fait creuser et construire sur la rive nord-est de l'île Saint-Honorat, en face de l'île Sainte-Marguerite. C'est une sécurité pour le Monastère, obligé d'entretenir un service de bateaux pour se procurer ses provisions et son courrier de chaque jour, mais c'en est une aussi pour les pêcheurs et les touristes, dont les barques sont bien souvent surprises par le gros temps, et qui s'empressent alors de se réfugier à l'abri des forts parapets contre lesquels la tempête vient briser ses impuissantes fureurs. C'est au R. P. Colomban également que l'on est redevable du télégraphe qui relie au continent l'île et le Monastère, et permet aux touristes surpris par le mauvais temps de rassurer leurs familles.

Pénétrée de reconnaissance pour toutes les améliorations et tous les progrès introduits par le T. R. P. Colomban dans l'Abbaye dont il avait pris si vaillamment en mains le gouvernement, la Communauté de Lérins ne se contenta pas de l'élire une seconde fois le 9 décembre 1893, à l'unanimité. Elle conçut le projet d'obtenir du Souverain Pontife en sa faveur une dérogation à l'article des Constitutions de la Congrégation de Sénanque d'après lequel les Supérieurs des diverses maisons, et le Vicaire Général lui-même, ne sont élus que pour six ans. La Communauté de Lérins adressa donc en 1899 au Souverain Pontife une supplique en vue d'obtenir que, par une exception toute personnelle, le T. R. P. Dom Marie-Colomban fût déclaré Abbé à vie et pût conserver le supériorat de l'Abbaye de Lérins jusqu'à son décès. Cette supplique, fortement motivée et appuyée instamment par Mgr Mignot, évêque de Fréjus, fut prise en considération par Sa Sainteté le Pape Léon XIII et obtint une réponse favorable.

Mais, hélas ! la loi du 1er juillet 1901, contre les Congrégations religieuses, allait lui donner de bien graves préoccupations. En face des incertitudes de l'avenir, il fallut arrêter les travaux d'aménagement intérieur du monastère. A quoi bon embellir une demeure que peut-être bientôt il faudra abandonner pour s'en aller vers une terre d'exil ?

Ce fut dans ces jours critiques que le T. R. Père Colomban déploya les dons que la Providence avait généreusement départis à sa riche nature.

La divine Sagesse, qui l'avait rendu maître en l'art si difficile de manier les esprits, l'inclina à demander au Gouvernement pour ses religieux l'autorisation de continuer, sur le territoire français, l'exercice de la vie de communauté. Et sans doute parce qu'elle avait ses vues sur l'avenir de cette Abbaye rendue illustre par tant de saints et de martyrs, elle permit que ses démarches fussent couronnées d'un plein succès.

Le 20 septembre 1901, Dom Colomban adressa donc au Président de la Commission chargée d'examiner les demandes d'autorisation, et qui n'était autre que M. Clémenceau, une requête en vue d'obtenir l'autorisation légale pour sa communauté. A l'appui de sa demande il joignit copie d'une délibération du Conseil municipal de Cannes dont la conclusion avait réuni l'unanimité des suffrages.

Dans un sentiment de reconnaissance envers cette honorable assemblée qui s'est montrée si favorable au maintien des moines Cisterciens dans l'île Saint-Honorat, qu'il nous soit permis de citer cette délibération qui, plus que bien d'autres faits et gestes, mérite de passer à la postérité.

DÉLIBÉRATION DU CONSEIL MUNICIPAL DE CANNES DU 20 NOVEMBRE 1901.

La Congrégation des Cisterciens de l'Immaculée-Conception de Lérins, dont le siège est à l'île Saint-Honorat, sollicite l'autorisation prévue par les articles 13 et 18 de la loi du 1er juillet dernier.

Conformément aux prescriptions de l'article 21 du décret du 16 août suivant, portant règlement d'administration publique pour l'exécution de la loi précitée, cette demande, avant d'être soumise au Parlement, doit recevoir l'avis motivé du Conseil municipal.

Voici les renseignements recueillis sur le rôle de l'établissement qui nous occupe :

L'île Saint-Honorat a été acquise en 1859 par l'évêché de Fréjus, qui la confia aussitôt à une Congrégation de Frères agriculteurs. Ce n'est qu'en 1869 que les Cisterciens vinrent s'y installer à titre de fermiers. Plus tard, M. Vincent Legros, en vertu d'un décret du 4 avril 1893, en devint propriétaire et y maintint les mêmes religieux.

L'île Saint-Honorat, une des principales attractions du littoral, doit à la présence des religieux dans l'antique monastère qu'ils ont restauré une grande partie de son intérêt.

« Les religieux font partie de la Société centrale de Sauvetage des Naufragés, qui a établi dans leur île un poste muni d'un canon porte-amarres appelé à rendre de grands services. Déjà, avec l'aide de ce canon, ils ont secouru des personnes demeurées en détresse sur l'îlot de la Tradelière situé à l'extrémité de l'île Sainte-Marguerite.

« Les moines ont créé, et entièrement à leurs frais, un port qui sert d'abri à toutes les embarcations navigant dans ces parages et surprises par le mauvais temps.

« Les pêcheurs particulièrement, et bien des fois aussi les touristes, qui, ne pouvant plus retourner chez eux à cause du mauvais temps, sont obligés de rester à l'île, se réfugient au monastère où ils trouvent toujours une hospitalité bienveillante.

« Les religieux mettent aussi à la disposition des voyageurs, qui ont hâte de rassurer leurs familles, le télégraphe que l'administration des Postes leur a accordé.

« Enfin, le Monastère renferme une imprimerie et divers autres ateliers, où, sous la direction des religieux, de pauvres enfants orphelins, souvent abandonnés, apprennent divers métiers qui les mettent à même, devenus grands, de gagner honorablement leur vie

« Pour toutes ces raisons, et en considération de l'attitude digne et respectueuse tenue par ces religieux vis-à-vis de l'autorité, votre Commission vous propose de donner un avis favorable à leur demande.

« Le vote a été unanime. »

Au cours de l'année 1902, le R. Père Abbé envoya au ministère divers renseignements complémentaires, mais l'affaire n'avançait toujours pas, et cette situation en se prolongeant ainsi, ne contribuait pas peu à maintenir les esprits dans une pénible incertitude. Sur ces entrefaites, divers intérêts de sa Congrégation appelèrent Dom Colomban en Italie; or, il arriva qu'un jour le religieux qui l'accompagnait eut la curiosité d'acheter dans une gare un journal français et, le parcourant, ses yeux s'arrêtèrent par hasard sur l'annonce qu'une liste de Congrégations proposées à l'autorisation du Gouvernement serait prochainement publiée à l'*Officiel*.

A cette nouvelle, le R. P. Colomban, pressentant une décision imminente, interrompt son voyage et, par le premier train, se rend à Paris. Le but à atteindre était d'obtenir que Lérins fut inscrit dans la liste officielle.

Grâce à Dieu, il arriva à temps pour plaider la cause de sa Communauté devant la Commission du Sénat chargée d'examiner les demandes d'autorisation.

Malgré les préventions injustifiées dont la plupart de nos hommes politiques de ce temps étaient imbus, Dom Colomban, convoqué officiellement le 13 février 1903, leur parla avec tant d'à-propos et de dignité qu'il les gagna à sa cause. Un témoin parfaitement désintéressé, ne put s'empêcher de nous dire qu'en cette circonstance notre Supérieur avait fait grand honneur à l'Ordre de Cîteaux.

Ce succès lui permit tout au moins de rejoindre sa Communauté avec l'espoir d'obtenir bientôt pour sa chère Abbaye l'autorisation devenue nécessaire afin d'en assurer l'avenir.

Malheureusement, chacun sait qu'à cette époque le sectarisme était installé au pouvoir et que, de ce fait, aucun monastère ne pouvait longtemps se flatter d'échapper à ses coups.

CHAPITRE XV

Lérins au XXᵉ siècle.

A la recherche d'une maison de refuge à l'étranger. — Derniers
travaux de Dom Colomban; sa mort. — Dom Patrice. —
Lérins pendant la guerre. — Une fondation au Brésil —
Mort de Dom Patrice. — Dom Léonce, son jubilé abbatial.
Bref du Pape Pie XI. — Retraite de Dom Léonce. — Dom
André. — Consécration de l'église abbatiale de Lérins. —
Restauration de Sénanque. — Affiliation des Cisterciennes
de l'Immaculée-Conception à la Congrégation de Sénanque.
— *Messis quidem multa.*

Avec la loi du 1ᵉʳ juillet 1901, commençait pour l'Église
de France une période de jours sombres, semée d'inquié-
tudes diverses et de lamentables ruines. Cette loi scélé-
rate, qui n'était en somme qu'un arrêt de mort à peine
déguisé, visait, à n'en pas douter, toutes les Congrégations
religieuses, même celles qui, comme Lérins, avaient
accepté de demander l'autorisation du Gouvernement.
Nous n'en voulons pour preuve que l'article 13 de cette
fameuse loi qui prévoyait la suppression par simple décret
pris en Conseil des ministres, même des Congrégations
autorisées.

Ainsi donc leur sort était laissé à l'arbitraire de juges
dépourvus d'impartialité. Une pareille situation rendait
la vie impossible et mettait tous les Ordres religieux dans
l'obligation de chercher à l'étranger une maison de refuge
en cas d'expulsion de la mère Patrie.

Dom Colomban avait trop l'expérience des hommes et des choses pour se croire personnellement hors de danger à la suite du succès de ses premières démarches à Paris. Comme tant d'autres, il partit, parcourut bien des pays, visita nombre de maisons dans la pensée d'en trouver une susceptible d'offrir un abri stable à sa Communauté de Lérins à l'occasion. Enfin, après de longues et fatigantes courses, il arrêta son choix sur le vieux château d'Osasco, sis en Piémont, dans la province de Turin, préfecture de Pignerol, à une petite distance de la frontière française, sur la route de Briançon, par Fénestrelle et le mont Genèvre.

Autrefois demeure seigneuriale des comtes d'Osasco, ce vieux donjon domine une vaste plaine fertile que ses habitants appellent « le Jardin de l'Italie »; situé à 450 mètres d'altitude, il offre aux regards émerveillés un panorama véritablement grandiose : la vue s'y étend en effet d'un côté jusqu'à l'Adriatique et de l'autre reste barrée à l'horizon par l'imposante chaîne des Alpes d'où se détache bien en face la pointe du mont Viso.

L'habitation, en forme de quadrilatère flanqué aux quatre angles de tours massives dans le style du moyen âge, avait été jadis une puissante forteresse témoin de nombreuses batailles. A l'intérieur, une cour carrée, des cloîtres couverts, une chapelle, et de vastes salles faciles à transformer en lieux réguliers. Aux deux étages prévus dans le plan de transformation, l'architecte comptait pouvoir aménager cinquante cellules desservies par des galeries.

Outre le château, la propriété comprenait une ferme et quinze hectares de terre excellente arrosée par deux cours d'eau et entourée d'une solide muraille de trois mètres de haut, garnie d'espaliers. Évidemment on ne pouvait désirer mieux. Après entente avec le propriétaire M. Laurenzati, Mgr Arnal du Curel, évêque de Monaco, se porta acquéreur du domaine pour le compte de Dom Colomban. L'acte de vente fut signé le 13 décembre 1903, et cinq jours après le R. P. Emmanuel y était envoyé comme supérieur avec deux Frères convers pour y procéder aux travaux de transformation nécessaire. Commencés le 22 décembre, ceux-ci durent être subitement interrompus huit jours après à la suite d'une visite de M. le Maire d'Osasco, envoyé pour notifier au Supérieur, qui l'ignorait, que le château était classé parmi les monuments historiques et nationaux et qu'en conséquence on ne pouvait modifier l'architecture extérieure de l'édifice sans l'autorisation préalable de l'Administration compétente. Le 22 février suivant, l'ingénieur Fulciano était envoyé de Turin par la Commission des Monuments historiques et, après examen du plan projeté approuvait l'ensemble des modifications intérieures, mais concluait au rejet de tout ce qui porterait atteinte à l'harmonie des lignes extérieures du monument. Cette décision rendait donc impossible la construction prévue d'un deuxième étage.

Au milieu des ennuis et des embarras d'une installation tout juste à ses débuts, les premiers religieux d'Osasco qui étaient à la peine eurent du moins, sur ces entrefaites, l'agréable surprise d'une visite des Chartreux du Mont Oliveto dont ils étaient devenus les voisins. Il fallut attendre jusqu'au 12 avril avant de pouvoir reprendre les travaux interrompus; mais on s'y remit avec une telle ardeur qu'en moins d'un an l'immeuble était prêt à recevoir commodément une Communauté religieuse. Déjà bien avant la fin des travaux, la Sacrée Congrégation des Évêques et Réguliers avait, par un rescrit en date du 21 août 1904, accordé au R. P. Abbé de Lérins la faculté d'ériger la nouvelle fondation en maison régulière avec noviciat et jouissance de tous les privilèges et grâces spirituelles accordés aux autres fondations de la même Congrégation. Par un deuxième rescrit du 24 septembre de la même année, Rome décidait qu'Osasco resterait sous la juridiction directe de l'abbé de Lérins, lequel continuant de conserver sa résidence habituelle au monastère Saint-Honorat, serait aidé dans le gouvernement de la nouvelle maison par un Prieur claustral. A partir de cette date, la fondation put en toute justice s'attribuer le nom de « *Nuova Lerina* ». Son premier Prieur nommé fut le R. P. Emmanuel.

En décembre 1905 la jeune Communauté d'Osasco, grossie d'un renfort venu de Lérins, put enfin recevoir l'érection canonique et commencer à jouir d'une existance parfaitement régulière : bien que son noviciat n'ait pu être ouvert qu'à la fin de 1906.

Ce fut l'occasion d'une fête de famille à laquelle Dom Colomban se fit un devoir d'inviter bienfaiteurs et amis, entr'autres Mgr du Curel, évêque de Monaco, propriétaire du domaine, Mgr Rossi, l'ordinaire du lieu, et son Vicaire général Mgr Hugetti, M. le chanoine Martin, supérieur du Séminaire, M. le curé d'Osasco, M. le Consul de France à Monaco, M. le Comte de Malleville, secrétaire du Gouvernement de Monaco, M. le Consul de France à Turin, et M. Rossi-Brueira, ancien magistrat. Aux agapes qui suivirent la cérémonie religieuse, le R. P. Abbé de Lérins tint à remercier ses nobles invités et fit un discours dont nous croyons devoir citer les passages suivants :

« Je m'adresserai à vous, tout d'abord, Monseigneur de
« Monaco, vous qui ayant eu le goût de vous rendre acqué-
« reur de cet antique manoir féodal, avez voulu unir la
« charité à l'amour de l'art, en le destinant à abriter de
« pauvres moines inquiets du lendemain... Quelles ne
« sont pas nos obligations pour une si généreuse pro-
« tection ! Réfugiés derrière ces vieux remparts, nous
« y serons comme ces vassaux d'autrefois qui, dans les
« jours de danger, recouraient au patronage du seigneur,
« et venaient chercher la sécurité dans son imprenable
« donjon. Mais, en retour, ils lui devaient hommage et
« service de leurs personnes et de leurs biens... Les moines
« n'ont à vous offrir que leurs prières; croyez qu'elles
« vous sont acquises, Monseigneur. Ces salles voûtées
« ou haut élevées qui jadis ont retenti du cliquetis des
« armes, résonneront désormais des chants paisibles
« de la liturgie monastique. Quelles supplications les
« religieux de la « Nouvelle Lérins » (*Nuova Lerina*) ne
« feront-ils pas monter vers le ciel en faveur de l'hôte au
« cœur si noble, si bienveillant qui daigne leur donner
« asile dans son manoir... »

Puis ce fut le tour de l'évêque de Pignerol de recevoir
les remerciements de Dom Colomban, pour avoir si cha-
ritablement ouvert les portes de son diocèse aux religieux de Lérins...

Enfin, s'adressant à MM. les Consuls de France, il les
félicita en ces termes : «... C'est avec bonheur que je salue
« votre bienveillante présence dans ce vieux castel des
« seigneurs d'Osasco. Nous avons transporté là le nom
« quinze fois séculaire de Lérins, cette île des côtes de la
« Provence, la pépinière des évêques de la France méro-
« vingienne, l'école qui seule conserva la tradition des

Façade de l'Église abbatiale.

LÉRINS. — Intérieur de l'église abbatiale.

« lettres durant les invasions barbares et transmit à tout
« l'Occident le flambeau de la civilisation à travers les
« plus épaisses ténèbres. Ce nom illustre venu de la
« Patrie, nous l'avons donné à cette fondation, comme
« les émigrants d'autrefois nommèrent « Nouvelle France »
« toute une région de l'Amérique du Nord, où, depuis,
« leur race a prospéré. C'est vous dire que, comme eux,
« nous restons toujours Français de cœur et qu'il nous
« est bien doux de reconnaître, à l'accueil qui nous est
« fait ici et aux faveurs que nous recevons de Monaco,
« les relations d'amitié que votre sagesse sait entretenir
« entre la France et les pays où vous exercez vos nobles
« fonctions de ministres de la Concorde et de la Paix. »

En terminant, Dom Colomban rappela délicatement
au Secrétaire du Gouvernement de Monaco, quels souvenirs le rattachaient, lui et son Monastère, à la Principauté et à ceux qui présidaient à sa prospérité et au
bonheur de ses habitants; il lui suffisait pour cela d'évoquer la mémoire des illustres Abbés, qu'au temps de la
Renaissance, la famille princière avait fournis à l'Abbaye
de Lérins. Son dernier mot fut pour exprimer toute sa
fidèle reconnaissance au Prince régnant pour les généreuses attentions dont bien souvent il avait été déjà
l'objet de sa part.

Comme on peut en juger, ces lignes révèlent avec quelle
délicatesse Dom Colomban excellait à se concilier l'esprit
et le cœur des plus grands personnages que la Providence lui donnait de rencontrer; et c'est bien pour cela
que d'aucuns recherchaient son commerce. Témoin cette
dépêche du 12 mai 1905 qu'il trouvait à son arrivée à la
gare de Pignerol et par laquelle le duc et la duchesse
d'Aoste l'invitaient aimablement à déjeuner avec eux

à leur palais de la Cisterna à Turin. Il faut bien dire aussi que cette famille princière n'était pas étrangère à l'installation des religieux de Lérins à Osasco. Du fait de ses anciennes relations avec le comte de Paris, Dom Colomban s'était cru suffisamment autorisé à solliciter, au temps de ses pénibles recherches, le concours de sa fille, la princesse Hélène, duchesse d'Aoste, et lui 'avait écrit en effet pour lui demander s'il ne lui serait pas possible de trouver sur le sol de la catholique Italie, et de préférence dans le voisinage de Turin, l'abri nécessaire à sa Communauté en cas d'expulsion.

Quelques semaines après cette démarche, la maison tant désirée était découverte dans la région même qu'il avait indiquée.

Cependant, toujours absorbé par la pensée de l'exil et l'obligation de s'y préparer, Dom Colomban dut bien à regret abandonner ses projets d'expansion. Lui, dont l'activité prodigieuse se mouvait comme à l'aise au milieu des difficultés de tout genre, se vit contraint de marquer un temps d'arrêt. Ce fût l'heure de l'épreuve dont la Providence se servit pour l'amener à consacrer le restant de ses jours à d'intéressantes publications et à enrichir ainsi sa Congrégation des fruits de son expérience.

La liste des ouvrages dont il dirigea la publication serait bien longue : citons seulement quelques-uns des principaux :

1º Et d'abord la *Vie de Dom Marie-Bernard Barnouin*, fondateur de la Congrégation de Sénanque, par Mgr Redon, vicaire général d'Avignon. L'édition de luxe richement illustrée parut le 8 décembre 1904 à l'occasion du cinquantenaire de la fondation des Cisterciens de l'Immaculée-Conception. L'édition populaire imprimée à Lérins ne parut qu'en 1907.

2º *Le Cardinal Jean-Baptiste Pitra*, par Mgr Battandier.

3º *Status generalis Abbatiarum, Prioratuum, Monasteriorum Ordinis Cisterciensis*, par le R. P. Dom Symphorien, de l'Abbaye royale d'Hautecombe.

4º *L'Histoire générale des Carmes et des Carmélites de la Réforme de Sainte-Thérèse*, par le R. P. Marie-René, du même ordre. 5 vol.

5º *Bossuet*, directeur des âmes, par l'abbé Silhol.

6º *La Sacrée Congrégation du Concile*, par l'abbé Parayre.

7º *Les Paroisses du diocèse de Lyon*, par M. l'abbé Vachet.

8º *Obituarium Monasterii St Bernardi*, S. O. C., 1237-1900, par le R. P. Benoît Van Dominck, sous-Prieur de Bornhem.

9º *Le Rituel Cistercien*, qui a été accueilli par tout l'ordre de Cîteaux avec un tel empressement qu'un second tirage devint nécessaire au bout de peu de temps.

10º Enfin le présent ouvrage *L'Ile et l'Abbaye de Lérins*, publié d'abord en 1895, fut réédité en 1909. C'est de ce remarquable résumé de la prestigieuse histoire de Lérins que nous présentons aujourd'hui au public une 3e édition soigneusement revue, corrigée et augmentée de nombreuses et intéressantes notices.

A cette liste déjà longue quoiqu'incomplète, nous ne pouvons pas ne pas ajouter l'ouvrage qui fut et restera le chef-d'œuvre de l'Imprimerie de Lérins, « *Le Magnificat* traduit en 171 langues », et qui fut offert à Léon XIII à l'occasion de son Jubilé, et jugé digne de figurer dans la galerie des dons royaux.

Imprimé du vivant de notre vénéré fondateur, il ne dut de voir le jour qu'à l'active collaboration de Dom Colomban, alors prieur.

Après tant de travaux entrepris pour la gloire de Dieu et la prospérité de son monastère, Dom Colomban sentit que ses forces commençaient à le trahir. Vieux avant l'âge, il eut, dès 1910, comme le pressentiment de sa fin prochaine. En jetant un regard d'ensemble sur cette carrière si pleine, il faut reconnaître que si l'abbaye de Lérins a présentement le droit de s'enorgueillir de son organisation, elle le doit sans conteste à l'activité débordante et au sens pratique de ce fils de prédilection de notre saint Fondateur, Dom Marie-Bernard. D'abord Prieur, il se fit pendant quinze ans le pourvoyeur de ses frères et réussit à recueillir assez de ressources pour relever de ses ruines l'antique abbaye. Devenu abbé, il donna alors toute sa mesure, menant de front le travail intellectuel et le labeur matériel. Héritiers de son œuvre, nous lui devons le témoignage qu'il n'y a rien à reprendre dans tous les ouvrages qu'il a fait exécuter.

Cet homme, si peu habitué au repos, ne se serait jamais accommodé de l'inaction. Il connut aussi la souffrance... « Toute vie, a-t-on dit, qui n'a pas son Calvaire est un châtiment ». A ce compte-là, on peut affirmer que Dom Colomban a été singulièrement chéri par la Providence, car il l'a eu son Calvaire, qui plus encore que les travaux, les soucis, le surmenage occasionnés par la persécution religieuse, hâta l'usure de ses forces. Terrassé en quelques heures par un mal implacable, il succomba le 3 mars 1911. Honneur donc et Paix à ce bon et fidèle serviteur qui si brillamment paracheva l'œuvre de la restauration de Lérins commencée en 1869 par Dom Marie-Bernard.

Son successeur, le R. P. Dom Patrice Lerond, élu le
21 août 1911, fut installé dans sa charge le 13 septembre
suivant. Loin d'avoir les brillantes qualités d'administrateur de celui dont il recueillait la succession, le nouvel
abbé était par contre un homme d'une haute science
théologique, et sa piété ainsi que son zèle le rendaient prêt
à tous les sacrifices comme à tous les dévouements. Il
le fallait bien, car les temps étaient particulièrement
difficiles. L'atmosphère politique des pays d'Europe
sans cesse troublée tenait les esprits dans la crainte;
d'aucuns prévoyaient déjà l'orage qui bientôt allait
mettre le feu aux poudres et ensanglanter toutes les
nations civilisées. Et cependant, au milieu des craintes
continuelles au dedans et des alarmes du dehors, il fallait
tenir... L'on tint en effet, mais nous allons voir au prix de
combien de douloureux sacrifices.

Le premier et non le moindre fut la fermeture de l'orphelinat et par voie de conséquence l'arrêt de l'imprimerie
qui en dépendait. Cette mesure que l'on espérait transi-
toire était devenue à ce moment une nécessité. Depuis la
fondation d'Osasco qui ne cessait d'absorber toutes les
disponibilités de Lérins tant en hommes qu'en argent,
cette œuvre des orphelins ne faisait qu'aller en dépé-
rissant... C'était fatal... L'heure vint de faire la part du
feu et pour sauver Osasco on se décida à sacrifier l'orphelinat.

A peine entré en charge, Dom Patrice Lerond commençait ainsi à son tour sa montée du Calvaire qu'il devait
poursuivre sans arrêt jusqu'à la mort.

Les deux années qui suivirent se passèrent dans des
alternatives de crainte et d'espoir; malheureusement
l'avenir continuait d'apparaître lourd de complications

et de dangers. Plus encore que la France, l'Italie traversait alors une crise dont la gravité qui n'échappait à personne, amenait chaque jour davantage la ruine des espérances de sécurité dans la maison d'Osasco. En notre pays, au contraire, une détente se dessinait. Lérins devait-il dans ces conditions continuer à se sacrifier pour une maison qui semblait ne plus devoir répondre aux nécessités du moment...? On ne le crut pas. L'occasion s'offrant de liquider la propriété sans trop de perte, on en profita, et les religieux qui s'y trouvaient rentrèrent joyeux au berceau de leur vocation religieuse. L'opportunité de cette mesure qui malgré tout revêtait toutes les apparences d'un nouveau et dur sacrifice, ne devait point tarder à apparaître. Moins d'un an après, en effet, sonnait la mobilisation; la guerre était déchaînée. Les religieux se devaient à eux-mêmes de répondre à l'appel de la patrie en danger; ils le firent bravement avec le sentiment qu'ils allaient écrire et signer de leur sang une des plus glorieuses pages de notre histoire religieuse et nationale.

L'abbaye de Lérins eut quatorze des siens mobilisés qui furent bientôt dispersés sur tous les champs de bataille; plusieurs furent blessés, sept décorés de la Croix de guerre; deux moururent glorieusement, l'un à Corfou au service des cholériques et l'autre à Verdun, à son poste de combat. Ce dernier fut cité à l'Ordre de l'Armée en ces termes par le général Mangin :

« ... Sous-officier venu à sa demande instante d'un régi-
« ment territorial; d'une haute valeur morale dans son
« service. A fait preuve d'un courage intrépide sous
« un violent bombardement le 2 août 1916, et a été tué
« par un obus à son poste de combat, âgé de 43 ans. » Ce

que la citation ne mentionne pas, c'est l'humble obéissance de ce religieux qui, pour rester fidèle à ses vœux, commença, avant toute autre démarche, par demander à son supérieur la permission de prendre la place d'un jeune père de famille du 134ᵉ rég. d'inf. de l'armée active, envoyé à la défense de Verdun.

Les heureux rescapés de ces luttes atroces, rentrés au bercail, voulurent témoigner leur profonde reconnaissance à la Sainte de la Patrie, Jeanne d'Arc, en lui érigeant une statue dans un des jardins du monastère; tandis que les décorations gagnées sur les champs de bataille allaient orner l'autel de Marie, reine et patronne du lieu.

Pendant la tourmente, Lérins, bien qu'éloigné du théâtre de la guerre, vit pourtant approcher de ses côtes des sous-marins allemands. Pour surveiller leurs évolutions et signaler au besoin leur présence, l'autorité militaire installa au sommet de la tour Saint-Honorat un poste d'observation relié par téléphone à une batterie contre sous-marins établie à l'extrémité ouest de l'île, et desservie par un détachement de marins français et de Malgaches.

De leur côté, les moines que l'âge retenait à la maison ne cessaient de prier pour les absents, et d'offrir à Dieu leurs œuvres satisfactoires pour les innombrables défunts en faveur desquels on réclamait leurs suffrages. Ils étaient parfaitement dans leur rôle. Mais comment, à ces heures de conflagration mondiale, Dom Patrice arriva-t-il à oser se lancer dans un projet de fondation au Brésil? C'est ce qui sera toujours difficile d'expliquer. Un prêtre d'Amérique de passage à Lérins en avait suggéré l'idée, dans un but désintéressé seulement en apparence. Beau parleur, il fit miroiter de telles espérances que le bon Abbé, sans défiance, partit malgré son grand âge avec un groupe de religieux jeter là-bas les fondements d'un monastère... Hélas ! il courait à une aventure qui devait lui coûter la vie. Tant il est vrai que le zèle même de meilleur aloi ne saurait suppléer en pareil cas au défaut d'expérience. Dans cette nouvelle maison isolée en pleine brousse, où tout était à créer, Dom Patrice travailla rudement, souffrit avec patience et mourut le 24 juillet 1917, frappé d'une congestion cérébrale, victime de sa bonne foi surprise et de son téméraire dévouement. Il emportait avec lui dans la tombe les espérances de sa fondation.

En pleine guerre, privée subitement de son chef, l'abbaye de Lérins continua sa vie de silence et de prières sous la direction de son Prieur claustral, jusqu'au jour où, tous ses religieux étant réunis de nouveau après la démobilisation, il fut possible de procéder à l'élection d'un nouvel abbé. Ce fut le 2 août 1919 qu'eut lieu cette cérémonie : le choix des électeurs se porta sur Dom Léonce Granet, qui fut ainsi appelé à gouverner l'antique monastère de Saint-Honorat.

Sans appartenir à la Communauté de Lérins, le nouvel élu n'était pas un inconnu pour elle.

Abbé de Sénanque depuis le 28 août 1898, il avait eu la douleur de voir sa Communauté dispersée en 1903, victime des lois persécutrices. Depuis lors il avait vécu à demi solitaire, n'ayant d'autre préoccupation que de veiller jalousement sur le berceau de la Congrégation dont il resta le fidèle servant. Qu'on ne doute donc pas que le bon Dieu n'ait voulu récompenser une telle fidélité en lui accordant d'assister avant de mourir au repeuplement de ce foyer de vie religieuse.

Du gouvernement de Dom Léonce qui va de 1919 à 1928, il y a relativement peu de choses à dire. Un mot doit suffire à le peindre. Homme de tradition il s'appliqua à réaliser avant tout dans sa personne la « *forma gregis ex animo* », et c'est ainsi que durant l'espace de dix ans on le vit prêcher d'exemple par sa ponctualité aux exercices et son esprit de mortification. La communauté en profita pour se recueillir et se remettre peu à peu des secousses qui l'avaient comme meurtrie. De nouvelles vocations affluèrent qui firent renaître l'espoir de voir bientôt reluire des jours meilleurs. C'est ainsi que le rôle de Dom Léonce, pour avoir été peut-être plus effacé que d'autres, n'en a pas été moins fructueux.

Un seul événement marqua son passage à Lérins : le 25ᵉ anniversaire de sa bénédiction abbatiale, à l'occasion duquel il plut au Souverain Pontife d'honorer le vénérable Jubilaire d'un bref qui mérite d'avoir sa place dans l'histoire de l'Abbaye.

A notre cher Fils Marie-Léonce Granet, Abbé de Lérins, vicaire général de la Congrégation de Sénanque,

PIE XI, Pape.

« Cher Fils, Salut et bénédiction apostolique,

« Alors que vous vous préparez à célébrer tout pro-
« chainement le 25ᵉ anniversaire de votre bénédiction
« abbatiale, nous avons cru répondre à vos plus chers
« désirs et récompenser ainsi l'ardeur de votre piété
« envers le Vicaire du Christ, en venant vous affirmer
« la part que Nous entendons prendre aux manifestations

« de sainte allégresse dont vos disciples et les témoins
« de votre vertu vont à l'envi vous combler : et de ces
« sentiments les présentes lettres vous apportent l'ex-
« pression spontanée.

« Car de source sûre nous avons appris le brillant éclat
« dont s'auréole toute votre vie. Expulsé de votre cloître,
« vous avez supporté avec courage le malheur des temps;
« placé à la tête de différents monastères, vous avez su
« allier à la prudence le zèle soutenu; puis adonné tout
« entier à la sainte œuvre du maintien des disciplines
« sacrées, vous avez entraîné vos fils spirituels moins
« par l'exercice de votre autorité que par la force de vos
« exemples.

« Aussi bien, tout en vous décernant ce tribut de féli-
« citations méritées, aimons-nous à remercier Dieu qui
« vous fît la grâce de travailler si parfaitement ce long
« espace de temps, à la cause de la religion.

« Que le Tout-Puissant veuille bien vous accorder encore
« de nombreuses années, également pleines de mérites :
« heureux présage des munificences célestes que Nous
« vous souhaitons surabondantes.

« Et en gage de Notre particulière bienveillance, Nous
« vous accordons, Cher Fils, de tout cœur, la bénédiction
« apostolique.

« Donné à Rome, près Saint-Pierre, le 20 du mois
« d'août de l'année 1923, de notre Pontificat la deuxième.

« PIUS, P. P. XI. »

A la fois Abbé de Lérins et vicaire général de la Congrégation de Sénanque, Dom Léonce, presque nonagé-
naire, demanda et obtint au début de l'année 1928 d'être
déchargé du gouvernement de l'abbaye de Saint-Honorat.

De nouvelles élections, présidées par le Révérendissime Dom Janssens, Abbé général de l'Ordre cistercien, qui eurent lieu le 5 avril de la même année, portèrent sur le siège abbatial le R. P. Dom André Drilhon.

Du nouvel abbé il doit suffire de dire que son nom, ses citations, ses états de service occupent la moitié d'une colonne dans une page du Livre d'or du Clergé et des Congrégations de la grande guerre. Car on comprendra que nous ne voulions pas mettre sa modestie à une trop grande épreuve. Brancardier divisionnaire, puis brancardier aumônier du 107ᵉ rég. d'inf., il se dépensa sans mesure sur presque tous les champs de bataille de France et d'Italie; il fut l'objet de multiples citations, dont voici la dernière à titre d'échantillon :

« Toujours volontaire pour les missions dangereuses;
« s'est prodigué jusqu'à l'extrême limite de ses forces
« dans les journées des 27, 28 et 29 octobre 1918, pour
« relever les blessés et réconforter les mourants. Le 26 oc-
« tobre, a demandé à suivre le détachement chargé d'assu-
« rer la tête de pont pour le passage du fleuve et a, dans
« des conditions extrêmement périlleuses, traversé plu-
« sieurs fois le fleuve afin d'assurer la liaison du service
« de santé. Modèle d'abnégation et de courage; un véritable apôtre. »

Avec un chef pareil à la tête d'un monastère au passé si riche de gloires, on n'avait pas à redouter l'inaction. Lérins, en effet, qu'était-ce, sinon quinze siècles d'histoire religieuse, des moines, des évêques, des saints, des martyrs, des noms illustres, héros trop oubliés de nos générations contemporaines?

Ne convenait-il pas tout d'abord de faire revivre tant de si nobles souvenirs dans la mémoire des foules? Mieux encore, n'était-il pas opportun d'aider au relèvement de notre pays en proposant à l'ardente jeunesse qui monte, ces héroïques exemples de vertu et de sainteté, fleurs exquises et variées dont la Provence catholique a si bien le droit de s'enorgueillir? Cette pensée hanta l'esprit du nouvel Abbé dès le lendemain de sa bénédiction abbatiale.

Il en fit part à Mgr de Fréjus, et tous deux décidèrent d'ajouter à l'histoire de l'antique abbaye une page digne de son glorieux passé, en décrétant la consécration de l'église élevée par les moines cisterciens sur les ruines de l'ancienne plus de dix fois séculaire. Dans un mandement à ses diocésains, Monseigneur avait dit : « L'importance exceptionnelle de Lérins et de son église exige que la consécration soit à la fois magnifique et immédiate. »

On choisit pour cette cérémonie la date du 14 octobre 1928.

En annonçant la fête dans sa *Semaine religieuse*, Mgr Ricard, évêque de Nice, voulut bien publier quelques pages documentaires sur l'histoire de l'Ile Saint-Honorat.

Le Souverain Pontife lui-même, informé de l'événement qui se préparait, daigna accorder une indulgence plénière aux pèlerins qui visiteraient l'église nouvellement consacrée durant les huit jours que devait durer la solennité de cette fête.

Agences et journaux se faisant l'écho de toutes ces nouvelles les répandirent jusqu'au delà de nos frontières, et ne manquèrent surtout pas de signaler que, suivant un usage immémorial de l'Ordre de Cîteaux pendant toute l'octave de la Consécration, le monastère serait ouvert à tous, et l'accès dans la clôture permis en cette circonstance exceptionnelle même aux femmes.

Il n'en fallait certes pas davantage pour ressusciter la tradition vieille de plusieurs siècles « des Pèlerinages à l'Ile des Saints », que l'indifférence religieuse issue du sectarisme politique avait presque anéantie.

La veille du grand jour ce fut sous l'arc de triomphe élevé à l'orée de l'allée des Cyprès, à la gloire de Saint-Honorat, que s'effectua la réception des prélats : le Révérend Père Dom Marie-André, entouré de ses religieux, y attendait là ses hôtes vénérés. Mgr Siméone, évêque de Fréjus et de Toulon, arrivé depuis la veille, s'était porté au devant de Nos Seigneurs. Les présentations eurent lieu avec le cérémonial habituel : baisement de l'anneau épiscopal et accolade évangélique.

L'Abbé de Lérins prononça ensuite l'allocution de bienvenue suivante :

MESSEIGNEURS,

« Au nom de la Communauté de Notre-Dame de Lérins,
« il m'est doux de vous adresser, à vos premiers pas sur
« cette terre sainte, les paroles de la plus cordiale bien-
« venue.

« Ce salut, parti cependant de cœurs dévoués, ne ferait
« sans doute qu'arrêter un moment votre haute attention
« si nous ne pouvions nous présenter, humble assemblée
« de moines, sous le patronage de nos illustres devan-
« ciers. Ce sont donc tous les grands Saints de Lérins,
« depuis Honorat, le patriarche des moines d'Occident,
« jusqu'aux derniers martyrs de la grande cause mona-
« cale, qui vous reçoivent ici.

« L'Ile est en fête pour vous; il n'est pas jusqu'aux
« cèdres séculaires, touchés par ce maëstro incomparable

« qu'est le grand vent du large, qui n'aient voulu vous
« réserver un grandiose récital.

« Lérins tressaille d'espérance à votre visite : tant de
« fois elle a donné les plus saints de ses fils pour les trônes
« épiscopaux, qu'elle aime particulièrement voir, en
« ce jour, les successeurs de ces moines d'antan venus
« apporter abondantes et fécondes, leurs meilleures béné-
« dictions à ses fils d'aujourd'hui. »

A ces mots, empreints de respectueuse cordialité,
Mgr Siméone, au nom des évêques, répondit en ces
termes :

« Mon RÉVÉRENDISSIME PÈRE,

« Je suis certain d'être l'interprète de Messeigneurs les
« Évêques en disant que c'est une grande joie pour nous
« de venir aujourd'hui sur l'île des Saints, des évêques,
« des savants et des docteurs, en vue d'assister à la con-
« sécration de l'église que vous avez élevée en l'honneur
« de l'Immaculée-Conception et de saint Honorat.

« Nous avons la confiance que cette journée de demain
« sera une journée de joie pour le Ciel, de bénédiction
« pour nos diocèses, pour votre monastère et pour notre
« Patrie bien-aimée. »

Nous empruntons maintenant à un chroniqueur ami,
F. de C., les intéressants détails qui suivent :

Le lendemain, dès les premières heures du matin, une
foule énorme se pressait sur les quais d'embarquement
des quatre bateaux qui faisaient le va-et-vient entre
Cannes et les îles de Lérins, tandis que les deux cloches
du monastère lançaient éperdûment leurs appels dans
l'air bleu du matin. Dès cinq heures, les prélats avaient
dit leur messe tour à tour. A 7 heures, commençait la

fête officielle de la Consécration. De l'autel dressé sous
le péristyle où se trouvait la châsse contenant les reliques
de saint Justin et de saint Zénon, le cortège des évêques,
les cérémonies extérieures étant terminées, fit son entrée
solennelle dans l'église où simultanément Mgr Simeone,
au maître-autel; Mgr Arlet, à l'autel de Saint-Pierre;
Mgr Ricard, à l'autel de la Pieta; Mgr Clément, à l'autel
de Sainte-Anne; Mgr Jorcin, à l'autel du Sacré-Cœur;
Mgr Rodié, à l'autel de Saint-Joseph; l'Abbé de Lérins,
à l'autel des Reliques; l'Abbé de Saint-Michel de Cuxa,
à l'autel de la Vierge, accomplirent les rites de la consécration.

Immédiatement après, les cloches sonnent à la volée;
les portes s'ouvrent et la foule impatiente envahit la maison du bon Dieu pour assister à la messe pontificale qui
suivit, célébrée par Mgr Arlet, évêque d'Angoulême.
Durant cet office, la chorale de Notre-Dame de Bon-
Voyage, sous l'habile direction de M. Frommer, chanta
à pleine voix le *Gloria in excelsis* repris avec ardeur
par les chantres du collège séraphique monégasque. Ce
fut un émouvant spectacle à l'intérieur de l'église pleine à
craquer, tandis qu'en plein air, l'abbé Lavergne, succé-
dant à Mgr Barillon et à l'abbé Arlet, disait la messe
servie par un militaire. L'*allcluia* final procura à la foule
une nouvelle et profonde émotion : sept évêques en ornements de grande cérémonie, entourés de leur cour et suivis
d'un nombreux cortège d'ecclésiastiques, distribuèrent
les bénédictions aux fidèles pieusement inclinés sur leur
passage.

La grand'messe ayant pris fin à 13 h. 10, un banquet
fut servi dans une des grandes salles de l'Abbaye de
Lérins. M. Capron, député-maire de Cannes, était entouré

de Mgr Simeone et du Révérendissime Père Abbé de Lérins; M. Lacour, 1er adjoint, et M. Guittois, 2e adjoint, voisinaient avec NN. SS. Clément, Germond et Jorcin.

Des toats furent portés. Mais ce n'était là qu'une reprise de contact terrestre. A 15 heures, tandis que les cloches du couvent sonnaient à toute volée, une immense procession parcourait l'allée des Cèdres, et vint jusqu'au Port pour saluer la statue de la Vierge, patronne des marins. Ce fut à cette occasion que le chanoine Ponsard, supérieur de l'École Masséna, à Nice, et prédicateur de Notre-Dame de Paris, prit la parole pour parler de Lérins. Nous croyons faire plaisir au lecteur en reproduisant ici son magnifique discours :

MESSEIGNEURS,
RÉVÉRENDISSIMES PÈRES,
MES FRÈRES,

Cette foule ! Ces moines ! Cette rencontre de la foule avec les moines !

Mes Pères, vous n'avez pas voulu cette fête intime, cette consécration de votre chapelle, sans y convoquer cette multitude qui vit loin de vous, mais pour laquelle, vous, vous vivez. Vous avez fait à ces fidèles le signe qu'on fait à des amis. Vous les avez voulus pour témoins de cette heure qui est grande pour vous.

Chrétiens, vous êtes venus et vous avez compris. Je vous ai suivis au long de cette journée. Comme vos regards se sont posés attentivement sur toutes choses ! Comme vos âmes se sont faites religieuses pour s'ouvrir à l'intelligence de la vie monastique ! Comme tout vous a parlé ! Vous êtes entrés en sympathie avec ces moines que vous avez côtoyés. Vous auriez voulu deviner le secret qu'ils portent en eux. Vous auriez voulu surtout confier le secret que tout homme porte en soi. Ah ! pour vous aussi cette heure a été grande ! j'ai vu des larmes sous des paupières. Près des humbles croix de bois du cimetière, toutes pareilles, toutes égales en leur simplicité, annonciatrices du

INTÉRIEUR DE L'ÉGLISE DE SÉNANQUE,
(sans les stalles, ni l'appareil du Maître-Autel)

Intérieur de la chapelle du monastère des Sœurs cirterciennes,
à Reillane (Basses-Alpes).

néant de la vie, et, en même temps, proclamant, plus que les somptueux mausolées, la certitude des espérances supra-terrestres, j'ai vu des cœurs recevoir un choc. Une pensée les surprenait : « Si pourtant, la vérité est là ! » Toute la journée a été lourde d'émotions et d'enseignements. Et nous voici à cette cérémonie du soir, l'âme débordante de pensées, confuses à force d'être multiples.

Voulez-vous que nous essayions de voir ce qui s'agite en nous? Voulez-vous que nous essayions de comprendre pourquoi Lérins nous a si fortement saisis?

Au fond, nous étions venus un peu comme on vient vers un tombeau. Et voici que nous nous apercevons que la vie est ici : toutes les formes supérieures de ce que nous désignons par ce terme magique, la vie : vie sociale, vie spirituelle, vie mystique. En quelques mots nous allons rendre témoignage à cette triple vitalité de Lérins.

I

LA VIE SOCIALE DE LÉRINS.

Les réalités physiques sont bien souvent les symboles des réalités morales. Considérez que cette île, c'est la terre d'en face qui se continue sous la mer, et qui fait ce dernier effort, pour se soulever au-dessus des flots.

En apparence isolé, cet îlot se rattache à toute cette terre de feu, vivante et mouvementée, belle de lignes, riche de couleurs, harmonieuse et chantante, à cette côte de Provence, coin unique de beauté, à cet Estérel incomparable que le soleil se plaît, ainsi qu'un artiste, à illuminer de ses flammes dorées.

Symbole de l'union que l'île des saints, des docteurs, des martyrs, des ermites, des moines a toujours gardée avec le monde extérieur, avec le monde qui lutte, souffre, se tourmente, s'agite. Cette île n'a jamais ignoré ses besoins matériels et elle a toujours essayé de guider ses aspirations spirituelles.

C'est un caractère bien propre à cette abbaye.

Il y a des monastères qui donnent l'impression de l'éloignement infini, de la séparation absolue d'avec la société des hommes, de l'isolement où l'on s'enferme afin de ne plus connaître le tumulte de la vie, où l'on est déjà comme entré dans l'éternité. Ainsi la Grande Chartreuse. C'est une fin de monde, cette gorge où l'on s'enfonce; c'est un rempart, cette forêt de mélèzes; c'est la grande maison qui a fermé les yeux pour apprendre aux hommes qui s'y enferment à ne plus regarder eux-mêmes le monde qui ne se voit que par les yeux.

Il y a des retraites où l'on se réfugie afin de n'être plus qu'avec Dieu; où l'on va délibérément pour vivre dans la vision du passé, dans un repentir, dans une contemplation, dans une extase. Ainsi, cette Sainte-Baume, là-bas, sur ces autres sommets de la Provence, où Madeleine alla cacher ses larmes, épandre le parfum de ses souvenirs, envelopper de silence le mystère de son amour et de sa pénitence. On y monte toujours dans une volonté secrète d'y trouver Dieu en y oubliant les hommes.

Rien de pareil ici. Certes, c'est la solitude, le recueillement, la prière. Mais c'est — et cela a toujours été à travers les âges — l'incessant contact avec le monde qu'on veut servir, avec les hommes qu'on veut sauver. La barque qui, chaque jour, va de l'île au continent, et revient du continent à l'île, fait mieux qu'apporter les provisions matérielles. Elle atteste une volonté de demeurer en rapports avec le monde, avec ce monde plus tenté que n'importe où d'oublier sa destinée surnaturelle, et que poursuit l'ardente charité de ces moines qui prient et expient pour le sauver. Qui a le bonheur de venir ici, et s'applique à deviner le dessein qui donne son sens à la vie des religieux, comprend que Lérins est un lieu bienfaisant aux hommes, utile à la société; où la prière est une action; où la pénitence est un apostolat; où les cœurs ne se tournent vers le ciel que remplis de la pensée des tourments humains. Je ne sais pas de monastère où, à la fois, l'on aime davantage le silence à travers lequel se perçoit l'écho du monde éternel, et où, à la fois, on est plus curieux des événements contemporains qu'on voudrait pénétrer de l'influence divine.

Relisez l'histoire des moines qui se sont succédés sur cette terre. Ils se sont répandus dans les campagnes du continent pour les défricher; ils se sont avancés dans les vallées étroites pour y porter les bienfaits de la civilisation; ils se sont faits soldats contre les pirates et contre les musulmans; ils ont organisé les villes, créant des hôpitaux et des asiles, ouvrant des écoles; ils ont fourni des évêques, non seulement à la Provence, mais à toutes les provinces de la Gaule; ses apôtres sont allés jusqu'en Angleterre et en Irlande. Le nom de Lérins est mêlé à toutes les conquêtes du Christianisme en Occident. Si bien qu'aujourd'hui chacun de ceux qui sont ici apporte aux moines de Lérins un tribut de reconnaissance : NN. SS. les Évêques témoignent du rayonnement de leur activité religieuse; les autorités civiles attestent leur rayonnement civique et moral; la foule rend hommage à leurs labeurs désintéressés, à leurs dévouements multiples et constants. Ces grands mortifiés ont donc été de grands vivants. Cette petite île, rocher à peine recouvert de quelques centimètres de poussière, a été un sol extrêmement fécond. Ici le cœur s'est fait charité active.

Et l'intelligence elle-même ne s'est pas immobilisée sur des formules mortes. Le besoin de sentir, d'exprimer, de créer la vie a pénétré jusqu'à la science théologique, objet des méditations solitaires. A une époque où les dogmes se fixaient dans les formulaires, et semblaient se cristalliser dans des symboles, Vincent de Lérins avait l'intuition du développement du dogme. Il montrait quels germes de vie sont enfermés dans une formule doctrinale. Il donnait une expression géniale à cette philosophie de la vie du dogme que notre époque a reprise et illustrée avec amour, qui concilie l'immutabilité de la vérité divine avec son enrichissement progressif par la vertu des labeurs humains. Ainsi, dans tous les ordres, économique, social ou spéculatif, Lérins a pensé et agi en contact avec la vie.

Elle est vraiment l'île vivante.

II

LA VIE SPIRITUELLE DE LÉRINS.

Elle est l'île vivante, vivante de la vie de l'esprit. Cette terre est animée. Les choses ne sont pas ici que des choses. Elles sont vraiment des âmes. Toutes les voix du passé murmurent dans ces flots qui caressent le rivage, ou gémissent dans ces vents impétueux qui courbent les arbres. Elles viennent des temps les plus primitifs. Elles recueillent, au long des siècles, tous les accents humains où s'est traduite une angoisse ou un espoir. Ce bout de terre est de toutes les époques; il est de toutes les civilisations, il est de toutes les révolutions; il est de toutes les tentatives cosmiques pour donner une figure à la terre; il est de toutes les tentatives humaines pour donner une forme à l'existence des hommes.

On dit de la route qui longe la Méditerranée qu'elle est la route de l'humanité. Bien plus doit-on le dire de la Méditerranée elle-même qui a assuré les relations entre l'Orient et l'Occident. Lérins y a été un point de départ et un point d'arrivée. Tout ce qui est parti, attiré par le mystère de l'Orient, a posé ici le suprême éclat de son rêve. Tout ce qui est venu de là-bas, apportant une sagesse ou une volonté dominatrice, a déposé là, avant d'entrer dans le continent, sa lumière ou son ambition.

Ici, les mugissements des fauves préhistoriques; ici les premières articulations de l'homme cherchant à retrouver les voies qui font remonter vers Dieu; ici les fantômes des divinités terribles, et les cris des victimes qui leur sont immolés; ici les peuples anciens faisant escale dans les voyages qui les entraînent les uns les autres : Phéniciens, Ligures, Celtes, Grecs, Romains.

Ici, la voix positive des marchands qui font le décompte de leurs trésors; ici les explosions joyeuses des Romains enrichis qui ont planté sur cet îlot leurs villas de repos. Ici le souffle des prières des premiers ermites; les psalmodies des premiers fils de saint Benoît. Ici les assauts terrifiants des Musulmans; ici l'agonie des martyrs. Ici l'âme tourmentée d'un Lamennais pressentant le royaume de la paix; ici les déceptions d'une Sainval venant demander à la solitude de l'Ile et à l'immensité de la mer l'oubli des humiliations qui suivent les triomphes; ici les restes de Paganini, repoussés de partout, venant bercer le sommeil éternel de l'âme harmonieuse qui avait en eux habité au creux d'un rocher où viennent chanter les flots; ici le regard précis et inquiet d'un Guy de Maupassant, venant colorer ses sombres visions intérieures de la douceur nuancée de la lumière sous les pins.

Ici, en vérité, tout ce qui a respiré, gémi, pleuré, chanté, prié au fond d'un cœur humain. L'air qui passe sur cette île n'est fait que de l'écho de toutes ces voix que nul souffle matériel n'a pu disperser sur la mer, parce que la matière n'a jamais vaincu l'esprit. Dans les nuits silencieuses et profondes tout cela palpite. Et quand les moines se lèvent pour chanter l'office, quand les cloches sonnent Matines, il y a longtemps déjà que toutes les voix du passé sont en prière, et que leur office se déroule accompagné de la majesté des orgues que touchent les doigts puissants des flots maritimes.

Regardez les choses les unes après les autres et dites-moi si elles ne sont pas pénétrées d'un élément invisible, dont rien de matériel ne peut suffire à expliquer la présence.

Regardez ces rochers et dites s'ils ne sont pas des êtres humains, captifs, prisonniers d'on ne sait quel tourment qui ne s'achève pas, saisis dans on ne sait quelle tentative d'évasion, condamnés à demeurer dans cette immobilité éternelle au moment où ils voulaient échapper à une prescription divine.

Regardez ces pins inclinés : dites s'ils ne sont que des arbres tordus par le vent. Voyez-vous ce désir, cette nostalgie, cet appel vers l'infini, cette tension intérieure vers un destin qui les délivre de l'étroitesse de la vie présente, ce besoin de s'arracher à ce sol pour aller s'implanter dans une patrie meilleure?

Regardez ces cyprès dressés dans la clarté : dites s'ils ne contiennent pas l'invisible présence d'âmes pacifiées, qui ont vécu étroitement, et qui demeurent là pour veiller sur les choses qu'elles ont aimées et sur les vivants qui viennent chercher ce qu'elles y ont trouvé !

Regardez ces vignes : est-ce qu'elles ne vous donnent pas l'impression de se sentir croître et fleurir à l'ombre de ces autels auxquels elles fournissent la matière du sacrifice, et n'ont-elles pas les apparences d'êtres qui travaillent pour des fins spirituelles?

Voyez la terre : elle est rouge du sang qui a coulé partout. Voyez la moindre plante qui rampe ou qui grimpe : elle est animée d'une sève plus subtile qu'ailleurs, parce qu'elle est nourrie de la grâce qui tombe ici avec la rosée. Allez à la fontaine : il n'y jaillit qu'une eau miraculeuse.

D'elles-mêmes les avenues s'ordonnent comme des chapelles, avec des colonnes, des voûtes, des glissements de lumière qui semblent filtrer des plus magnifiques vitraux. Elles se dessinent en forme de croix. Le clocher de l'abbaye émerge comme un arbre un peu plus grand que les autres. Le jour, les eaux de la mer forment de grandes mosaïques colorées qui sont comme un tapis autour d'un autel. La nuit, les lumières qui s'allument à l'horizon et les étoiles qui scintillent au firmament, semblent autant de lampes autour d'un immense sanctuaire. Tant il est vrai que tout ici revêt un caractère sacré. Cette île est le temple de l'Esprit.

III

LA VIE MYSTIQUE DE LÉRINS.

Un temple, non pas un temple vide, qui ne soit qu'un cadre; non pas seulement un temple de la nature où il n'y ait à prier que les choses, toutes pénétrées qu'elles soient des grandes voix du passé.

Non; le temple de Dieu où des hommes se consacrent à la plus grande œuvre qui soit : la sanctification de soi-même.

J'ai parlé beaucoup de vie, à propos de cette île. Il y a une forme de vie plus élevée que les autres, dont le germe une fois déposé sur cette terre, malgré les vicissitudes extérieures, n'a pu périr : c'est la vie mystique. Apportée par saint Honorat, elle a pu diversifier ses formes : elle n'a cessé de donner à cette île son âme véritable. Lérins est par-dessus tout l'île des moines, l'île mystique.

Cette vie mystique, Chrétiens, il convient que vous compreniez qu'elle est la forme supérieure de la vie. Votre pèlerinage n'aurait pas produit en vous son fruit principal, si vous vous arrétiez, en touristes, à l'aspect pittoresque de ces lieux; ou, en artistes, à l'aspect poétique. Dépassez le dilettantisme. Allez plus loin que l'émotion esthétique. Comprenez l'œuvre souverainement noble et nécessaire que font ici ces moines en se consacrant à la recherche de la perfection morale par le moyen de la vie religieuse.

Notre siècle a méconnu le sens de la vie monastique, et on l'a vu, sous le prétexte qu'ils étaient des êtres inutiles, jeter sur les routes de l'exil des hommes qui avaient demandé aux solitudes le droit de cultiver leurs âmes.

Quelle erreur !

Un moine est un homme qui se condamne à se détacher de lui-même, qui met l'intérêt de sa vie à détruire en lui l'égoïsme, ennemi du genre humain. Hommes qui vivez dans le monde, ne l'avez-vous pas rencontré sur votre route cet ennemi mortel? N'avez-vous pas constaté les ruines qu'il amoncelle dans la société des hommes? N'auriez-vous pas été ses victimes?

Dès lors, comprenez-vous un siècle qui permet à l'égoïsme de s'épanouir; de s'offrir, à force d'argent, toutes les jouissances; de disputer leur petite part de bonheur aux humbles, aux faibles; de se gaver d'orgies qui ne vont jamais sans sacrifier les âmes, les consciences, les cœurs et même les corps? Et, à un homme, votre semblable, enclin, comme vous, à se chercher soi-même au mépris des autres, refuserez-vous le droit de se mépriser, de s'effacer, de s'oublier? Si le malheur du monde vient des rivalités que provoque l'égoïsme, il a déjà singulièrement réduit le malheur du monde celui qui a travaillé à tuer son égoïsme. Un homme aura-t-il tous les droits, sauf celui de lutter contre la source des détresses humaines?

Le moine fait mieux que diminuer le malheur des autres. Il donne aux autres sa part de bonheur. Un moine est un homme, comme vous capable d'activité et d'intrigues pour amasser l'or et l'argent. Il vous donne sa part de richesses matérielles. Il prend pour lot la pauvreté.

Un moine est un homme, comme vous capable d'ambition. Il pouvait se jeter dans la mêlée humaine, écraser les autres afin de parvenir avant tout au sommet des honneurs. Il vous dit : « Allez ! » et lui, il se retire, les yeux baissés, vers les humiliations de la vie cachée.

Un moine est un homme, comme vous tenté par le *désir de jouir*. Sa sensibilité n'a pas moins de convoitises que la vôtre. Peut-être a-t-il déjà couru sur la route, enivrante et fleurie, où se cueillent les fruits de l'arbre de joie. Mais il a arrêté sa course; il a retourné ses pas. Et il fait de l'austérité la nourriture de ses sens.

Un moine est un homme, comme vous, qui a des yeux pour voir, et qui sait que la seule lumière qui apaise le regard humain c'est la beauté. Il vous laisse la beauté des créatures. Qu'elle vous enchante, qu'elle vous séduise ! Lui, il ira, les yeux levés vers le ciel, attendant que se découvre, au-delà des formes créées qui ne resplendissent que de son ombre, la source divine de la beauté.

Un moine est un homme comme vous, qui se sent un cœur dans la poitrine. Un indivisible instinct le pousse à aimer, à se faire aimer, à fonder un foyer, à chercher, au fond des yeux d'une créature, le reflet de son image, à voir en d'autres êtres issus de lui, se continuer sa vie qu'il sait caduque. Il se retire du monde où les cœurs s'échangent; il vous laisse sa place; il laisse libre pour vous le cœur qu'il eût conquis. Il vous donne sa part de ce qu'un être humain tient cependant le plus à défendre : sa part d'amour. Il fera battre son cœur sur un autre plan...

Sur un autre plan, où vous serez encore les bénéficiaires de tout ce qui sortira de son cœur. Il souffrira pour vous la pauvreté, l'humilité, le sacrifice. Pour vous, afin que vous soyez bénis dans vos bonheurs. Pour vous, afin que vous soyez pardonnés dans l'abus que vous pourriez faire des bonheurs qu'il vous a laissés.

Trouvez-vous qu'il n'a pas sa raison d'être ? Rien que par le fait d'être ce moine, cet homme retiré de la concurrence vitale, ne remplit-il pas un rôle bienfaisant? Mais disons, tout simplement, qu'il a sa raison d'être parce que sa vie tout entière est une volonté de perfectionnement moral.

Demandez sa raison d'être à la fleur la plus belle dans le parterre, au papillon le plus coloré dans la lumière, à la clarté la plus pure parmi le monde des étoiles. Ne faut-il pas qu'il y ait au milieu de nous, des hommes qui s'appliquent à faire mourir en eux ce qui tient le plus de la bête, à faire s'épanouir en eux ce qui tient le plus de Dieu? C'est ce que font ces moines. Ils travaillent en eux au triomphe de l'esprit. Ils diminuent l'empire du corps; ils augmentent l'empire de l'âme. Ils vivent des clartés surnaturelles; ils développent ces puissances de prière, qui sont les ailes intérieures soulevant un être vers le ciel; ils fixent leurs yeux sur le modèle des hommes, Jésus-Christ, Fils de Dieu fait homme; et de ce pauvre être déchu qu'est l'homme, ils essayent de refaire un enfant de Dieu. Le philosophe ancien, la lanterne à la main, cherchait un homme. Qu'ils viennent ici : ces moines sont des hommes qui s'emploient à être des hommes, tels qu'ils furent faits à l'origine, à l'image de Dieu. N'est-ce pas un honneur pour l'humanité que de son sein sortent des êtres épris d'un tel idéal?

Qui de nous, parfois, n'a le dégoût de son pauvre être, et ne vient à douter de la valeur de sa vie, du prix de son âme? Qu'il s'approche du monastère. Là il comprendra le prix d'une vie qui consiste à incarner une pensée, à se rendre semblable à Dieu, à monter dans la lumière pour redescendre vers la détresse humaine avec plus de tendresse au cœur.

Une tendresse qui sait, chrétiens, prendre la place de la nôtre, quand elle trahit ses plus chers objets. Car notre souvenir ne suit pas longtemps ceux qui nous quittent. Les moines prennent notre place pour se souvenir. Ils étendent leur prière et leur pensée à nos morts. Si large est l'ampleur de la mission qu'ils s'assignent, qu'elle dépasse le royaume des vivants, qu'elle s'étend au-delà de la tombe, qu'elle entre dans les régions immortelles. Ah! je comprends nos Pères qui voulaient qu'on apportât ici leurs cadavres, qui voulaient leurs corps ensevelis dans cette terre. Ils voulaient s'approcher du souvenir qui ne trahit pas. Il leur semblait que leurs âmes y gagnaient la douceur d'un secours; mais que leurs corps eux-mêmes se lèveraient, au dernier jour, plus glorieux, d'une terre où la fleur du souvenir se rend déjà impérissable.

Si tout cela n'est pas de la beauté, c'est qu'il n'y en a pas au monde.

Mes Pères, vous avez la belle et bonne part. Nous vous admirons. Nous vous portons envie. Nous aimons la blancheur de vos tuniques, et la limpidité de vos regards. Nous voudrions faire entrer en nous un peu de cette paix qui habite vos cœurs, qui les fait pareils au lac bleu qu'est cette Méditerranée, les jours où le soleil la colore sans que la tempête la trouble.

J'ai vu, dans vos rochers, de beaux iris bleus. Parce qu'ils ont confié leurs racines à la mer, ils sont teintés de sa plus belle couleur. J'ai vu les mêmes iris, à Gavarnie, auprès des neiges. Parce qu'elles avaient consenti à monter là-haut, sur les sommets, ces fleurs s'étaient colorées de la couleur du ciel. Tout ce qui pousse près des immensités ou sur les sommets devient d'azur, comme l'infini ! Ah ! si sous la blancheur de vos tuniques, si derrière la limpidité de vos regards, nous pouvions voir vos âmes ! Ce qui s'y reflète de divin nous dirait assez que vous êtes, entre les humains, les plus favorisés.

PÉRORAISON.

Je lisais, ces jours, un mot de ce Maurice Barrès qui a si bien compris la colline inspirée, qui eût si bien compris l'île mystique. Il disait : « Ce voile d'Isis, si on l'a une fois soulevé, il en reste au cœur une terreur pour toute la vie ». Oui, d'avoir frôlé le mystère, d'avoir soulevé un voile qui cache une présence de Dieu, cela met dans notre être le frisson d'une crainte, mais toute salutaire.

Qui que nous soyons, parce que nous sommes des hommes, nous sommes des êtres complexes. Jamais nous n'arriverons à être exclusivement de la terre. Toujours une partie de nous-mêmes criera vers quelque chose d'en haut. Il suffit d'une bien petite émotion pour réveiller en nous le souvenir de nos origines divines, et la voix de nos célestes aspirations.

Demeurez un soir à l'office des moines. Quand les complies sont achevées, tout chant ayant d'abord cessé, toute lumière étant d'abord éteinte, vous voyez s'allumer deux cierges qui éclairent l'image de la Vierge Immaculée. Puis les voix entonnent le *Salve Regina*. Les corps sont brisés par la fatigue du jour; l'épreuve terrestre les courbe. Les voix sont profondes, chargées de tout ce que le silence amasse au fond des cœurs. Mais, peu à peu, les corps se relèvent dans l'espoir; les voix s'allègent dans la joie. Et la prière oscille entre deux souvenirs qui rappellent à l'homme les deux hérédités qui le divisent d'avec lui-même : *Exules, filii Evæ.* Nous sommes les fils de la femme qui a péché. *O clemens, o pia, o dulcis Virgo Maria.*

Nous sommes les fils de la femme qui a racheté. Mais, malgré tout, l'héritage le plus divin reste le plus puissant. Il y a en nous un Dieu qui ne veut pas mourir. Aujourd'hui, la présence du mystère religieux a ranimé en nous son besoin de vivre. Cédons, sans nulle défiance, à son appel qui nous tourmente.

Mes Pères, que de fois, de la côte, là-bas, nous jetterons un regard vers le clocher de votre abbaye qui domine cette île. Rien que de l'apercevoir, la paix qui donne le courage envahira nos cœurs.

Il y a quelques jours, je rentrais vers Nice. C'était la nuit. Je passais en face, et, malgré les ténèbres, je tendais les yeux dans la direction de votre île, pour cueillir au passage ce souffle de paix qui vient de vous. Tout à coup, la lune se dégagea des nuages qui arrêtaient sa lumière. Un rayon vint juste se poser sur le clocher de l'abbaye. Ce fut comme un scintillement; et, comme un phare jette une lumière vers les matelots perdus en mer, votre clocher jeta vers mon âme une clarté qui, en l'illuminant, la rendit confiante.

Aujourd'hui, tous nous avons été touchés, mieux que par un rayon luisant dans une obscurité. Nous avons baigné dans toute la lumière surnaturelle de votre vie. Croyez-le, nous partons pacifiés et fortifiés. Mais, mes Pères, priez pour que le souvenir de ces heures demeure une force, au long des jours où il faut lutter, afin que nous aussi nous ayons le droit d'attendre avec confiance cette vie éternelle vers laquelle nous soupirons en tremblant, vers laquelle vous allez d'un pas plus sûr par les sentiers étroits que vous ont tracés vos Pères.

Il serait bien difficile de traduire l'émotion produite sur la foule par de telles paroles... D'aucuns chuchotaient : « Nous avons frôlé aujourd'hui le mystère de la vie religieuse; il n'est pas possible qu'il n'en reste en nous une inquiétude salutaire et le besoin de chercher la paix que les moines possèdent... » Ah ! c'est qu'on secoue difficilement le charme de la parole du chanoine Ponsard... Et comme pour mieux la répandre à travers le monde, sa dernière parole à peine tombée de ses lèvres sur nos têtes attentives, la brise au large l'emporta.

Le discours terminé, la procession se remit en marche pour serpenter triomphalement à travers les allées om-

breuses de l'île qui, telle un immense vaisseau, semble
voguer sur une mer apaisée et cingler dans un cortège de
parfums déjà paradisiaques vers le céleste port de l'Église
triomphante.

La première journée des fêtes se terminait dans une
apothéose. Mais durant toute la semaine, et tandis que
NN. SS. les Évêques officiaient pontificalement, la foule
assidue des pèlerins participa à la prière monastique et
put s'imprégner de la sainteté qui émanait de ses pieuses
cérémonies.

Le jeudi 18 octobre était la journée réservée aux écoles.
Un temps idéal la favorisa. Il y eut foule encore une fois.
L'on était attiré par une cérémonie particulièrement
émouvante : l'ordination sacerdotale de deux moines de
l'Abbaye de Saint-Honorat : le P. Roch, marquis d'Aigre-
mont, grand blessé de guerre, et le P. Théophile Labrosse,
ancien officier d'administration, qui tous deux reçurent
en effet l'imposition des mains de Mgr l'Évêque de Fréjus,
assisté d'une brillante couronne de prélats, de religieux
et de prêtres venus de loin pour cette cérémonie.

Le soir, sous la voûte ombreuse des cyprès séculaires,
après le chant du *Magnificat*, Mgr Halle, archevêque de
Cabasa, ancien auxiliaire de S. Ém. le cardinal de Ca-
brières, exposa avec une chaude éloquence les grandeurs
et les joies du sacerdoce chrétien, devant les nombreux
jeunes gens des Collèges qui composaient la plus atten-
tive partie de son auditoire.

Le dimanche 21 octobre était le jour de clôture de cette
octave solennelle. Mgr Ricard célébra la messe pontificale, et le soir, devant une foule nouvelle massée à l'ombre des grands arbres, Mgr Halle dévoila le secret de cette

force qui pousse les âmes au cloître et expliqua le mystère de cette vie monastique que le monde traite d'insensée, mais que le Maître a dit être « la meilleure part ». Puis commença cette grandiose procession finale du Saint-Sacrement, qui se fit le long de la mer pour aboutir au sommet de la tour de l'ancien monastère fortifié d'où Mgr Simeone, le rayonnant ostensoir aux mains, donna à la foule pieusement agenouillée une émouvante bénédiction qui s'étendit à l'île, à la mer et au continent tout proche, confondus dans une même et unanime adoration.

Quelle inoubliable impression de joie, de paix et d'amour n'emportèrent pas tous ceux qui assistèrent à ces splendides cérémonies tout imprégnées de la paix divine ! Ils pourront dire au monde la joie initiale d'une éternité que possèdent déjà ces défricheurs du sol, ces pacificateurs d'âmes, ces sauveteurs de naufragés que sont les moines de Lérins dont le travail fécond et la prière ailée comme un pur encens montent d'un égal essor dans l'azur, jusqu'au pied du trône de « Celui qui règne dans les cieux, de qui relèvent tous les empires et à qui seul appartient la majesté, la gloire et l'indépendance ».

Ainsi se terminèrent ces fêtes qui durant toute une semaine attirèrent plus de trente mille pèlerins.

Dès le lendemain la clôture reprenait ses droits stricts et le silence de nouveau se remit à planer sur cette solitude monastique : non que ce put être le signal du repos, certes : car d'autres travaux allaient bien vite solliciter l'attention de la Communauté et de son Chef entreprenant, et tendre toutes les énergies vers des réalisations nouvelles. Il ne s'agissait rien moins en effet que de redonner la vie à l'Abbaye mère de Sénanque qui depuis vingt-cinq ans attendait l'heure de la résurrection. Les réparations commencées depuis deux ans sous le gouvernement de Dom Léonce, furent poussées avec une telle ardeur sous Dom André qu'il fut bientôt possible d'y installer un essaim de religieux partis de Lérins et en avril 1929 d'y rétablir la vie régulière sous la direction d'un Prieur claustral.

Le rêve de Dom Léonce se trouvait ainsi réalisé. On ne dit pas qu'il ait pour cela entonné son *Nunc dimittis*. Que le bon Dieu veuille donc bien combler ses vieux jours de ses plus précieuses bénédictions.

Voici que maintenant c'est le tour des Cisterciennes de Notre-Dame des Prés, à Reillanne, de recevoir de l'abbé de Lérins, par suite d'une décision du Chapitre général de la Congrégation d'avril 1929, une impulsion dont on est en droit d'attendre les meilleurs résultats tant au point de vue matériel qu'au point de vue spirituel.

Signalons pour finir le projet de réouverture de l'orphelinat décidée en principe et dont la réalisation n'est plus qu'une question de mois.

Comme on peut en juger par ces dernières lignes, la vie déborde à Lérins... *Messis quidem multa.* Oui, certes, la moisson est grande... L'Amérique nous attend, les Antilles nous réclament, etc... Hélas ! pourquoi faut-il que nous soyons comme les autres réduits à gémir sur le petit nombre d'ouvriers...

Qui que vous soyez, ami lecteur, priez donc le Divin Maître d'envoyer des ouvriers à sa vigne de Lérins, pour l'honneur de l'Église, la gloire de Dieu et le salut des âmes.

CHAPITRE XVI

Lérins au point de vue pittoresque.

Les îles vues de la terre ferme. — La traversée. Le *Dragon*. Le
Canal. — L'arrivée. — Le château fort et le récif des *Moines*.
— Le côté occidental de l'île. Le *Royaume du Vent*. — La
pointe orientale et les ruines d'un temple. — L'îlot Saint-
Ferréol. Étrange destinée posthume d'un grand artiste. —
Le cadre des îles de Lérins : l'Estérel, la chaîne des *Maures*,
le cap d'Antibes, les Alpes. — La flore de l'île Saint-Honorat
et des îlots adjacents : la Tradelière et Saint-Ferréol.

Lorsque, venant de Marseille, le train, au sortir d'un
tunnel, débouche vers le golfe de la Napoule, les îles de
Lérins que l'œil embrasse en entier, apparaissent au large,
arrondies par la perspective et semblables à deux îlots.

Dès qu'on approche de Cannes, elles se dessinent
parallèlement; peu à peu, la plus rapprochée de la côte,
Sainte-Marguerite, dérobe aux yeux l'île Saint-Honorat,
au moins en partie, et les deux îles semblent n'en former
plus qu'une.

Le *Titan*, un petit vapeur fort coquet, conduit aux îles.
Le voilà qui flotte sur la mer, dont les vagues transpa-
rentes miroitent au soleil; accoudé sur la lisse comme sur
un balcon mobile, vous voyez Cannes, la gracieuse, qui
s'éloigne et diminue sous vos yeux tandis que la côte
s'élève et s'articule : ici, des mamelons semés de villas
entourées de jardins; plus haut, les montagnes s'entassent,

entrecoupées de rochers blanchâtres : ce sont les montagnes grises du Var.

Le golfe s'élargit; à gauche, la pointe de la Croisette; à droite la chaîne superbe des monts de l'Estérel, dont les formes élégantes et arrondies contrastent avec les lignes rigides et les brusques escarpements que vous laissez derrière vous. Tout entier de formation ignée, l'Estérel diffère par son aspect, aussi bien que par son origine des autres montagnes des côtes de Provence; il élève dans les airs ses dômes qui semblent onduler encore sous la poussée des forces souterraines et d'où surgissent, semblables à des flammes pétrifiées, quelques aiguilles rocheuses d'une teinte ardente. Quels paysages peuvent lutter de beauté avec les sites que baigne la mer de Provence?

Le *Titan* incline tantôt un bord, tantôt un autre; la mer caresse doucement ses flancs arrondis et babille gracieusement dans le sillage. Il touche à Sainte-Marguerite. — Le fort s'élève sur un rocher à pic; nous ne le décrirons pas ici. — Nous doublons la pointe aride du *Dragon*, où se détache un tronçon de tour ronde et grise. Même par les temps calmes, de grandes houles venues du large y déferlent; la mer y *parle* presque sans cesse. Nous entrons dans le canal qui sépare les deux îles, et Saint-Honorat apparaît revêtue de ses pins superbes qui la signalent de loin au regard du touriste et l'ont fait surnommer par les matelots *l'aigrette de la mer.*

Elle est peu élevée au-dessus de la surface des flots et remarquablement plane. C'est pour cela, sans doute, que les anciens l'avaient appelée *Planasia.*

L'eau dans le canal est tellement transparente qu'on voit ondoyer les longues herbes et courir des milliers de poissons aux écailles chatoyantes. Le peu de profondeur de cet étroit bras de mer et la variété de couleur du fond sont cause que la surface y prend l'aspect d'une mosaïque de marbres précieux aux larges zones tantôt d'un azur sombre, tantôt d'un vert limpide, qu'on ne peut se lasser d'admirer.

On aborde sous des pins gigantesques dont les troncs vigoureux, légèrement inclinés sous le vent, portent leurs têtes arrondies en parasols au-dessus d'une terre d'un brun sanguin, couverte çà et là d'un duvet de gazon d'un vert intense.

Glissant entre leurs troncs disséminés, l'œil va se reposer sur les flots du golfe semblable à un grand lac sillonné de voiles, et le chenal ressemble à un large fleuve dont on n'aperçoit qu'un tronçon.

Sous l'ombrage large de ces pins, se trouve un restaurant confortable d'où l'on peut jouir d'une des plus belles vues qu'il soit donné au regard humain de contempler.

Une allée bordée de cyprès, dont les têtes isolées forment sur le bleu du ciel une noire crénelure, conduit au monastère. Un arc de triomphe en pierre blanche et d'un heureux style coupe cette sombre muraille, et l'on aperçoit le mur d'enceinte de l'abbaye et le clocher roman aux tuiles rouges regardant au loin sur la mer de tous côtés.

Nous reviendrons au monastère. — Allons vers la Tour. Ce château fort est le monument le plus pittoresque de l'île. Il se dresse, dans sa masse gigantesque, sur une mince langue de terre nue et semble sorti du sein de la mer pour défier ses vagues, aussi durable qu'elles. De forme irrégulière, une corniche taillée dans la pierre écla-

LÉRINS. — Vue générale de l'Orphelinat.

LÉRINS. — Cour intérieure de l'Orphelinat.

LÉRINS — Imprimerie de l'Abbaye.

tante le couronne et sert de base à des créneaux massifs
qui ne s'étendent pas tout le long du faîte. — Là-haut,
une petite ogive vide, comme il s'en trouve au-dessus de
la porte, à l'entrée des couvents en Italie, se silhouette
dans la limpidité du ciel. La porte, étroite, n'a pas son seuil
au niveau du sol; elle s'ouvre sur un perron extérieur qui
tient présentement la place d'un ancien pont-levis. La
muraille est percée, de ce côté, de quelques meurtrières. —
La pierre est d'une belle couleur jaune, dorée, splendide,
qui contraste avec le bleu de la mer. Au coucher du soleil, quand les rayons ruissellent en ondes de feu, la Tour
resplendit comme de l'or pur et le soleil semble lui laisser
de sa couleur chaude et rosée.

Au pied de la Tour, des arches murées servent d'abri
aux mariniers; quand le jour devient brûlant, on voit les
voiles arriver de divers points du golfe; les barques
accostent dans la calangue, chargées de filets et de *frutti
di mare;* les pêcheurs allument leur feu entre trois pierres
et une fumée bleuâtre s'élève contre les parois de la Tour,
tandis que l'écume de la haute mer monte sans cesse
contre les récifs bruns. Ces récifs, presque toujours reten-
tissants et blanchissants, qui protègent l'île, s'appellent
les *Moines* ou les *Frères.* Les vagues jettent sur l'île un
murmure sourd, harmonieux, confus. Du haut de la Tour,
la brise apporte les voix joyeuses des touristes... Quel
spectacle, du sommet de ces antiques machicoulis, quand,
jetant un premier regard sur la mer étincelante, sur la
chaîne azurée des côtes qui s'étendent en s'arrondissant
depuis le cap Roux jusqu'à celui de la Garoupe, on découvre à plaisir les deux îles, dont on fouille tous les
détails, toutes les ciselures dans la transparence aérienne
de ce beau climat !

Au sud, un sentier longe la côte, qui tantôt s'abaisse tour à fait sur des bancs de varech, tantôt s'élève un peu, ceinte d'une triple armure de rochers du côté de l'ouest. Quelques-uns ont la couleur d'un marbre blanc-rosé; mais ceux qui sont battus par la vague, ont un aspect sombre et ressemblent à du mâchefer quelque temps après qu'il est sorti de la fournaise. Aucune mousse n'y trouve même une fente pour s'enraciner; ils forment des anses étroites; la mer les remplit de ses flots limpides et aplanis que le martin-pêcheur effleure de ses ailes vertes et lustrées. Le sentier est bordé de buissons épais, de racines grimpantes que le vent de la mer a courbés du côté de l'île, comme une chevelure; car, pour tout dire, si l'île Saint-Honorat a appartenu tour à tour aux moines, aux Sarrasins, aux Génois, aux Espagnols, aux Autrichiens, elle a toujours appartenu au *Vent;* maintes fois le Mistral et le Vent d'Est se la disputent; ils y ont laissé leur empreinte dans les arbres tordus comme des serpents gigantesques ou penchés dans les attitudes d'une fuite éperdue; de sorte que, alors même que le temps est calme, toute la haute végétation de l'île conserve les attitudes d'une lutte contre les éléments déchaînés et l'on y a toujours la *sensation du vent.*

Quand la tempête s'élève, ces pins, dont le tronc a parfois cinquante à soixante pieds de haut d'un seul jet, craquent comme les mâts d'un navire dont les vergues s'entrechoquent, et des branches, qui pourraient être de gros arbres, brisées net, s'abattent sur le sol qu'elles déchirent profondément. Cependant, leurs ramures rendent des bruits semblables à ceux des orgues de nos grandes cathédrales, en même temps que le mugissement continu de la mer et la sourde percussion des flots, à intervalles rythmés, au fond des antres du rivage, accompagnent de leurs notes profondes la plainte harmonieuse ou les gémissements aigus de la forêt.

Quand on se dirige vers la pointe orientale de l'île, et que, sous l'ombre des pins, plus serrés à cet endroit, on découvre les ruines étranges d'une vieille chapelle,

Chapelle de la Sainte-Trinité, VIIᵉ ou VIIIᵉ siècle.

à la porte basse formée de trois bancs de pierre non taillée, aux murailles primitives trouées de baies qui s'ouvrent comme des bouches tragiques pour crier au passant le néant de toutes choses, on ne peut, si l'on est seul, se défendre d'un frisson mystérieux. La tristesse de ce lieu, l'aspect sauvage des rochers qui le bordent au-delà des fourrés, les vagues du large qui viennent se briser en poussière d'écume contre leurs anfractuosités, un îlot désolé qu'on aperçoit à peu de distance battu sans relâche, lui aussi, des coups de la haute mer, tout semble fait pour vous serrer le cœur et vous inspirer une secrète angoisse. Qu'est-ce que cette vieille chapelle? Nul document historique ne nous instruit sur ses origines. Certains auteurs croient y reconnaître les restes d'un ancien temple, approprié plus tard par les chrétiens aux usages de leur culte. Les pierres énormes et presque brutes que l'on remarque à la porte et sur plusieurs autres points de la construction, rappellent les procédés cyclopéens des Ligures ou des Celtes, et l'on a quelque lieu de penser que la partie antérieure du monument serait, en effet, un sanctuaire élevé, avant l'ère chrétienne, à quelque divinité de la mer, ou peut-être encore à Léro, l'Hercule ligurien, auquel, comme le rapporte Strabon, on offrait des sacrifices dans l'île Sainte-Marguerite. Tout ce que l'on peut affirmer, c'est que les chrétiens, dans des temps relativement assez reculés, ont ajouté à ce qui a pu être la *cella* du dieu une triple abside, et ont dédié l'édifice ainsi complété à la Sainte Trinité. Les fortifications élevées en forme de terrasse crénelée sur les voûtes de la chapelle par les Espagnols, au xviie siècle, lui ont fait perdre son galbe primitif, mais on distingue facilement les murs anciens de ce qui y a été surajouté.

A quelques pas de là on rencontre les restes d'un ouvrage de guerre que l'on a de bonnes raisons d'attribuer au génie militaire de Napoléon alors qu'il s'occupait de mettre en état de défense nos belles côtes de Provence. C'est un ancien four à chauffer les boulets rouges destinés à incendier les vaisseaux ennemis. On en retrouve un semblable à l'extrémité opposée de l'île, au milieu d'une redoute ruinée, dont les retranchements en terre sont encore bien reconnaissables.

Nous trouvons en effet dans la correspondance de Napoléon une lettre portant la date du 25 janvier 1794 adressée au ministre de la Guerre, et d'où nous extrayons le passage suivant.

« Je suis occupé, dit Bonaparte, à faire des fours à réverbère dans les positions les plus intéressantes; j'espère avant quinze jours avoir mis la côte depuis les Bouches-du-Rhône jusqu'au Var, sur un pied respectable. »

Le doute n'est donc plus permis, ces travaux ont bien été exécutés sous la surveillance du général Bonaparte.

Un peu plus loin, nous arrivons sur les remblais d'une batterie où quelques vieux canons avaient été laissés jusqu'à ces dernières années. En face, au-delà d'un étroit chenal que l'on pourrait passer à gué, s'étend, en forme de cerf-volant posé à plat sur la mer, l'îlot Saint-Ferréol. De ce côté-ci, il nous présente une rive régulière, un peu élevée, que couronne une mince ligne de verdure. Mais du côté du large, il s'offre avec un autre aspect. Laissons parler ici M. Guy de Maupassant; il nous dira quel singulier intérêt se rattache à ce récif perdu.

L'abordant du côté du large, il ne rencontre qu'un « rocher nu, rougeâtre, hérissé comme un porc-épic, tellement rugueux, armé de dents, de pointes et de griffes, qu'on peut à peine marcher dessus; il faut poser les pieds dans les creux, entre ses défenses, et avancer avec précaution... Un peu de terre venue on ne sait d'où s'est accumulée dans les trous et les fissures de la roche; et là-dedans ont poussé des sortes de lis et de charmants iris bleus dont la graine semble tombée du ciel.

« C'est sur cet écueil bizarre, en pleine mer, que fut enseveli et caché pendant cinq ans le corps de Paganini. L'aventure est digne de la vie de cet artiste génial et macabre, qu'on disait possédé du diable, si étrange d'allures, de corps, de visage, dont le talent surhumain et la maigreur prodigieuse firent un être de légende, une espèce de personnage d'Hoffmann.

« Comme il retournait à Gênes, sa patrie, accompagné de son fils, qui, seul maintenant pouvait l'entendre, tant sa voix était devenue faible, il mourut à Nice, du choléra, le 27 mai 1840.

« Donc son fils embarqua sur un navire le cadavre de son père et se dirigea vers l'Italie. Mais le clergé génois refusa de donner la sépulture à ce démoniaque. La cour de Rome, consultée, n'osa point accorder son autorisation. On allait cependant débarquer le corps, lorsque la municipalité s'y opposa sous prétexte que l'artiste était mort du choléra. Gênes était alors ravagé par une épidémie de ce mal; mais on argua que la présence de ce nouveau cadavre pouvait aggraver le fléau.

« Le fils de Paganini revint alors à Marseille, où l'entrée du port lui fut interdite pour les mêmes raisons. Puis, il se dirigea vers Cannes où il ne put pénétrer non plus.

« Il restait donc en mer, berçant sur la vague le cadavre du grand artiste bizarre que les hommes repoussaient de partout. Il ne savait plus que faire, où aller, où porter ce mort sacré pour lui, quand il vit cette roche nue de Saint-Ferréol au milieu des flots. Il y fit débarquer le cercueil qui fut enfoui au milieu de l'îlot.

« C'est seulement en 1845 qu'il revint avec deux amis chercher les restes de son père pour les transporter à Gênes, dans la villa Gajona.

« N'aimerait-on pas mieux, ajoute le brillant écrivain, que l'extraordinaire violoniste fût demeuré sur l'écueil hérissé où chante la vague dans les étranges découpures du roc? (1) »

Sous les arbustes rampants et touffus, sans cesse fouettés par le vent et cramponnés au sol, on reconnaît encore aujourd'hui facilement la fosse non refermée et entourée d'un cordon de pierres sèches qui garda quelque temps les restes de l'étonnant virtuose. Mélancolique destinée de l'artiste ! Un compositeur de génie laisse du moins après lui son œuvre, qui dort dans des cartons, mais qui peut s'éveiller soudain à l'évocation d'un chef d'orchestre et donner à tout un auditoire l'illusion d'entendre de nouveau la voix du maître et de sentir sa pensée, son âme pour ainsi dire, planer dans l'atmosphère émue. Mais d'un acteur ou d'un virtuose, que reste-t-il pour les générations qui ne l'ont pas connu? Pas une inspiration, pas un accent, un nom à peine. La lyre s'est brisée, son gémissement s'est perdu dans les airs, et l'âme qui l'animait est retournée à Dieu. Puisse-t-elle avoir reconnu à temps Celui dont elle adora si passionnément ici-bas le reflet dans cette chose vraiment divine, qu'on appelle le Beau !

Le nom de l'îlot Saint-Ferréol lui vient, paraît-il, d'un des moines de Lérins qui y vécut en ermite et y fut égorgé pour la foi par les pirates sarrasins. Peut-être les ossements que renfermait naguère un étroit caveau sous l'autel de la chapelle de la Sainte-Trinité, et que la tradition désignait comme des reliques, étaient-ils ceux de cet héroïque solitaire. Parmi ces ossements se trouvait

____

(1) GUY DE MAUPASSANT, *Sur l'Eau*, pp. 26 et suivantes.

une tête bien conservée dont la bouche était remplie d'algues marines.

Ainsi qu'on peut en juger par la description que nous avons essayé d'esquisser, l'île Saint-Honorat a un caractère plutôt sévère et grandiose, malgré son peu d'étendue; austérité de site qui dut naturellement tenter les moines des premiers siècles, et qui est encore accrue par la grandeur de l'horizon qui l'encadre. De cet îlot où nous nous sommes transportés en dernier lieu et qui est, avec quelques rochers détachés, comme la sentinelle avancée de l'archipel de Lérins, l'œil embrasse dans tout son ensemble ce magnifique paysage.

En face, nous avons la partie orientale de l'île avec ses masses touffues d'arbres verts ombrageant quelques blanches ruines. Vers le couchant, les bâtiments du monastère moderne, dont l'église romane élève son chevet et sa tour de transept avec une grâce svelte et, pour ainsi dire, virginale. Toute jeune encore après trente ans, sous ce ciel qui dore la pierre au lieu de la noircir, on dirait la « fiancée du Christ » dont parle l'hymne de la Dédicace, prête à monter d'un élan vers les régions célestes. Non loin de là, le vieux château fort monastique trempe ses pieds dans les flots; de longues vagues bleues crêpées d'argent accourent vers lui, déroulant leurs volutes sans relâche sur le vaste récif des *Moines*, dont une petite tour de signal marque l'extrémité vers la pleine mer. Là, plus d'une fois, des navires sont venus se briser; les flots y blanchissent et y rugissent sans cesse, et se mettent à bondir, dès qu'un coup de vent s'élève, avec une sorte de joie et d'emportement farouche. Au-delà, c'est la mer, polie, luisante, multipliant la lumière;

puis l'Estérel, assombri et voilé de brume dès que le soleil a dépassé son zénith, et posé là comme une découpure sur un immense miroir métallique. A l'extrémité de sa chaîne, un petit point blanc sur un monticule : c'est le château d'Agay, qui jadis échangeait des signaux avec la tour de Lérins et celle d'Antibes pour annoncer l'apparition des voiles des pirates sur la haute mer. Mais là ne finit pas encore l'encadrement du tableau du côté du couchant; au loin se prolonge et s'estompe une ligne de terre d'un gris de nuage; c'est la longue chaîne des Maures courant vers Saint-Tropez et sur les flancs de laquelle, le soir, s'allume un phare aux feux intermittents.

Si nos regards se tournent vers le nord et vers l'est, le cadre de l'horizon prend des proportions plus hardies et plus hautes. Par delà l'épaisse futaie de Sainte-Marguerite, les rivages qui dominent le golfe de la Napoule et le golfe Juan s'élèvent en étages, formant un haut rempart contre les vents du nord. Vers le milieu, s'ouvre une brèche dont la déchirure profonde et pittoresque rappelle, par ses formes et par sa couleur, ces montagnes lointaines que le Poussin aime à donner pour fond à ses paysages rapportés d'Italie. C'est la gorge au travers de laquelle le torrent du Loup s'est ouvert impétueusement un passage; la perspective nous la montre barrée en arrière par le dos raviné du Chéron, haut d'environ deux mille mètres.

Plus à l'est, les riantes collines du cap d'Antibes nous apparaissent verdoyantes et parsemées de blanches villas, au-dessus d'un soubassement de falaises calcaires dont les parois de marbre teinté de rose se doublent en se reflétant dans l'azur transparent du golfe. Au-dessus, se déploie la ceinture montagneuse du bassin au fond duquel Nice abrite ses orangers. Le regard en parcourt de degrés en degrés les sommets et les plateaux boisés, qui se surmontent les uns les autres comme pour offrir aux grandes Alpes neigeuses un marchepied digne d'elles.

Enfin, tout en haut, par delà les nues, les pics glacés se dressent empourprés des rayons du couchant, pareils à de gigantesques pyramides de cristal irrisé, jetées dans les airs pour soutenir la voûte du ciel.

Nous croyons être agréable au lecteur en complétant ce chapitre sur les beautés naturelles de notre île, par un rapide coup d'œil sur la flore de Saint-Honorat et des îlots adjacents. Outre les indications générales fournies par les ouvrages d'Ardoino et de H. Roux (1), cette flore a été, pendant la Session extraordinaire de la Société botanique de France à Antibes, en mai 1883, l'objet de recherches particulières consignées dans le Bulletin de cette Société (2). Une amitié, vieille de près d'un demi-siècle, qui nous lie au savant auteur de ces recherches, nous a valu de sa part la plus cordiale autorisation de nous servir des renseignements si abondants et si positifs qu'elles renferment et d'en insérer ici un résumé succinct.

La végétation de l'île Saint-Honorat ne comporte qu'un seul grand arbre, le *Pin d'Alep* aux branches tourmentées par les vents. Au bord des pinèdes, quelques arbustes, le *Lentisque*, le *Myrte*, la Passerine velue, *Thymelæa hirsuta*, aux rameaux cotonneux, les Cistes

---

(1) ARDOINO, *Flore analytique du département des Alpes-Maritimes*, Menton, 1867. — HONORÉ ROUX, *Catalogue des plantes de Provence*, Marseille, 1881-1891.
(2) D. F. X. GILLOT, *Herborisation aux îles de Lérins*, in *Bull. Soc. bot. de France*, XXX (1883) *Sess. extraord. à Antibes*, p. CLVIII, CLXXVII.

à fleurs blanches, *Cistus monspeliensis*, et à fleurs roses, *Cistus albidus*, forment çà et là des buissons, vestiges des maquis du continent, entremêlés de plantes grimpantes, le Chèvrefeuille, *Lonicera implexa*, la Salsepareille indigène, *Smilax aspera*, aux tiges aiguillonnées qui remplace dans nos haies les Ronces du Nord, l'Asperge grimpante, *Asparagus acutifolius*, la Garance sauvage, *Rubia peregrina*, etc.

La flore méridionale est représentée dans les cultures, vignes et terres labourées qui entourent le monastère par un grand nombre d'espèces, le Pavot à capsules hérissées, *Papaver hybridum*, la Fumeterre à petites fleurs, *Fumaria parviflora*, la fausse Roquette, *Diplotaxis erucoïdes*, le Rapistre, *Rapistrum rugosum*, le Silène à fleurs roses, *Silene gallica*, la Luzerne à fruits arrondis, *Medicago scutellata*, la Vesce de Bithynie, *Vicia Bithynica*, la Chenillette, *Scorpius subvillosa*, les Mâches à gros fruits, *Valerianella, discoïdea, puberula*, le Concombre sauvage aux fruits explosifs, *Ecballium elaterium*, la Jusquiame, *Hyoscyamus albus*, la Scrofulaire, *Scrofularia peregrina*, l'Euphorbe des moissons, *Euphorbia segetalis*, le Glaïeul sauvage, *Gladiolus segetum*, l'Ail noir, *Allium nigrum*, la Belle d'onze heures, *Ornithogalum narbonense*, etc.

Sur les pelouses sèches, et sous les pins, on trouve en abondance la Mauve de Nice, *Malva nicæensis*, les Becs de grue, *Erodium malacoïdes, moschatum*, l'Anthyllide vésiculeuse, *Anthyllis tetraphylla*, différentes espèces de Trèfles, *Trifolium stellatum, Cherleri, resupinatum*, la Psoralée, *Psoralæa bituminosa*, le Chrysanthème à fleurs jaunes, *Chrysanthemum myconis*, la Lampsane étoilée, dont les feuilles se mangent en salade, *Rhaga-*

diolus edulis, le Liseron à fleurs mauves, *Convolvulus althæoïdes*, la Crapaudine, *Sideritis romana*, le Plantain à fleurs velues, *Plantago lagopus*, l'Aristoloche à racines tuberculeuses, *Aristolochia rotunda*, quelques Orchidées aux fleurs pourprées, *Serapias lingua, cordigera*, et d'élégantes Graminées, la Queue de lièvre, *Lagurus ovatus*, le Barbon de Montpellier, *Polypogon monspeliensis*, le Brome, *Bromus madritensis*, l'Ægilops, *Ægilops ovata*, etc.

Au bord de la mer, la Corbeille d'Argent, *Alysum maritimum*, le Passerage maritime, *Hutchinsia procumbens*, autour de l'ancienne batterie, le Cakile aux feuilles charnues, *Cakile littoralis*, le Lotier à feuilles glauques, *Lotus Allionii*, le Lin étoilé, *Asterolinum stellatum*, l'Euphorbe des sables, *Euphorbia peploïdes*, et principalement autour du couvent et du vieux donjon, à l'extrémité méridionale de l'île, la Quarantaine sauvage, *Matthiola incana*, aux belles fleurs violettes, la Cinéraire aux feuilles tomenteuses, *Cineraria maritima*, sur les racines de laquelle on récolte parfois une curieuse et rare plante parasite, l'Orobanche de la Cinéraire, *Orobanche fuliginosa* Reuter.

Au sud-est de l'île Saint-Honorat, s'élèvent deux îlots d'une superficie très restreinte, mais dont la flore diffère singulièrement. L'îlot Saint-Ferréol, plus élevé au-dessus de la mer, est presque entièrement couvert de Rue, *Ruta bracteosa*, dont l'odeur pénétrante et fétide se fait sentir de loin. Quelques Lentisques rabougris et de petits buissons de chèvrefeuille, *Lanicera implexa*, dépassent çà et là les touffes de Rue. Ces broussailles étouffent presque toute autre végétation, et l'on n'y a guère signalé (1) que

(1) Dr GILLOT, *loc. cit.*

les espèces suivantes, la Bugrane, *Ononis reclinata*, le Lotier à gros fruits, *Lotus edulis*, le Pied de chat nain, *Evax pygmæa*, et la Crapaudine romaine, *Sideritis romana*.

L'îlot de la Tradelière n'est qu'un récif d'accès difficile et que les vagues recouvrent dans le gros temps. Aussi, à distance, le rocher a-t-il l'air nu, et l'on est tout surpris, quand on l'aborde, des richesses végétales qu'il recèle. On y trouve en abondance la Carotte résineuse, *Daucus gummifer*, l'Iris d'Hyères, *Iris olbiensis* et surtout le beau Lis maritime, *Pancratium maritimum;* ces deux dernières plantes se trouvent également sur Saint-Ferréol. Le Lotier arborescent, *Doricnium hirsutum*, y croît en fortes touffes qu'entrelacent les tiges volubiles de la Salsepareille indigène, *Smilax aspera*, et les Liserons, *Convolvulus althæoïdes*. Les rochers y sont couverts d'une jolie Plombaginée, le *Statice pubescens*. Enfin, sur le sable, croissent la Frankénie, *Frankenia intermedia*, le Lotier, glauque, *Lotus Allionii*, des Rubiacées aux tiges rudes *Vaillantia muralis*, *Gallium tricorne*, l'Ail à fleurs roses, *Allium acutiflorum*, etc.

CHAPITRE XVII

Les monuments de l'île Saint-Honorat.

Le vieux cloître. — La salle du chapitre et ses peintures. — Le
réfectoire et la *Cène*. — L'église. — Un bas-relief des premiers siècles. — La Tour de Lérins. — L'ancienne bibliothèque. — Les sept chapelles. La chapelle de la Sainte-
Trinité. La chapelle Saint-Sauveur. — Les anciens pèlerinages à l'île de Lérins.

Tout ce qui subsiste aujourd'hui du monastère primitif de Saint-Honorat, c'est le vieux cloître, formé de
quatre longues galeries voûtées, au centre desquelles
se trouve un préau ou cour carrée de médiocre étendue.
Cette construction sombre et massive est d'une époque
difficile à déterminer à cause de l'absence presque absolue des profils; cependant son caractère encore à moitié
romain indique évidemment, selon M. Rohault de Fleury,
le VIIe ou le VIIIe siècle. L'introduction de la Règle de
saint Benoît à Lérins motiva vraisemblablement l'érection
de ce cloître, élément essentiel de la vie commune imposée
par le grand législateur des religieux de l'Occident. La
tradition désigne la petite cour centrale comme le principal théâtre du martyre des cinq cents moines, compagnons de saint Porcaire. Or, comme nous l'avons vu précédemment, les auteurs les plus graves s'accordent à placer
ce sanglant événement vers l'an 732, c'est-à-dire au moment où l'invasion sarrasine, mise en déroute par Charles

Martel à Poitiers, se rejeta sur le midi de la France et y multiplia ses ravages.

L'épaisseur de ses assises a préservé le vieux cloître de la destruction. Il est bâti sans art et sans régularité; nulle uniformité dans la taille des pilastres supportant les arceaux; la hauteur des impostes et la largeur des fenêtres varient continuellement. Les voûtes, en simple berceau, portent sur des pieds-droits épais, que les siècles n'ont pu ébranler. Pas une ligne n'a fléchi de leurs antiques arcatures; pas une pierre n'est tombée de leur cintre. La lumière, pénétrant par des baies étroites, percées dans l'épaisseur des murailles, n'éclaire directement que les parties basses des galeries, et laisse flotter un jour mystérieux dans la profondeur des voûtes, où elle n'arrive que par reflet. Aux heures mêmes les plus claires, alors que l'éclatant soleil de Provence inonde de ses rayons les rares ouvertures par lesquelles on aperçoit de la verdure et des fleurs, on ne peut passer là sans se sentir pénétré d'une religieuse tristesse et sans reporter sa pensée vers les âges anciens, vers le souvenir de tant de saints personnages qui ont abrité sous ces pierres leurs méditations et leurs austérités.

Le cloître de Lérins est l'un des plus anciens monuments de ce genre qui se soit conservé en Occident.

Au milieu de la galerie du côté de l'est, une porte basse et cintrée s'ouvre sur une salle spacieuse. Barralis la désigne sous le nom de Chapitre moderne et nous apprend que, d'après l'usage bénédictin, c'était en même temps une chapelle, qui fut d'abord dédiée à saint Léonard, puis à saint Benoît. Percée de baies en plein cintre et couverte par une belle voûte en ogive, cette salle porte le caractère du style de transition de l'architecture romane à l'architecture gothique. Elle peut être du xie siècle. Elle a servi, aux moines actuels, d'église provisoire jusqu'au jour de l'achèvement de l'église nouvelle. Dès lors elle est redevenue la salle capitulaire et a reçu, dans ces derniers temps, les aménagements et les ornements convenables. Les bancs des religieux lambrissent les murs sur tout le pourtour, et au fond s'élève le siège abbatial surmonté de l'image du Christ.

Les peintures à la fresque qui décorent cette salle et semblent l'agrandir, méritent d'attirer l'attention du visiteur. Voici, sur la muraille du fond, *saint Honorat arrivant pour la première fois dans l'île et en chassant les serpents*. L'exécution sur un mur sans préparation a donné à la touche une rudesse particulière, qui peut surprendre. Sans nous arrêter à certaines incorrections de détail, constatons que c'est une œuvre très personnelle, d'une seule inspiration, exécutée avec fougue et heureuse en bien des points.

La seconde composition, placée au-dessus de la porte d'entrée, pourrait s'intituler l'*École de Lérins*. C'est la réunion idéale des principaux personnages qui, formés à la vie religieuse dans l'*Ile des Saints* durant les deux premiers siècles de la fondation de saint Honorat, ont laissé un nom illustre dans l'histoire de la civilisation et des lettres. On voit au centre saint Vincent de Lérins, accompagné de saint Hilaire, accueillant les deux enfants de saint Eucher et se chargeant de leur éducation. A droite du spectateur, saint Loup, évêque de Troyes, arrête d'un geste le farouche Attila, surnommé le *Fléau de Dieu*. A gauche, saint Fauste s'humilie devant saint Césaire qui lui présente les décisions du 2e concile d'Orange sur les rapports de la grâce et du libre arbitre. Offrant une

Armes de l'Ordre de Cîteaux.

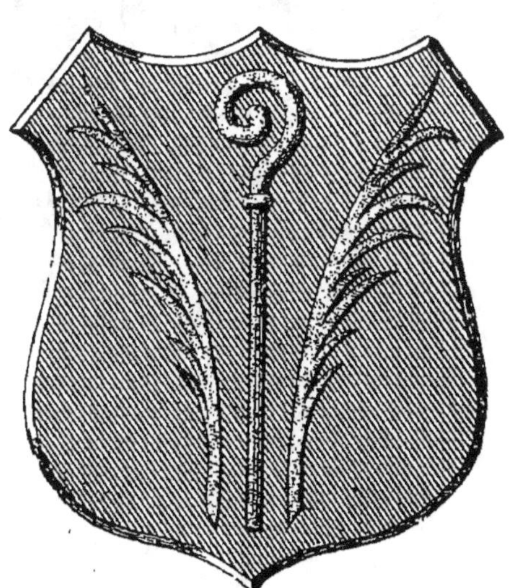

Armes de l'Abbaye de Lérins.

LÉRINS. — La Bibliothèque.

Ancien Sceau de l'Abbaye.

série de personnages sans unité d'action, cette composition est naturellement plus froide et plus recherchée que la précédente. Mais elle renferme certaines figures qui ne sont pas sans beauté.

La galerie méridionale du cloître ouvre sur une vaste salle du même style et de la même époque que celle du Chapitre. C'est le réfectoire des moines, orné, sur la muraille du fond, de cette grande peinture de la *Cène*, à laquelle nous avons fait précédemment allusion. C'est une toile appliquée sur le mur et expressément exécutée pour l'emplacement qu'elle occupe. Exposé au Salon en 1900, ce tableau a valu à son auteur, M. Pinta (1), la médaille d'or et l'a placé hors concours.

L'artiste a pris pour sujet l'instant où, le divin Maître prononçant les paroles solennelles de la consécration eucharistique, ses disciples, assis avec lui au banquet de la Pâque, demeurent saisis d'un étonnement religieux et d'un recueillement plein de foi. Par la simplicité de la composition, le peintre a réussi à donner l'impression de grandeur qui doit se dégager d'un tel mystère. Dans 'exécution, il s'est attaché à n'introduire aucun élément de couleur ni de lignes qui pût troubler l'harmonie du réfectoire monastique, où les religieux assemblés sont tous revêtus de la coule de laine blanche.

Voici la note qui accompagnait dans le *Panorama-Salon*, à l'époque où l'œuvre fut exposée, la gravure de la *Cène* :

(1) H. PINTA né à Marseille le 15 juin 1856. Prix de la ville de Marseille 1880 ; — Grand Prix de Rome 1884.

Salons : sainte Marthe 1890 ; — saint Luc 1892 ; — saint Pierre et saint Paul 1899 ; — La *Cène* (médaille, Hors Concours) 1900 ; — Le portrait du Cardinal Desprez archevêque de Toulouse 1901.

« La composition est symétrique, la haute fenêtre cintrée se dessine au milieu de la muraille nue; la table barre la toile d'une longue ligne droite; les personnages, assis, s'espacent régulièrement et sont vêtus d'une même tunique blanche; la lumière éclaire la scène à contre-jour et se répand également sans jeter une note colorée dans cette harmonie claire. Cette belle hardiesse a réussi à M. Pinta. Dans cette simplicité de décor, rien ne distrait le regard de l'acte divin qui s'accomplit et semble ainsi s'isoler de la réalité. Cette œuvre de grand style méritait hautement la récompense que le Jury lui a décernée. »

Les murailles de ce même réfectoire seront bientôt ornées, nous l'espérons, de peintures représentant la suite des principales scènes de l'histoire de Lérins. Déjà les premières idées en ont été jetées sur le carton. Sur l'un des murs latéraux, on peindra le martyre de saint Porcaire et de ses cinq cents moines, tombant sous le fer des pirates Sarrasins. A la suite, on pourra voir saint Aygulfe avec ses quarante compagnons dans un cachot, au moment où l'archange saint Michel les console par son apparition. Plus loin, se déroulera sur les bords de la mer la procession venue pour recevoir les reliques du même saint Aygulfe et de ses compagnons martyrs, au moment où des vaisseaux les ramènent des côtes de la Sardaigne. Au côté opposé, des sujets plus modernes feront contraster les élégants costumes du siècle de la Renaissance avec l'austérité immuable de la robe monastique : ce seront entre autres, la visite du pape Adrien IV, se rendant d'Espagne en Italie pour y prendre possession du Siège Apostolique, et l'arrivée dans la Tour de Lérins du roi de France, François Ier, prisonnier des Espagnols après la bataille de Pavie.

Dans le cloître, presque en face de l'entrée du réfectoire, on remarque, sous l'arceau d'une fenêtre, le lavoir où les religieux se lavent les mains avant de prendre leur repas. Il est formé d'un sarcophage romain d'assez grande dimension, sur la plaque extérieure duquel sont gravés, en une seule ligne et avec des abréviations, les deux hexamètres suivants :

XRE TVA DEXTRA QVE MVNDAT ET INT ET EXTRA
INTERIV MVNDA MVNDARE QD HEC NEQVID VNDA

C'est-à-dire :

« O Christ, dont la main purifie l'intérieur et l'extérieur, lavez nos cœurs que cette eau ne saurait purifier. »

Enfin, en sortant du réfectoire, on voit à main gauche, à une certaine hauteur dans le mur, le tombeau d'un chevalier dont le frère fut prieur de Saint-Antoine de Gênes, puis abbé de Lérins. A côté des armoiries, on lit l'inscription suivante :

† *S. Dni Tarioneti militis de Corneto et Fratris Tarioni monachi qui frater fuit Prior. Janue. Obiit anno Dni MCCCXIII die X februarii.*

« Sépulcre du seigneur Tarionet, chevalier de *Corneto*, frère du moine Tarion, qui fut prieur de Gênes. Il est mort en l'an 1313, le 10ᵉ jour de février. »

Le village de *Cornetum*, nommé dans cette épitaphe, est situé près de Riez et s'appelle aujourd'hui Château-Redon. Le chevalier portait sur son écu, d'un côté une corne horizontale suspendue par un ruban, et de l'autre trois banderoles ondulantes. Rostan de Corneto, abbé de Lérins, son frère, mourut en 1330 et fut déposé dans le même tombeau.

Selon l'usage habituellement suivi dans les monastères, le vieux cloître est attenant au mur méridional de l'église abbatiale à laquelle on accède par une porte cintrée, exhaussée de trois marches. On se trouve alors dans un édifice entièrement neuf, dont l'architecture romane élancée sait allier l'élégance des lignes avec l'austérité du style monacal cistercien.

Il a malheureusement été impossible de relever de ses ruines l'ancienne église de Saint-Honorat, dont plusieurs détails eussent été de nature à intéresser l'archéologue. Prosper Mérimée et Rohault de Fleury, qui ont parcouru ses décombres, faisaient remonter sa fondation au VIIe siècle; mais l'œuvre des premiers constructeurs paraissait à peu près effacée, sauf les murs latéraux, notamment celui du côté du cloître, et la forme générale du plan. Une reconstruction avait eu lieu au XIe siècle (1088), et celle-ci avait laissé plus de traces. On la reconnaissait aux moulures d'imposte des arcs, au soubassement de la façade, à la porte de la grande nef. On peut admettre que l'édifice commencé au XIe siècle, s'était trouvé terminé au XIIe. Au XIVe siècle, une grande ruine exigea de nouveau d'importantes reconstructions. L'abbé Jean de Thornafort refit la voûte de la grande nef selon le style de son époque; voilà pourquoi l'ogive régnait, depuis, dans la nef principale, tandis que les basses nefs conservaient le plein cintre. La restauration de Jean de Thornafort n'avait pas consisté seulement à refaire la grande voûte; elle avait, sur certains points, modifié les moulures pour les rendre plus conformes au goût gothique, et remanié les voûtes d'arête des chapelles. Enfin, à une époque qui n'est pas déterminée, vraisemblablement au XVIe siècle, on avait changé l'orientation de cette vénérable basilique en transportant l'abside à la place de la porte primitive, chose tout à fait contraire aux traditions de l'antiquité chrétienne, qui voulaient que le chevet des églises fût tourné vers l'orient.

Placée selon les règles de l'orientation normale, la façade de l'église nouvelle reproduit, à sa partie supérieure, l'ancien pignon de la vieille église de Saint-Honorat, cité par Viollet-le-Duc, comme une des plus savantes constructions du XIIe siècle, comme une de celles dont la stabilité était judicieusement assurée au moyen d'arcs reportant les charges sur les points extrêmes. (1)

On revoit, avec des proportions meilleures, la fenêtre cintrée du milieu, complétée par ses deux lobes adjacents décrivant le quart de cercle, et soutenue par sa corniche d'autrefois, à. laquelle il ne manque que ses palmettes. Le galbe est couronné d'une série de corbeaux gracieusement arqués qui soutiennent la dernière corniche, et une croix sculptée domine le point culminant.

En un mot, tout l'ensemble architectural concourt à une reproduction parfaite, mais mieux harmonisée de l'ancienne façade; et les connaisseurs, possédant celle-ci dans leurs albums, estimeront que l'architecte a heureusement atteint cette fin qu'il s'est à dessein proposée.

Le vaisseau mesure trente mètres de longueur sur treize mètres de largeur. L'étendue du transept est de

____

(1) Viollet-le-Duc, *Dictionnaire d'architecture*, t. III, p. 131.

trente et un mètres; et quoique l'abside soit peu profonde, la croix latine est assez bien figurée. Cette abside, lambrissée de marbre de Carare jusqu'à une hauteur de quatre mètres, se termine noblement par une majestueuse statue de la Vierge Immaculée, patronne de l'abbaye, dominant un autel de marbre richement sculpté. En avant du sanctuaire, dans le transept de droite, s'élève le trône abbatial qui sert au R. Père Abbé officiant pontificalement.

Le chœur des religieux est, quant à sa disposition, une reproduction de celui de l'église de l'archi-monastère de Cîteaux. Il constitue, dans l'église même, une enceinte réservée aux Pères de chœur et séparée du sanctuaire seulement par le transept. La boiserie, à laquelle sont adossées quarante-huit stalles, est en chêne. Elle est toute enrichie de sculptures assorties au style de l'église et patiemment exécutées dans les ateliers de Lérins. La crosse ou le bâton pastoral reste jour et nuit devant la stalle du R^{me} P. Abbé : c'est pour rappeler à sa famille qu'elle a toujours au milieu d'elle, pour la régir, un père et un pasteur; et à celui-ci, qu'il doit sans cesse veiller sur son troupeau, à la place de Notre-Seigneur qu'il représente.

Les basses nefs sont deux pendants bien assortis de la grande nef. Bien que fort étroites, elles plaisent par l'harmonie de leurs proportions. Leur voûte forme un berceau légèrement croisé à l'imitation de celle de la grande nef, et les arcs s'appuient d'une part sur les piliers de celle-ci, et de l'autre sur de simples supports fixés dans le mur d'enceinte. Les piliers sont quadrangulaires et tout à la fois massifs et légers, grâce au talent de l'architecte, qui a fait ressortir de chaque face comme la saillie d'un autre pilastre.

Il n'a été possible de pratiquer des chapelles latérales que le long de la nef septentrionale, puisque la nef méridionale est contiguë au vieux cloître. Dans l'une de ces chapelles, dite *Chapelle des saintes Reliques*, le R^me Dom Marie-Bernard, fondateur de la Congrégation de Sénanque, avait souhaité de reposer dans l'attente de la bienheureuse résurrection. Son vœu s'est accompli : il dort là sous une humble pierre au milieu des trésors d'innombrables reliques que son ardente dévotion avait réussi à se procurer. Un peu plus loin, dans la *Chapelle de Sainte-Anne*, on voit le monument funéraire de Mgr Gueullette, ancien évêque de Valence, qui, après s'être démis spontanément de son siège, vint passer, dans la solitude de Lérins, les dernières années d'une vie toute de piété et de zèle apostolique.

Au centre du transept s'élève, jusqu'à une hauteur de seize mètres quatre-vingts, la coupole, que couronne un élégant clocher octogone. Elle est portée par quatre forts piliers auxquels on a su donner une solidité qui n'exclut pas la légèreté; c'est évidemment le plus beau morceau de l'édifice. A droite et à gauche, un peu en arrière de la coupole, on a construit deux tourelles qui accompagnent très gracieusement le clocher, et par lesquelles on a accès au beffroi.

Ce beffroi est une belle enceinte bâtie avec des pierres amenées des carrières de l'île de Malte. Il est largement percé de fenêtres géminées, d'où l'on jouit de tous côtés d'un magnifique panorama. Les cloches du monastère pèsent, la première, mille cinq cent quatre-vingts kilogrammes, et la seconde mille quarante-trois. La plus grosse rappelle, par son inscription, les noms de Leurs Altesses Royales le Prince Robert de Bourbon, duc de

Parme, et de la Princesse Marie-Pie de Bourbon, duchesse de Parme. La cérémonie de leur bénédiction eut lieu le 13 mars 1877.

La flèche ressort, à sa base, par le couronnement du beffroi et par quatre frontons correspondant aux quatre points cardinaux, et au milieu desquels on a enchâssé autant de cadrans indiquant les heures. Elle a été construite en briques de plat, et présente huit faces dont les contours sont formés par huit arêtes moulurées qui vont se réunir au pied de la croix.

Nous ne quitterons pas l'église et l'abbaye sans jeter un coup d'œil dans la belle et spacieuse sacristie qui lui a été ajoutée récemment. Elle abrite un bas-relief en marbre blanc qui se trouvait autrefois enchâssé dans la muraille au-dessus de la porte de l'ancienne église de Saint-Honorat. Ce morceau de sculpture, qui remonte, selon toute apparence, aux premiers siècles du christianisme, était probablement le devant d'un tombeau. Il représente dans sept arcades, divisées par des colonnes torses, des personnages que l'on voit fréquemment sur les sarcophages chrétiens de cette époque primitive, notamment sur ceux provenant des cryptes de l'abbaye de Saint-Victor de Marseille. Ces personnages sont le Christ et ses douze apôtres. Le Sauveur, plus élevé d'une marche, occupe l'arcade du milieu; eux, sont rangés deux par deux dans les compartiments latéraux, tous vêtus de la même manière et le visage tourné vers le divin Maître. Deux des plus rapprochés du centre ont à la main un rouleau : ce sont les évangélistes saint Matthieu et saint Jean; quelques autres offrent au Seigneur des couronnes, symbole des fruits de leur apostolat et de la gloire du martyre enduré pour son nom. On ignore absolument d'où provient ce débris de sarcophage; son style se rapproche beaucoup de celui des peintures des catacombes. Si l'on pouvait prouver qu'il a appartenu à quelque chrétien enseveli dans l'île, il serait permis d'en conclure que le christianisme y a été pratiqué longtemps avant la fondation du monastère.

La *Tour de Lérins*, ou le *Château*, est certainement une des plus curieuses et des plus imposantes forteresses monastiques qui soient encore debout. Bâti sur un rocher aux trois quarts entouré par les flots, ce pittoresque donjon forme un vaste parallélogramme avec des ailes en saillie, et dresse fièrement ses hautes murailles de pierres de taille couronnées de machicoulis qui semblent encore défier un assaut. La porte est à quatre mètres du sol; on y arrivait par un pont-levis qui s'abattait sur le mur de ronde et qui a été remplacé par un perron portant sur une arcade murée, lors des réparations exécutées par l'État en 1884.

Vis-à-vis la porte d'entrée, sont des caves qui correspondaient avec le rez-de-chaussée où étaient la boulangerie, la bûcherie et d'autres salles favorisées en tout temps par la fraîcheur.

On gravit quelques degrés en tournant à main gauche et soudain on se trouve dans un préau ou cour carrée à ciel ouvert, entourée de galeries à arcades ogivales soutenues par des colonnes en marbre ou en granit de diverses couleurs. Cette sorte d'*impluvium* qui occupe le centre de la construction, donne à l'intérieur du vieux donjon l'aspect gracieux d'une maison mauresque, Quatre galeries superposées, répondant à autant d'étages, l'entouraient autrefois. Les derniers travaux de restauration n'en ont plus laissé subsister que deux; la galerie supérieure est supportée par des colonnettes en marbre blanc; les colonnes de la galerie inférieure offrent un intérêt particulier comme ayant été enlevées à des monuments romains. Celle de l'angle S.-O. porte une inscription en l'honneur de Constantin, dont nous avons donné l'explication au chapitre Ier de ce livre (1).

Ce cloître inférieur aurait été commencé, selon Barralis, en l'an 1400. Mais il est probable que les voûtes seules datent de cette époque; les arcades qui relient les colonnes portent le caractère du XIIIe siècle. Au milieu du préau se trouve une grande citerne pavée en marbre blanc, dont l'eau devait suffire aux besoins de la communauté même durant les longs sièges. Elle avait été construite au XVe siècle, aux frais de Jacques Gastolius, originaire de Grasse et religieux du monastère. Le même pieux personnage avait fait les frais de la chapelle conventuelle située au midi de la galerie inférieure et où l'on célébrait l'office divin le jour et la nuit devant l'autel placé à l'orient. Au fond était la stalle abbatiale où les abbés prenaient possession après avoir reçu la crosse, le jour de leur élection.

De là, on a accès dans l'ancien réfectoire, salle voûtée en simple berceau, à l'imitation, semble-t-il, du vieux cloître du monastère primitif. Il y avait place, autour des murs de ce réfectoire, pour environ quarante religieux; et c'est bien également ce que pouvaient loger les dortoirs, aujourd'hui complètement ruinés, du monastère fortifié.

(1) Voir p. 12, le relevé de l'inscription et la figure.

Il renfermait, nous disent les documents, quatre-vingt-six pièces, dont trente-six cellules pour les religieux, cinq pour les étrangers, cinq pour les serviteurs, quatre chapelles, deux citernes, deux grands escaliers et deux en colimaçon; puis de grandes salles claustrales, des cuisines, des fours, « en un mot, ajoute le chroniqueur Barralis, tout ce qui était nécessaire à un monastère bien ordonné (1) ».

On monte au deuxième étage par un escalier, dont la construction a été commencée en 1400 et qui compte 98 marches, y compris celles du perron. En suivant la galerie aux gracieuses colonnettes octogonales de marbre blanc, on arrive, du côté du midi, à une petite porte à anse de panier, donnant entrée dans une pièce spacieuse à la voûte élevée et aux fenêtres ogivales. C'était la chapelle de la Sainte-Croix. Là était renfermé le trésor des plus précieuses reliques des Saints de Lérins; aussi cette chapelle était appelée : le *Saint des Saints*. L'emplacement de l'autel est encore très visible à l'Orient. Il était dédié à saint Honorat et fut rehaussé, en 1454, d'un tableau de prix dû au pinceau de Jacques Durandi, peintre niçois. Du côté de l'évangile, dans une grande niche contenant une armoire de même dimension, reposait le reliquaire de saint Honorat, c'est-à-dire la châsse en style de la Renaissance donnée par Jean André de Grimaldi, évêque de Grasse et second abbé commendataire de Lérins. Nous en avons donné la description d'après le procès-verbal officiel dressé à l'occasion de la sécularisation du monastère en 1788 (2).

(1) *Chron. Lerin.* II, p. 214.
(2) Voir plus haut, p. 159.

Cette chapelle de la Sainte-Croix fut consacrée par l'abbé Jean de Thornafort, en l'an 1392.

De cette chapelle, on passe sur une terrasse d'où l'on jouit d'un coup d'œil splendide sur la mer et sur les montagnes du couchant. Cette terrasse n'est autre chose que l'emplacement de l'ancienne sacristie, que surmontait la fameuse bibliothèque de Lérins. Il n'en reste plus aujourd'hui la moindre trace dans la forteresse monastique. D'après la description que nous en a conservée le procès-verbal de sécularisation, cette bibliothèque avait soixante-quinze pieds de longueur et une largeur proportionnée ; elle « était presque entourée en totalité de planches de bois de pin fort anciennes formant les rayons, lesquels sont divisés de haut en bas en cinq parties différentes, savoir : les deux plus bas rayons sont assez élevés pour placer les volumes des formats in-folio et in-quarto, et les trois supérieurs contiennent les in-octavo et les in-douze ».

Une des gloires de la bibliothèque de Lérins, c'étaient ses précieux et nombreux manuscrits. La plupart ont péri. On n'en possède plus que trois. L'un se trouve à la bibliothèque du Grand Séminaire de Fréjus : c'est une magnifique Bible in-folio, reliée en planches de bois de cèdre, et dont quelques auteurs font remonter l'écriture jusqu'au IXe et même jusqu'au VIIIe siècle. D'après une tradition locale, elle aurait été portée aux conciles de Constance et de Florence. Le second manuscrit qui s'est conservé, c'est le Cartulaire de Lérins, déposé aux archives départementales et dont M. H. Moris, le savant archiviste des Alpes-Maritimes, s'est fait si heureusement l'éditeur. Enfin le troisième, c'est un livre d'Heures, écrit et enluminé par D. Denis Faucher, l'élégant écrivain du monastère; ce précieux ouvrage d'art se trouve actuellement en la possession d'un modeste curé de campagne (1).

Le monastère-forteresse de Lérins a environ cent dix mètres de tour à sa base et vingt-cinq mètres de haut. De la plate-forme supérieure, on a une vue admirable : la grandiose, monotone et sublime majesté de la mer, la terre aux aspects variés et accidentés attirent et arrêtent tour à tour le regard. Au sud-est parfois, par un temps clair, on entrevoit à l'horizon les montagnes de la Corse.

Outre les trois églises centrales de Saint-Honorat, de Notre-Dame de Pitié et de Saint-Benoît, il y avait en plus, disséminés autour de l'île de Lérins, sept autres sanctuaires que l'on appelait *les sept chapelles*.

La plus curieuse de toutes ces chapelles, dont plusieurs du reste ont à peu près disparu, c'est celle de la *Sainte-Trinité* (2), située à l'extrémité orientale de l'île. Nous avons dit un mot déjà des singularités de construction que présentent la partie antérieure et surtout la porte quasi-cyclopéenne de cet édifice. Laissons parler maintenant les archéologues sur l'ensemble de son architecture. « Après un examen attentif on reconnaît, dit l'architecte Révoil, qu'elle doit être de beaucoup antérieure au XIᵉ siècle. Composée d'appareils réguliers, posés négligemment, dépourvus de profil et sans la moindre décoration, cette chapelle a paru à tous les archéologues qui l'ont visitée une des premières qui furent élevées dans les Gaules. Elle se compose d'une nef recouverte d'une voûte en plein cintre, divisée en deux fractions

(1) V. *Pèlerinages monastiques*, par le moine THÉOPHILE, O. S. B., p. 153. Avignon, 1890.

(2) Voir la gravure, p. 265.

par un arc-doubleau. Cet arc repose sur deux colonnes surmontées de tailloirs grossièrement ouvrés, qui se relient avec le cordon placé à la naissance de la voûte. Une arcade étroite sépare la nef des trois absides qui la terminent. Enfin, une petite coupole à base circulaire et de forme conique, surmonte l'espace compris entre ces absides. C'est par un appareil étrange et vraiment barbare que le constructeur est arrivé à former la section régulière de cette espèce de calotte (1). »

Cette coupole, si laborieusement posée sur plan carré, a particulièrement intéressé le savant Viollet-le-Duc : « Nous ne croyons pas, dit-il dans son grand *Dictionnaire de l'architecture française*, qu'il existe en Occident, une coupole plus ancienne que celle de la chapelle de la Trinité. Cet exemple, qui probablement n'était pas le seul, indiquerait que les architectes de l'époque romane étaient fort préoccupés de l'idée d'élever des coupoles sur pendentifs; car, à coup sûr, il était vingt procédés plus simples pour voûter la travée principale de cette chapelle, sans qu'il y eût nécessité de recourir à ce moyen. Il y avait là, évidemment, la pensée d'imiter ces constructions byzantines, qui alors passaient pour les chefs-d'œuvre de l'architecture (2). »

Cette chapelle a dû être entourée d'un cloître; on en retrouve la trace sur deux de ses côtés. Un archéologue, M. Vasserot, qui a fait faire des fouilles au pied des murs, à l'extérieur de l'édifice, a rencontré divers caveaux, mais rien qui pût servir à déterminer l'époque de sa construction. Ce qui est certain du moins, d'après lui, c'est que ce monument a été l'objet d'une grande

(1) *Architecture romane dans le midi*, II, 5, etc.
(2) Viollet-le-Duc, *Dictionnaire de l'architecture française*, au mot *Coupole*.

dévotion; car les marches qui descendaient du cloître
dans son enceinte sont usées et polies comme du marbre
par le frottement. Effet produit, sans doute, par le passage continu des fidèles qui venaient vénérer les reliques
de quelque grand Saint déposées sous l'autel.

La seconde chapelle qui mérite d'arrêter l'attention
du voyageur, est située à peu de distance du lieu où
viennent ordinairement aborder les bateaux. C'est la
chapelle dite de *Saint-Sauveur*. Prosper Mérimée, dans
ses *Notes d'un voyage dans le midi de la France*, en a
signalé le caractère tout particulier et la singulière architecture. « Elle a, dit-il, la forme octogone, avec une
abside très basse et demi-circulaire, à l'orient. La porte est
en face; les six autres côtés présentent à l'intérieur chacun
une espèce de niche cintrée. La voûte est un dôme peu
élevé, construit en blocage, avec des arêtes correspondant
et s'appuyant à chaque angle de l'octogone. Il en résulte
une espèce d'étoile dont l'effet n'est pas désagréable. Le
diamètre de ce petit bâtiment est d'environ une vingtaine
de pieds, sa hauteur de douze. L'appareil est de moellons
à peine taillés et noyés dans une épaisse couche de ciment.
D'ailleurs, pas une moulure, pas un seul ornement.

« La porte d'entrée est basse et cintrée; les claveaux,
inégaux et assez mal joints sont en nombre pair, en sorte
qu'il y a un joint au sommet de l'archivolte. De cette disposition résulte une forme indécise qui tient un peu de
l'ogive... Un autel de pierre, en forme de table, avec un
rebord, et porté sur un pied, en forme de balustre, occupe
le fond de l'abside...

« L'absence de tous ornements caractéristiques rend
très problématique la date de ce bâtiment; pourtant la

simplicité, la rudesse de la construction et le rapport qu'elle présente avec celle des bâtiments de l'ancienne abbaye, donnent lieu de croire qu'il a été élevé à la même époque; peut-être même est-il plus ancien. A la rigueur on peut supposer que c'est la première chapelle bâtie dans l'île, et ses dimensions très mesquines seraient en rapport avec le petit nombre des habitants de Saint-Honorat, avant l'établissement de la communauté qui s'y établit... »

L'éminent écrivain émet ensuite l'opinion que cette chapelle, en forme de rotonde, et de dimensions si exiguës, pourrait bien avoir été primitivement un baptistère. Il est assez clairement constaté par un texte d'un concile d'Arles, tenu en 461, que les abbés de Lérins étaient en possession de donner le baptême solennel à la manière des évêques, et que durant les ve et vi[e] siècles, des catéchumènes allaient dans la solitude de l'Ile Sainte se préparer au sacrement de la régénération. Mais la chapelle Saint-Sauveur semble trop éloignée de l'église principale pour un baptistère, et l'on n'a trouvé, ni dans l'intérieur, ni aux alentours, aucune trace de cuve baptismale ou de conduit destiné à amener les eaux nécessaires pour le baptême par immersion. On reste donc, à l'égard de ce sanctuaire, comme à l'égard de celui de la Sainte-Trinité, dans la plus complète incertitude. La *Chronologie* de Lérins n'en dit rien et la tradition locale demeure également muette à son sujet.

Des cinq autres chapelles disséminées dans l'île, les deux qui subsistent encore sont celle de *Saint-Porcaire*, attenante à la clôture du monastère du côté du midi, et celle de *Saint-Cyprien et Sainte-Justine*, à côté de l'Orphelinat. Elles n'offrent rien de remarquable. Une chapelle dédiée à l'Archange saint Michel s'élevait sur le rivage du Frioul, proche du port. On n'en voit plus que les fondations. A la pointe occidentale de l'île, on voyait la chapelle de Saint-Caprais, dont les matériaux furent employés à la construction |d'une batterie voisine. Enfin, à quelque distance du monastère, en suivant le rivage, on rencontre, avant d'arriver à une statue de saint Antoine de Padoue, des fondations à demi enfouies et couvertes de broussailles : ce sont celles de la chapelle *Saint-Pierre*. Le prince des Apôtres était l'objet d'une dévotion spéciale dans notre île et on l'invoquait sous le titre de protecteur des religieux de Lérins : *Sanctus Petrus Apostolorum princeps et Lerinensium protector*. On lit dans la *Vie de Saint-Honorat*, imprimée en 1501, que le pape Eugène, étant venu à Lérins et ayant reconnu que les choses merveilleuses qu'on en disait était bien au-dessous de la réalité, voulut consacrer lui-même la chapelle érigée en l'honneur de saint Pierre. En 1497, un religieux de Lérins, prieur de Vergons, fit rebâtir cette même chapelle, avec le concours d'André de Grimaldi, alors abbé commendataire. Les Espagnols la détruisirent en 1636, comme le rapporte le P. Fournier dans son *Hydrographie*, pour élever un demi-bastion (1).

Les sept chapelles tiennent une place importante dans l'histoire religieuse de Lérins. Elles formaient les stations auxquelles s'arrêtaient les pèlerins qui venaient de partout vers ce lieu vénéré; et Barralis a soin de remarquer que le sentier, qui fait le tour de l'île, avait été tracé exprès pour le passage des processions. De grandes faveurs spirituelles étaient attachées à ce célèbre pèle-

(1) Cit. ap. ALLIEZ, *Les îles de Lérins*, p. 44.

20

rinage, surtout pendant l'*onzène*, c'est-à-dire, pendant l'intervalle qui s'écoulait entre la fête de l'Ascension et celle de la Pentecôte.

« Le pape Eugène, dit la *Vie de Saint-Honorat...*, touché d'une vénération particulière, vint en ce lieu : arrivé sur le rivage, il quitta sa chaussure à l'exemple de Moïse et, les pieds nus, fit le tour de l'île... Ce digne pontife accorda à tous ceux qui, vraiment pénitents et s'étant confessés, visiteraient à l'avenir cette île, pour l'honneur de Dieu et de l'apôtre saint Pierre, depuis la veille de l'Ascension jusqu'au lendemain de la Pentecôte inclusivement, l'indulgence et la rémission des péchés que peuvent gagner ceux qui visitent, dans le Seigneur, la sainte ville de Jérusalem... »

Ceux qui visitaient l'île pendant sept ans, emportaient, en souvenir de leur septième pèlerinage, une palme du palmier de saint Honorat. Les autres emportaient des touffes de la cinéraire maritime, que le peuple désigne encore aujourd'hui dans la contrée sous le nom d'*herbo dou pardoun*.

Bien des choses ont changé dans l'île de Lérins, depuis les jours anciens où elle recevait la visite des papes et où des princes venaient se reposer à l'ombre de ses cloîtres. Les assauts des pirates durant le moyen âge, les guerres de peuple à peuple aux époques de la plus brillante civilisation, les révolutions enfin qui agitent nos sociétés modernes, ont accumulé sur cet étroit îlot beaucoup de ruines. Mais le sentier rocailleux où jadis un pape s'est avancé pieds nus et où, après lui, des milliers de pèlerins ont passé, subsiste. Il est toujours là tracé et bien reconnaissable, faisant le tour des mêmes rivages, et longeant les mêmes flots mugissants ou paisibles. Près de lui continue de s'épanouir avec mélancolie cette même plante

au pâle feuillage argenté rappelant la cendre, que la tradition désigne comme l'herbe de l'indulgence et du pardon.
Au voyageur qui a le culte du passé et la religion des
grands souvenirs, il est facile encore de repeupler ce sol,
où vingt siècles d'histoire ont enseveli leur poussière et
d'évoquer, pour les faire revivre dans leur cadre, les
générations de savants moines et d'illustres pontifes que
nous rappellent tant de débris et tant de vieux monuments, au style empreint d'étrangeté et aux origines parfois enveloppées d'obscurité et de mystère.

TABLE DES GRAVURES

Pages

TABLE DES MATIÈRES

Impr. de Montligeon. La Chapelle-Montligeon (Orne). — 20.819-12-29.